A ARTE DOS ENCONTROS

Priya Parker

A arte dos encontros
Como se reunir e a importância de estar perto dos outros

TRADUÇÃO
Débora Landsberg

Copyright © 2018 by Priya Parker

Grafia atualizada segundo o Acordo Ortográfico da Língua Portuguesa de 1990, que entrou em vigor no Brasil em 2009.

Título original
The Art of Gathering: How We Meet and Why It Matters

Capa
Joana Figueiredo

Imagem de capa
Vicky Jirayu/ Shutterstock

Preparação
Fabiana Pellegrini

Índice remissivo
Probo Poletti

Revisão
Carmen T. S. Costa
Márcia Moura

Dados Internacionais de Catalogação na Publicação (CIP)
(Câmara Brasileira do Livro, SP, Brasil)

Parker, Priya
    A arte dos encontros : Como se reunir e a importância de estar
perto dos outros / Priya Parker ; tradução Débora Landsberg. —
1ª ed. — Rio de Janeiro : Objetiva, 2022.

    Título original: The Art of Gathering : How We Meet and
Why It Matters.
    ISBN 978-85-390-0733-2

    1. Autorrealização (Psicologia) 2. Relações interpessoais I. Título.

22-112038   CDD-302.1

Índice para catálogo sistemático:
1. Interação social   302.1
Eliete Marques da Silva — Bibliotecária — CRB-8/9380

[2022]
Todos os direitos desta edição reservados à
EDITORA SCHWARCZ S.A.
Praça Floriano, 19, sala 3001 — Cinelândia
20031-050 — Rio de Janeiro — RJ
Telefone: (21) 3993-7510
www.companhiadasletras.com.br
www.blogdacompanhia.com.br
facebook.com/editoraobjetiva
instagram.com/editora_objetiva
twitter.com/edobjetiva

Sumário

Introdução 9

1. Descubra a *verdadeira* razão do seu encontro 15
2. Feche portas 42
3. Não seja um anfitrião frio 70
4. Crie um universo alternativo temporário 100
5. Nunca comece um funeral pela logística 126
6. Deixe o melhor de si fora do encontro 162
7. Provoque uma boa controvérsia 187
8. Aceite que o fim é inevitável 203

Notas 231
Índice remissivo 241

Para meu Anand,
que me mostra diariamente o verdadeiro sentido de admiração e reverência

Introdução

A maneira como nos reunimos é importante. As reuniões consomem nossos dias e ajudam a determinar em que mundo vivemos, tanto no âmbito pessoal quanto no público. Reuniões — a união proposital de pessoas por alguma razão — moldam nossa forma de pensar, sentir e entender o mundo. Legisladores já compreenderam, talvez tão bem quanto o restante de nós, a força inerente às reuniões. Nas democracias, a liberdade de se reunir é um dos direitos fundamentais garantidos a todos os indivíduos. Em países que descambam para o autoritarismo, uma das primeiras coisas que se perde é o direito à reunião. Por quê? Pelo que pode acontecer quando as pessoas se unem, trocam informações, inspiram às outras, testam novas formas de estar juntas. E, no entanto, a maioria de nós passa pouquíssimo tempo pensando sobre os verdadeiros modos como nos reunimos.

Passamos a vida nos reunindo — primeiro em família; depois na vizinhança, em creches, escolas e templos; em seguida em encontros, casamentos, centros comunitários, conferências, festas de aniversário, lançamentos de produtos, reuniões de conselho, reuniões de classe, jantares, feiras comerciais e enterros. Desperdiçamos muito desse tempo em situações monótonas, decepcionantes, que não nos mobilizam e não nos transformam sob nenhum aspecto, bem como não nos levam a criar vínculos com os outros.

Inúmeros estudos respaldam a ideia, óbvia para muitos, de que boa parte do tempo passado em reuniões com outras pessoas nos causa frustração. "Com uma ou outra exceção, meu estado de espírito em conferências geralmente oscila entre tédio, desespero e raiva", confessa Duncan Green, blogueiro e especialista em desenvolvimento internacional no *Guardian*.[1] O ponto de vista de Green não se limita a conferências: a pesquisa *State of Enterprise Work* [Situação do trabalho empresarial], de 2015, revelou que "reuniões inúteis" são o principal obstáculo dos funcionários à realização de suas tarefas.[2]

Parece que não nos entusiasmamos nem com os momentos que passamos com os amigos. Uma pesquisa de 2013, *The State of Friendship in America 2013: A Crisis of Confidence* [A situação da amizade nos Estados Unidos 2013: Uma crise de confiança], mostrou que 75% dos entrevistados estavam insatisfeitos com essas relações.[3] Enquanto isso, em *How We Gather* [Como nos reunimos], um relatório recente sobre a vida espiritual dos jovens, Angie Thurston e Casper ter Kuile observam: "Uma vez que a religião tradicional tem dificuldade de atrair os jovens, os millennials estão procurando outros caminhos com uma premência cada vez maior".[4]

Por mais que as reuniões nos decepcionem, temos, entretanto, a tendência de nos reunirmos sempre das mesmas formas desgastadas. A maioria continua no piloto automático ao juntar as pessoas, seguindo fórmulas antiquadas, na esperança de que a química de um bom encontro, conferência ou festa se concretize de algum modo, que resultados sensacionais surjam como que por mágica a partir dos mesmos estímulos comodistas. É quase sempre uma esperança vã.

Quando de fato procuramos orientações sobre reuniões, quase sempre recorremos a pessoas focadas nesses mecanismos: chefs, especialistas em etiqueta, floristas, cerimonialistas. Ao tomar essa atitude, reduzimos sem querer um problema humano a um problema logístico. Simplificamos a questão do que fazer com as pessoas à questão do que fazer com as coisas: Powerpoints, convites, equipamentos de audiovisual, talheres, comes e bebes. Ficamos tentados a nos concentrar no "material" das reuniões porque acreditamos que sejam os únicos detalhes passíveis de controle. Creio que essa atitude seja uma miopia e um equívoco a respeito do que realmente faz um grupo estabelecer uma relação e uma reunião ter relevância.

Eu entro em reuniões não como chef ou cerimonialista, mas como pessoa treinada em diálogos coletivos e solução de conflitos. Passei boa parte dos últimos quinze anos da minha vida estudando, planejando e assessorando reuniões cujas metas eram ser transformadoras para os envolvidos e para as comunidades que estavam tentando influenciar. Hoje em dia, trabalho como facilitadora profissional. Embora sejamos muitos, talvez você nunca tenha ouvido falar de nós. O facilitador é capacitado para moldar dinâmicas de grupo e conversas coletivas. Minha função é pôr as pessoas certas em uma sala e ajudá-las a pensar, sonhar, discutir, curar, idealizar, confiar e se conectar em prol de um bem maior. Minha perspectiva a respeito de reuniões — a perspectiva que quero dividir com os leitores — coloca as pessoas e o que acontece entre elas no cerne de todos os encontros.

No meu trabalho, me esforço para ajudar as pessoas a vivenciarem uma sensação de pertencimento. Isso provavelmente se deve ao fato de que passei a vida inteira tentando entender qual era o meu lugar e a quem *eu* pertencia. Do lado da minha mãe, venho de adoradores de vacas de Varanasi, uma cidade antiga conhecida como centro espiritual da Índia, e do lado do meu pai, sou descendente de matadores de vacas da Dakota do Sul. Para encurtar esta longa história, meus pais se conheceram em Iowa, se apaixonaram, se casaram, me tiveram no Zimbábue, trabalharam em vilas de pescadores na África e na Ásia, se desapaixonaram, se divorciaram na Virgínia e seguiram cada um seu caminho. Os dois acabaram se casando outra vez depois de encontrar cônjuges que tinham mais a ver com seus universos e visões de mundo. Depois do divórcio, eu passava duas semanas na casa de um e duas semanas na casa de outro — indo e voltando de um universo vegetariano, progressista, cheio de incensos, budista-hinduísta-New Age e um mundo carnívoro, conservador, de cristãos evangélicos que iam à igreja duas vezes por semana. Talvez por isso fosse inevitável que eu acabasse no ramo de solução de conflitos.

Descobri essa área na faculdade, quando me interessei, e sofri, pelo estado das relações raciais da Universidade de Virgínia. Depois de me formar, trabalhei em comunidades — nos Estados Unidos e no exterior —, conduzindo líderes a um processo de diálogo coletivo chamado Diálogo Permanente. Trata-se de uma técnica de reunião que visa transformar relações fendidas entre diferentes linhas raciais, étnicas e religiosas. Por meio desse trabalho, fiquei fascinada com o que acontece quando as pessoas tentam se juntar apesar das divergências.

Desde então, apliquei os métodos de solução de conflitos em vários cenários e a um grande leque de problemas. Já organizei reuniões em hotéis cinco estrelas, em praças públicas, em chão de terra batida e em residências estudantis. Comandei sessões com aldeões no Oeste da Índia que não sabiam como reconstruir a comunidade depois de revoltas étnicas e com ativistas do Zimbábue que lutavam contra a ameaça de fechamento de suas ONGs pelo governo. Trabalhei com o diálogo entre líderes de oposição árabes e seus interlocutores europeus e americanos para investigar a relação entre o Islã e a democracia. Planejei reuniões para servidores estaduais e federais dos Estados Unidos para descobrir como revitalizar um programa nacional contra a miséria para uma nova geração. Mediei encontros para empresas de tecnologia, escritórios de arquitetura, marcas de cosméticos e instituições financeiras, ajudando-os a travar discussões complicadas e difíceis sobre o futuro.

Moro na cidade de Nova York, onde as pessoas vivem se reunindo. Volta e meia recebo convidados ou sou a convidada, e nos dois papéis sinto um fascínio infinito pelas pequenas e importantes intervenções que todos podemos fazer para ajudar grupos a se entrosarem. É para mim que meus amigos e parentes mandam mensagens ou telefonam com perguntas como "Meu jantar de trabalho deveria ter uma conversa em torno de uma questão ou é melhor deixarmos as pessoas baterem papo?" e "Como lidar com um voluntário da igreja linguarudo?". Uma amiga imigrante, de origem metade muçulmana e metade cristã, me perguntou: como criar sua própria versão do shivá judeu para marcar a morte de seu pai na Alemanha com amigos de Nova York que não o conheceram?

Depois de todos os meus encontros, sejam eles uma reunião de conselho ou uma festa de aniversário, passei a acreditar ser a *forma* como um grupo se reúne o que determina o que acontece durante o encontro e o sucesso dele, são as pequenas escolhas de conceito que você pode fazer para ajudar sua reunião a decolar. Portanto, *A arte do encontro* é parte percurso e parte guia. É para qualquer um que já tenha se perguntado sobre como tornar um evento normal com outras pessoas inesquecível — e significativo.

Minha expectativa é de que este livro o auxilie a *pensar* de outro jeito nas suas reuniões. Organizei os capítulos de tal maneira que reflitam a sequência que sigo com meus clientes e amigos, e que eu mesma utilizo, quando planejo um evento relevante. Embora existam certos princípios que creio serem aplicáveis mesmo às mais simples das reuniões, o leitor não precisa seguir todas as sugestões ou passos deste livro. Ninguém melhor do que você para decidir o que vai ser útil e o que faz sentido no contexto de suas reuniões.

Este livro se baseia nas minhas próprias experiências e ideias, no que sei que dá certo e no que sei que dá errado. Porém, como reuniões são atividades intrinsecamente coletivas, também entrevistei mais de uma centena de pessoas para descobrir seus segredos e pôr minhas ideias à prova. Conversas que tive com organizadores de conferências, cerimonialistas, coreógrafos de circos, clérigos que encabeçam reuniões quacres, monitores de colônias de férias, diretores funerários, DJs, leiloeiros, instrutores de equipes competitivas de voo em trajes planadores, rabinos, treinadores, regentes de corais, artistas performáticos, comediantes, designers de jogos, mestres na cerimônia do chá japonesa, diretores de TV, fotógrafos profissionais, consultores financeiros de famílias ricas e arrecadadores de fundos inspiraram as ideias apresentadas aqui. Deliberadamente tiro essas ideias de uma variedade de reuniões — museus, salas de aula, encontros de casais, festas de aniversário, colônias de férias e até enterros — para ilustrar a criatividade que as pessoas empregam independentemente do contexto, e espero que você se inspire a agir da mesma forma. Todas as histórias a seguir são verdadeiras, embora eu tenha mudado alguns nomes, detalhes e localização de eventos e pessoas no caso de reuniões particulares. Os diversos indivíduos com quem conversei tinham todos um traço crucial em comum: o fascínio pelo que *acontece* quando as pessoas se juntam.

Antes de abrir a porta para as próximas páginas, me permita declarar meu viés logo de cara:

Eu acredito que todo mundo tem a capacidade de reunir bem.

Não é preciso ser extrovertido. A bem da verdade, alguns dos melhores anfitriões que conheço sofrem de ansiedade.

Não é preciso ser patrão ou empresário.

Não é preciso ter uma casa chique.

A arte de reunir, felizmente, não repousa em seu carisma ou na qualidade de suas piadas. (Eu estaria enrascada se fosse assim.)

Reuniões florescem quando são bem pensadas, quando uma estrutura (via de regra invisível) é incutida nelas e quando o anfitrião tem curiosidade, disposição e generosidade de espírito para se atrever.

Vamos começar.

1. Descubra a *verdadeira* razão do seu encontro

Por que nos juntamos?

Nós nos juntamos para resolver problemas que não podemos resolver sozinhos. Nos juntamos para comemorar, lamentar e marcar transições. Nos juntamos para tomar decisões. Nos juntamos porque precisamos uns dos outros. Nos juntamos para homenagear e reconhecer. Nos juntamos para formar empresas, escolas e vizinhanças. Nos juntamos para dar as boas-vindas e para nos despedir.

Mas o grande paradoxo das reuniões é o seguinte: existem tantos motivos bons para nos reunirmos que é muito comum não sabermos direito por que o fazemos. Você não estará sozinho se, na tentativa de tornar uma reunião relevante, pular o primeiro passo: o de se comprometer com um objetivo ousado, nítido.

Quando pulamos essa etapa, é normal deixarmos que pressuposições gastas ou errôneas sobre o porquê de nossas reuniões ditem a estrutura de nossos encontros. Acabamos nos reunindo de formas que não nos servem, ou não criando vínculos quando devíamos.

No escritório, passamos os dias numa série de reuniões, muitas das quais poderiam ter sido um e-mail ou um encontro de dez minutos. Na faculdade, olhamos para o nada em anfiteatros, mas as mesmas ideias poderiam ser transmitidas por vídeo e o tempo do professor seria mais bem utilizado se pudesse empregá-lo ajudando os alunos a dirimir dificuldades específicas relativas ao material.* No mundo das organizações sem fins lucrativos, é praxe dar bailes de gala em prol de causas porque é isso o que essas organizações fazem, ainda que os fundos arrecadados não superem muito o custo das festas.

Nos momentos, no entanto, em que reuniões nos fariam bem — para decidir como tornar novamente a praça de um bairro segura, para bolar estratégias com uma amiga e pensar em jeitos de ajudá-la a reerguer a carreira, para retomar o foco depois de um ciclo de vendas especialmente brutal —, não cogitamos nos reunir ou estamos ocupados demais para fazê-lo, ou, como dita o estilo moderno, não pedimos aos outros que tirem um tempo para nós. É tão comum o desejo de não ser intrusivo que um número cada vez maior de pessoas declara não querer funeral nenhum quando morrerem.[1]

Em suma, nossa forma de pensar nas reuniões — quando nos reunimos e por quê — se tornou confusa. Quando de fato nos juntamos, não raro usamos um modelo de reunião (o que imaginamos ser o ideal de reunião) como substituto à reflexão. A arte de reunir parte de um objetivo: quando deveríamos nos reunir? E por quê?

CATEGORIA NÃO EQUIVALE A OBJETIVO

Pense nas últimas reuniões em que você serviu de anfitrião ou para as quais foi convidado. Um evento de networking. Um clube do livro. Um treinamento de voluntários. Se eu fosse perguntar a você (ou à pessoa que o recebeu) o objetivo por trás de cada um desses encontros, não me surpreenderia se ouvisse o que volta e meia ouço no meu trabalho: o que vocês *faziam* ali.

A noite de networking, talvez você me diga, era para que pessoas de áreas similares se conhecessem.

O clube do livro foi organizado para que lessem um livro juntos.

O treinamento de voluntários foi marcado para treinar os voluntários.

O intuito da reunião do grupinho da igreja era que os membros se reunissem em grupos menores.

---

* Instituições de ensino digitais como a Khan Academy popularizaram o modelo de "sala de aula invertida", em que os alunos aprendem o material com vídeos on-line e professores servem de facilitadores da aprendizagem em vez de transmissores de conhecimento. (N. T.)

Essa é a lógica circular que guia o planejamento de muitos dos nossos encontros.

"Qual é o problema?", talvez você questione. O objetivo de uma noite de networking não é o networking? Sim, de certa maneira. Mas se é só isso, é provável que ela transcorra como inúmeras noites de networking: com pessoas perambulando e, sem jeito, distribuindo cartões de visita, praticando seus discursos de elevador para qualquer um que dê ouvidos. É provável que não cative ninguém. Pode até ser que alguns convidados se sintam constrangidos ou inseguros — e jurem nunca mais participar de outra noite dessa.

Se não examinamos as suposições mais profundas por trás do *porquê* nos reunimos, acabamos recorrendo rápido demais à reprodução de velhos e sisudos formatos. Abrimos mão da possibilidade de criarmos algo memorável, até mesmo transformador.

Ao planejar uma noite de networking, por exemplo, e se os organizadores fizessem antes perguntas a si mesmos, tais como: nosso objetivo nesse encontro é ajudar as pessoas a acharem parceiros de negócios ou clientes? O objetivo é ajudar os convidados a venderem suas mercadorias ou a receber orientações quanto às partes mais fracas do produto? A meta é ajudar o máximo de pessoas de áreas diversas a estabelecer novas conexões ou formar uma tribo que queira se reunir outra vez? As respostas a essas perguntas levam a estilos de reuniões muito diferentes.

Ao nos reunirmos, via de regra, cometemos o erro de confundir categoria com objetivo. Terceirizamos as decisões e suposições sobre nossas reuniões a pessoas, formatos e contextos que não são nossos. Nos fiamos demais na falácia de que saber categorizar o encontro — reunião de conselho, oficina, festa de aniversário, reuniões comunitárias — será esclarecedor para seu planejamento. Mas em muitos casos escolhemos um padrão — e as atividades e estrutura que vêm junto — antes de termos clareza sobre nosso objetivo. E agimos assim tanto no caso de reuniões sem grandes consequências, como uma noite de networking, quanto no de reuniões tão importantes como um julgamento.

O Centro de Justiça Comunitária de Red Hook, que fica no Brooklyn, em Nova York, se propôs a reimaginar um dos encontros mais intimidantes da vida pública: o julgamento em um tribunal. Fundado em 2000, na esteira de uma crise, em um bairro que lutava contra a pobreza e a criminalidade, o centro queria mudar a relação entre a comunidade e as forças policiais. Seus fundadores se perguntavam se seria possível inventar um novo tipo de sistema judicial que curasse os males revelados pelo crime em vez de simplesmente trancafiar criminosos.[2]

O juiz que presidiria o experimento de Red Hook, Alex Calabrese, declarou ter duas alternativas sob o sistema de justiça tradicional: "processar ou indeferir".[3] Nem os juízes que reconheciam os problemas tinham muita liberdade para romper esse paradigma. O grupo de organizadores, portanto, concluiu que, a fim de mudar o funcionamento do sistema de justiça de Red Hook, seria preciso inventar uma nova forma de se reunirem. Para pôr a ideia em prática, teriam de se fazer uma pergunta fundamental: qual é o objetivo do sistema de justiça que queremos ter? E como seria o tribunal se o criássemos de acordo com esse objetivo?

O tribunal tradicional é antagônico. Trata-se de um conceito derivado de seu objetivo muitíssimo respeitável: fazer a verdade vir à tona deixando aos divergentes que a disputem. Mas os organizadores por trás do Centro de Justiça Comunitária de Red Hook eram motivados por outro objetivo. Seria possível usar o tribunal para que todos os envolvidos no caso — os acusados, juízes, advogados, escreventes, assistentes sociais, membros da comunidade — melhorassem de comportamento em vez de apenas puni-lo? "Os casos que nos são apresentados são enfrentados segundo o método de solução de problemas", afirmou Amanda Berman, diretora do projeto do Centro de Justiça e ex-defensora pública do Bronx. "Quando um caso nos é submetido — seja um caso relacionado à habitação, da vara criminal ou de família —, a pergunta que nos fazemos no final das contas é: qual é o problema e como podemos nos unir para encontrarmos uma solução?"

O propósito exigia o projeto de um novo tipo de tribunal. O tradicional, feito para trazer a verdade à tona por meio da disputa, foi criado para tornar o juiz intimidante. Separava a acusação dos advogados de defesa. Contava com carcereiros de cara fechada e assistentes sociais e psicólogos simpáticos. Cada um desempenhava seu papel. Até a decoração reforçava o objetivo. "Os tribunais tradicionais quase sempre são revestidos de madeira escura, transmitindo a mensagem da sobriedade, do julgamento e do poder", declarou Berman.

O tribunal experimental de Red Hook foi criado em um espírito bem diferente. Instalado em uma escola paroquial abandonada no âmago do bairro, a sala é arejada, com grandes janelas, madeira clara e o banco do juiz é singular. Berman explicou:

> Os organizadores optaram por deixar o banco ao nível dos olhos para que o juiz tenha interações pessoais com os litigantes que se apresentam, para que os convide ao banco, o que ele adora fazer, para que vejam que não está olhando para eles como alguém superior, nem literal nem figurativamente.

O juiz é Calabrese. A jurisdição de seu tribunal experimental abarca três delegacias que antes mandavam casos para três tribunais diferentes — vara civil, vara da família e vara criminal — e agora envia muitos deles a Calabrese. Ele preside pessoalmente todos os casos que aparecem, dedicando um tempo a conhecer a história e os protagonistas. Em muitos casos, um assistente social é atribuído ao réu e faz uma avaliação clínica completa do acusado para ter uma visão global de sua vida. Essa avaliação holística — que pode ocorrer antes mesmo do primeiro comparecimento diante do tribunal — inclui verificações quanto a abusos de drogas, problemas de saúde mental, traumas, violência doméstica e outros fatores. Em seguida, a avaliação é compartilhada com o juiz, o promotor de justiça e a defesa. No julgamento em si, Calabrese se comporta mais como um tio rigoroso, zeloso, do que como um juiz tradicional. Verifica os detalhes do caso e conserta equívocos perante a defesa. Tira um tempo para se dirigir a cada indivíduo, volta e meia trocando apertos de mãos quando se aproximam do banco. Explica a situação meticulosamente: "As letras pequenas dizem que se você não cumprir com o prometido, você vai ser despejado, e ninguém quer que isso aconteça, então escrevi '30/12' bem grande no alto da folha". Tem-se a impressão de que as pessoas estão torcendo para que os réus e litigantes deem um jeito na vida. Não raro, Calabrese elogia o réu que demonstra ter feito progresso. "É óbvio que é um bom desenlace para você.[4] Também é um bom desenlace para a comunidade, e eu gostaria de pedir uma salva de palmas", ele, às vezes, diz. Vemos assim todo mundo, inclusive os policiais, aplaudindo.

Sob as regras desse tribunal especial, o juiz Calabrese tem à disposição diversas possibilidades de intervenção. Além do tradicional tempo na cadeia, a que sentencia os réus quando necessário, ele tem a capacidade de avaliar cada réu separadamente e, baseando-se tanto na avaliação clínica como no próprio juízo a respeito da situação, determinar serviços comunitários, tratamentos contra drogas, atendimentos de saúde mental, terapias para tratar traumas, mediação familiar etc. Conclui, porém, às vezes, que a prisão é a única alternativa. "Nós lhes damos todas as oportunidades cabíveis, e não é uma vez só. Então quando tenho que mandá-los para a prisão, a tendência é de que seja pelo dobro do tempo que seria normalmente", Calabrese disse ao *New York Times.*[5]

O Centro de Justiça está começando a obter resultados tangíveis. Segundo avaliadores independentes, reduziu a taxa de reincidência em 10% entre réus adultos e 20% entre réus menores de idade.[6] Apenas 1% dos casos processados pelo Centro de Justiça acabam em prisão decretada na acusação. "Faço parte do sistema judiciário há vinte anos", Calabrese diz em um documentário sobre o centro, "e finalmente sinto que tenho a chance de chegar ao cerne do problema que faz a pessoa aparecer na minha frente."[7] A equipe do Centro de Justiça conseguiu fazer isso porque entendeu qual era o objetivo geral de sua união: a vontade de resolver os problemas da comunidade — juntos. E, a partir dele, elaboraram um método.

Assim como todas as reuniões que se repetem, o Centro de Justiça é algo inacabado. Os participantes, diz Berman, estão sempre "se certificando de que continuam fiéis à nossa missão. A ideia é servirmos de laboratório e de modelo. É para ser um jeito diferente de fazer as coisas. Um jeito que as torne melhor".

Considerar o ambiente um laboratório libera as pessoas do Centro de Justiça para fazerem grandes reuniões. "Na nossa cabeça não existem restrições quanto à forma como deveríamos nos reunir ou a cara que o tribunal deve ter", Berman me explicou. "Cada caso e cada cliente são examinados individualmente." Essa atitude lhes permite separar suas suposições de como um julgamento *deve* ser de como um julgamento *pode* ser. Podemos usar esse mesmo modo de pensar para começar a reexaminar nossos próprios objetivos para nos reunirmos.

Não é apenas em encontros públicos como julgamentos que seguimos estilos tradicionais de reunião sem questioná-los. Talvez seja ainda mais fácil que uma categoria se passe por objetivo nas nossas reuniões particulares, sobretudo naquelas que foram ritualizadas ao longo do tempo. Graças a tradições antigas e pastas modernas no Pinterest, é cômodo ignorarmos a etapa de escolher um objetivo vívido para o encontro pessoal. Assim como muitos supõem saber para que serve um julgamento, acreditamos saber para que serve uma festa de aniversário, um casamento ou até um jantar em grupo. E assim nossas reuniões pessoais tendem a não servir aos propósitos a que poderiam servir. Quando você deixa de se perguntar qual é o propósito de sua festa de aniversário *este* ano, tendo em conta sua situação atual, por exemplo, renuncia à oportunidade de que a reunião seja uma fonte de crescimento, apoio, orientação e inspiração sob medida para o momento em que você e os outros estão. Desperdiça a chance de que o encontro ajude, e não só divirta, você e os outros. Ao olhar para trás, entendi que foi o que fiz ao banir meu marido do chá de bebê.

Esperávamos nosso primeiro filho. Minhas amigas se ofereceram para organizar um chá de bebê para mim. Assim como a maioria das pessoas, não paramos para pensar por que faríamos um chá de bebê. Não era o primeiro do nosso círculo de amigos nem seria o último. Tinha se tornado quase rotina — a arqui-inimiga das reuniões significativas.

Assim, depois de chegarmos a um acordo quanto à data, minhas amigas partiram para a logística.

Estava empolgada. O problema é que meu marido também estava. Quando lhe contei do chá de bebê, ele perguntou se poderia ir.

Imaginei que estivesse de brincadeira. Depois me dei conta de que falava sério. Ele realmente queria comparecer ao chá de bebê.

No começo, pensei que não fazia sentido. Mas com o tempo passei a me perguntar se ele não teria razão.

Sempre valorizei turmas de mulheres, mas essa não era minha maior necessidade nesse caso. Se tivesse ponderado melhor sobre a ideia de uma reunião naquele momento, provavelmente pensaria na necessidade de preparar meu marido e eu para os novos papéis e o novo capítulo do nosso casamento ao recebermos o primeiro filho. Anand estava se tornando pai, mas também estávamos, como nosso médico ressaltou, nos transformando em família. Se tivesse pensado melhor, teria feito um encontro que nos ajudasse a realizar essa transição tão importante. Mas a estrutura e o ritual da maioria dos chás de bebê — de que só mulheres participam, com brincadeiras, presentes sendo abertos, a feitura de algum objeto artesanal para o bebê — se baseia em outro objetivo. Eu compreendi que os chás de bebê tradicionais eram rituais para grávidas e um jeito coletivo de ajudar o casal a custear os gastos com uma nova vida. O formato adotado desse ritual — mulheres reunidas em torno de mulheres — refletia uma época em que a única pessoa que de fato precisava se preparar para cuidar de um bebê e para uma nova identidade transformadora era a mãe. Mas como deve ser um chá de bebê cujo objetivo já não reflete as suposições ou realidades das pessoas a quem tecnicamente atendem? (Será que deveria sequer ser chamado de "chá de bebê"?)

O chá de bebê não é a única forma de reunião ritualizada a sofrer do problema de objetivo. Muitos dos encontros das nossas esferas mais íntimas — casamentos, festas de bar mitzvah, cerimônias de formatura — se repetem tanto ao longo do tempo que temos apego emocional à forma, ainda que ela não reflita corretamente os valores e convicções de seus participantes.

Hoje em dia, na Índia, por exemplo, esse tipo de conflito está surgindo por conta da estrutura e do conteúdo dos ritos de casamento abarcados pelo casamento hindu. No formato tradicional, os ritos terminam com o homem e a mulher dando sete passos em volta de uma fogueira, a cada passo um proferindo um voto ao outro. Essas *pheras*, ou voltas, são visualmente formidáveis e, para muitas famílias hinduístas, impregnadas de significado e tradição. É comum que seja a fotografia pregada nas paredes da sala, que as crianças crescem olhando e imaginando em seus próprios casamentos. Mas alguns casais mais jovens começam a sentir que as palavras ditas nos votos retratam uma visão ultrapassada do matrimônio: o homem instrui a esposa a "oferecer comida" a ele; a noiva concorda em ser "responsável pelo lar e todas as tarefas domésticas"; só a noiva jura "permanecer casta", sem que tal exigência seja feita ao homem; quatro dos sete votos do noivo são relativos aos filhos, mas todos os sete votos da noiva são relativos ao noivo; e assim por diante. As suposições latentes dos votos descrevem um ideal de casamento que muita gente já não quer mais.[8] Mas quando alguma mudança no ritual é sugerida, para que reflita melhor seus verdadeiros princípios, as famílias ficam chocadas e muitas vezes magoadas, enxergando nisso uma rejeição às suas tradições. A forma em si passou a transmitir força, devido à repetição ao longo de gerações, ainda que não sirva mais ao objetivo ostensivo do casamento para o *casal*.

Reuniões ritualizadas não se limitam ao âmbito íntimo dos chás de bebê e casamentos. Afetam também nossas instituições. É claro que esses encontros não foram ritualizados desde o princípio. A ideia inicial emerge para resolver um desafio específico. Precisamos achar um jeito de o público entender as diferenças de opinião entre os candidatos. Precisamos achar um jeito de a nossa equipe de vendas ficar animada com um produto novo. Precisamos achar um jeito de arrecadar dinheiro para um novo centro comunitário no bairro. A estrutura é criada para juntar as pessoas em torno de uma necessidade. Depois o encontro — digamos, um debate presidencial, uma conferência de vendas ou um baile de gala para angariar fundos — é repetido inúmeras vezes, ano após ano, e em muitos casos seus componentes se tornam ritualizados. Ou seja, as pessoas começam a vincular um sentido não só ao objetivo da reunião, mas ao *formato* dela. Sempre se usa um martelinho. Certa gola alta é sempre usada. As pessoas acabam esperando esses elementos formais e até se sentindo reconfortadas por eles. Com o tempo, o formato em si passa a ter um papel na formação do senso de pertencimento das pessoas a um grupo e da identidade delas dentro do grupo: *É assim que nós somos. É assim que fazemos as coisas.*

Esse apego é potente quando a forma combina com o objetivo e as necessidades do grupo. Mas como no caso do tribunal, quando a necessidade começa a mudar e o formato serve a um propósito superado, via de regra nos atemos à estrutura dos encontros em detrimento de nossas necessidades.

Quando Dean Baquet assumiu o cargo de editor executivo do *New York Times*, em maio de 2014, herdou uma aglomeração de quase setenta anos que já não condizia com as necessidades da redação nem dos leitores. A reunião de "Primeira Página" do *Times* era uma das mais importantes do planeta. Concebida em 1946, evoluiu para o encontro em que os editores decidiam quais matérias apareceriam na primeira página do dia seguinte. Essas escolhas ditavam o noticiário do mundo inteiro.[9]

No auge da reunião, seu objetivo era claro, e seu formato e sua estrutura derivavam logicamente desse objetivo. Na verdade, a reunião tinha duas etapas: uma sessão às 10h e outra às 16h, depois da qual a chefia revelava a série de "manchetes" do dia seguinte. Por anos, aconteceu no prédio do *Times*, na sala de reuniões do terceiro andar, em torno de uma enorme mesa de madeira ao estilo Rei Arthur, com uns 25 ou trinta editores espremidos na sala. Eles apresentavam suas matérias principais, que no jargão americano são "ofertas", defendendo os artigos que acreditavam merecer a primeira página.

"Os chefes dos cadernos vinham com as melhores histórias e as ofereciam aos deuses olímpicos, e então eram interrogados e travavam batalhas para ver quais seriam publicadas", contou um editor.

À medida que o encontro ia se repetindo, década após década, ganhava ares de ritual. Era uma grande honra participar. Tornou-se um rito de passagem para jovens editores. Quando jornalistas novatos entravam para o *Times*, era comum que fossem convidados a um encontro como parte do aprendizado. "A reunião das 16h virou folclore", Kyle Massey, editor do *Times*, escreveu uma vez.

Quando Baquet chegou, entretanto, já não fazia muito sentido organizar a reunião mais importante do *Times* em torno da primeira página impressa. A maioria dos leitores acessava as matérias pela internet e não mais no papel. A página inicial e a primeira página impressa eram coisas totalmente diferentes: a primeira pode dar relevo a dezenas de artigos diferentes ao longo do dia. E de acordo com um relatório interno de 2014 sobre a inovação do jornal, o "impacto da página inicial está minguando", visto que "apenas um terço dos leitores a visitam".[10] Cada vez mais os leitores acessavam as matérias por meio das redes sociais, o que reduzia drasticamente o poder curatorial dos editores. Além disso, quando a primeira página da versão impressa chegava à porta dos assinantes, a matéria já tinha passado horas ou até mesmo dias on-line.

O *Times* precisava se adaptar à nova realidade da era digital, e transformar sua reunião anacrônica era um jeito de refletir seu compromisso com a mudança — e ajudar a estimulá-la. "Já não era bom para os leitores essa concentração tão grande na edição impressa. Só que era ruim também para os jornalistas", contou Sam Dolnick, editor assistente no cabeçalho do jornal.

Modificamos a reunião numa tentativa deliberada de mudar a cultura e os valores da redação. Queríamos que as pessoas pensassem menos no papel, por isso precisávamos que a reunião fosse menos voltada para ele. Usamos a reunião para mudar os valores e a mentalidade [da redação].

Alterar a forma como os editores se reuniam — do que falavam, quanto tempo gastavam com o quê, como ganhavam tempo — foi um jeito de empurrar a cultura da redação na direção da nova realidade digital. Baquet queria que a reunião matinal fosse dedicada à discussão de como os repórteres e editores tinham que cobrir as notícias do dia, abarcando todas as plataformas. Ele esperava um debate prático bem como um tempo para discussões filosóficas mais abrangentes.

"Na minha cabeça, num mundo ideal, a reunião deveria ser para trazermos à tona as pautas nas quais realmente precisamos focar em determinado dia, e às vezes isso é óbvio, como quando sofremos o ataque terrorista no sul de

Manhattan, e às vezes é menos óbvio", Baquet explicou. Ele também queria mudar o foco da redação do espaço ocupado para o conteúdo de uma matéria. "Não devia ter nada a ver com a plataforma. A questão é uma só: quais são nossas melhores matérias?", ele declarou.

Baquet transformou, portanto, a estrutura da reunião para que fizesse jus ao novo objetivo. Mudou o espaço e o ambiente onde acontecia. A célebre mesa ao estilo Rei Arthur foi retirada, e foi planejada uma nova sala de reuniões da Primeira Página com paredes de vidro e sofás vermelhos — uma atmosfera mais informal que promoveria uma discussão mais franca sobre o noticiário. No dia em que estive em uma reunião, no outono de 2017, a transição ainda estava em andamento. A nova sala estava sendo construída, e a reunião aconteceu em uma sala provisória no segundo andar que tinha uma mesa quadrada imensa rodeada por uma dezena de cadeiras giratórias verdes. Os editores-chefes estavam todos sentados de um lado, com os editores de vários editorias sentados nos outros três lados. O chefe da filial de Washington estava no viva-voz. Havia uma segunda fileira de cadeiras junto às paredes para acomodar outros membros da equipe e seus convidados. Havia uma TV de tela plana acoplada à parede oposta à dos chefões que exibia a página inicial do *Times* e seria atualizada para mostrar a interface cambiável de poucos em poucos minutos.

Baquet também mudou o horário dos encontros. Num mundo em que as notícias chegam cada vez mais rápido, 10h já era tarde para a reunião matinal, e por isso a reunião começaria às 9h30. A reunião vespertina foi dividida em duas: um encontro às 15h30, com um grupo pequeno, para resolver o que faria parte da primeira página da edição impressa e depois às 16h para estudar a cobertura do dia seguinte.

À medida que transformava a consagrada reunião, comunicava suas razões para isso à redação inteira. Ele entendeu que estava mudando coisas às quais as pessoas estavam acostumadas. Em um e-mail para a equipe datado de 5 de maio de 2015, escreveu:[11]

> A ideia é nos mobilizarmos mais rápido de manhã para podermos tomar logo a decisão sobre as prioridades nas notícias e nos negócios, e tirarmos a discussão sobre a Primeira Página impressa da reunião da tarde para que possamos nos concentrar na cobertura independentemente de onde ela seja publicada, bem como planejar o relatório digital da manhã seguinte.

Porém, alterar os horários e os ambientes não bastaria para extirpar os valores inculcados pelo formato antigo da reunião. O encontro também teria que transcorrer de outra forma. Se antes a reunião era iniciada pelas propostas de pauta, na manhã em que estive lá ela começou com um relatório público sobre o número de visualizações que certas matérias tinham atraído na noite anterior e outras estatísticas de audiência. Abrir ressaltando o que os leitores pensavam, e não os editores, era indício de uma grande transformação na cultura do *New York Times*. Os chefes de várias editorias foram convocados a dizer no que estavam trabalhando. Enquanto isso, os chefões e alguns outros faziam perguntas específicas sobre a pauta e seu enfoque.

Essas perguntas começavam a revelar o *New York Times* que estava em desenvolvimento. Uma matéria sobre uma nova proposta de taxação instigou a seguinte questão: "Uma das coisas que eu acho que muitos leitores querem saber é: o que isso significa para os ricos?". A certa altura, houve um debate sobre a possibilidade de um artigo sobre uma nova pesquisa relacionada à saúde valer uma notificação, que indica uma notícia de última hora e é enviada para o celular de todos os assinantes do jornal. Por trás dessa pergunta estava uma daquelas grandes questões filosóficas: o que vale o rótulo de "notícia de última hora"? Em determinado momento, o editor encarregado da versão digital indagou por que certa matéria, uma vez pronta, não poderia ser publicada logo em vez de esperarem chegar às 15h, para quando estava marcada. Ao fazer essa pergunta, estava incentivando seus editores a pensar de outra forma sobre o horário em que uma matéria vai ao ar.

"Queremos que as pessoas comecem a focar na experiência do *New York Times* agora, ou nas próximas duas horas, pelo celular", explicou Clifford Levy, o vice-editor geral que supervisiona todas as plataformas digitais. "Eu acho que ainda existe um punhado de gente que planeja as coisas, o que é ótimo, mas o aqui e agora é extremamente importante, e transformar esse metabolismo na redação tem sido nosso projeto a longo prazo." Embora o metabolismo não se altere da noite para o dia, reuniões diárias são uma ferramenta poderosa para ajustá-lo.

A reunião, no entanto, ainda é em grande medida um projeto em andamento. Afinal, as pessoas ainda a chamam, informalmente, de reunião da Primeira Página.

Talvez você também tenha novas necessidades e realidades que não se encaixam nos modelos de reunião que conhece. Talvez se deixe levar pela corrente de modelos antigos torcendo para que deem certo. Não há nada de terrível em seguir a correnteza, em organizar uma reunião de equipe mensal cujo propósito seja refazer os mesmos passos das reuniões dos meses anteriores. Mas, ao agir assim, você está pegando emprestado reuniões e formatos que outras pessoas criaram para resolver os problemas delas. Para inventar os formatos que criaram, é provável que tenham refletido sobre suas necessidades e seus objetivos. Se não fizer isso e não pensar em si como um laboratório, assim como o Centro de Justiça Comunitária de Red Hook e o *New York Times* fizeram, sua reunião terá menos chances de atingir seu potencial.

COMPROMETA-SE COM UMA REUNIÃO A RESPEITO DE *ALGO*

Notoriamente, *Seinfeld* era "uma série sobre o nada". Quando as pessoas se juntam sem pensar num objetivo, criam reuniões sobre o nada. No entanto, muitas pessoas percebem isso sem que lhes digam e estabelecem as bases de um encontro relevante transformando-o em um encontro sobre *algo*. Quero desafiá-lo a seguir esse exemplo — mas indo além e mais a fundo.

Em sua maioria, os objetivos de reuniões parecem respeitáveis e suficientes, mas também são básicos e insossos: "Vamos dar um almoço de boas-vindas para que o nosso novo colega fique à vontade no nosso grupo, que é muito unido" ou "Vou dar uma festa de aniversário para repensar o ano que tive". São de fato objetivos, mas seriam reprovados no teste da razão relevante para um encontro: põe o pescoço de alguém em risco? Adota uma postura firme? Está disposta a incomodar alguns dos convidados (ou talvez o anfitrião)? Recusa-se a ser tudo para todo mundo?

Talvez esses pareçam critérios absurdos para uma reunião, noite de pôquer ou conferência. Você faria bem em perguntar: por que minha reunião precisa "adotar uma postura firme"? Não é a Batalha do Álamo. Não é a primeira vez que escuto essa pergunta. Em geral, quando pressiono meus clientes a irem mais a fundo no objetivo de uma reunião, há um momento em que eles parecem estar pensando se estão sendo preparados para a Terceira Guerra Mundial. No entanto, se forçar a pensar na reunião como uma adoção de postura nos ajuda a entender com clareza qual é seu objetivo especial. Reuniões que agradam a todos acontecem, mas é raro que empolguem. Aquelas propensas a ser alienantes — o que é diferente de *serem* alienantes — têm mais chances de encantar.

Como fazer isso? Como chegar a um *algo* que valha uma reunião? Quais são os ingredientes de um objetivo forte, ousado, significativo?

A especificidade é um ingrediente crucial. Quanto mais focada e singular for uma reunião, mais restrito será seu arcabouço e mais entusiasmo suscitará. Descobri isso anedoticamente, por meio do meu próprio trabalho, mas um de meus clientes coletou dados que respaldam essa ideia.

O Meetup é uma plataforma on-line para a criação de reuniões off-line. As pessoas a utilizam para coordenar milhares de encontros ao vivo no mundo inteiro, com um amplo leque de objetivos. Ao longo dos anos, a empresa ajudou milhares de pessoas a se encontrarem. Quando os fundadores começaram a estudar o que contava para a formação de um grupo bem-sucedido, uma observação surpreendente veio à tona. Não eram sempre os grupos mais abrangentes, que agradariam a todos, que mais atraíam as pessoas. Não raro, eram os menores e mais específicos. "Quanto mais específico o Meetup, maior a probabilidade de êxito", contou Scott Heiferman, o cofundador e diretor executivo da empresa.

Para organizar um grupo na plataforma do Meetup, um dos passos é dar nome a ele e escrever uma descrição de seu objetivo. Para aumentar as chances de sucesso, Heiferman e sua equipe começaram a incentivar os organizadores a serem mais específicos no título dos grupos, e não só na descrição. A tática "faz com que o objetivo fique mais visível e mais claro, e é animador achar algo específico que corresponda ao que você quer", ele explicou. Um organizador de Istambul, de Londres ou de Toledo cria o nome do grupo, e quanto mais adjetivos usa para descrevê-lo, mais provável é que o grupo tenha o que o Meetup chama de "solidez de compatibilidade".

Por exemplo, "casais LGBT que fazem trilhas com cachorros" seria em uma compatibilidade mais sólida (e presume-se que, com o tempo, mais bem-sucedida) do que "casais LGBT que fazem trilhas" ou "casais que fazem trilhas com cachorros" ou até "pessoas LGBT que fazem trilhas com cachorros". Porque, como explica Heiferman, "o *quem* volta e meia está ligado ao o *quê*". A especificidade melhora a reunião porque as pessoas se enxergam nela.

Entretanto, "se a pessoa for muito específica, não vai haver gente suficiente, então existe um equilíbrio entre não haver uma compatibilidade sólida demais nem frouxa demais para se extrair uma sensação de proximidade, afinidade, acolhimento e pertencimento".

A singularidade é outro dos ingredientes. Em que ponto esse encontro, jantar ou conferência é diferente dos outros encontros, jantares ou conferências que você dará este ano? Uma vez, fui a uma casa de chá em Kyoto, no Japão, onde participei da tradicional cerimônia do chá japonesa para aprender o que sabem sobre encontros. A mestra do chá me contou da expressão que o mestre do chá japonês Sen no Rikyū, do século XVI, ensinava a seus alunos a ter sempre em mente enquanto conduzissem a cerimônia: *Ichi-go ichi-e*. A mestra me disse que a tradução, em linhas gerais, é "um encontro, um momento da vida que jamais se repetirá". Ela explicou melhor: "Podemos nos reencontrar, mas temos que louvar esse momento porque daqui a um ano nossa experiência será outra, seremos pessoas diferentes e traremos conosco experiências novas, porque também estaremos mudadas". Cada reunião é *Ichi-go ichi-e*. E pode ser de grande valia termos isso em mente quando nos reunimos.

Às vezes acho que esse é o Princípio do Pessach, pois uma pergunta que é feita durante o ritual do seder judaico tradicional no dia sagrado é: "Por que essa noite é diferente de todas as outras noites?". Antes de se reunir, pergunte a si mesmo: por que essa reunião é diferente de todas as minhas reuniões? Em que é diferente das reuniões feitas pelos outros que seguem o mesmo formato? O que essa reunião é que as outras não são?

Um bom objetivo para uma reunião também deveria ser contestável. Dizer que o objetivo do seu casamento é celebrar o amor pode até botar um sorriso no rosto dos outros, mas assim você não vai estar se comprometendo com nada, pois quem contestaria um objetivo desses? Sim, um casamento deve celebrar o amor. Mas um objetivo incontestável como esse não ajuda na difícil tarefa de criar uma reunião relevante, pois não nos ajuda a tomar decisões. Quando as tensões inevitáveis surgirem — lista de convidados, local, uma noite ou duas —, seu objetivo não estará presente para conduzi-lo. Por outro lado, um objetivo discutível vira um filtro para as decisões. Se você pretende que seu casamento seja uma recompensa cerimonial a seus pais por tudo o que fizeram por você no momento em que começa a construir sua própria família, esse objetivo é contestável, e no mesmo instante o ajudará a tomar decisões. O último assento restante será de um amigo de longa data de seus pais, não de um colega seu da faculdade. Se, por outro lado, você se compromete com o objetivo igualmente válido de que o casamento seja a fusão do novo casal com a tribo de pessoas com as quais se sentem mais à vontade, esse objetivo também é contestável, e enseja respostas claras e diferentes. Pode ser que o amigo dos pais tenha que ceder o assento ao amigo de faculdade.

Se eu tivesse aplicado esses critérios ao meu próprio chá de bebê, talvez ele tivesse acontecido de forma diferente. Se eu tivesse buscado um objetivo mais específico do que celebrar a chegada do bebê, talvez tivesse me adaptado à ideia de que meu marido e eu íamos fazer algo que tinha poucos precedentes: sermos pai e mãe igualitários. Devido à raridade desse costume ainda nos dias de hoje, não existem muitas orientações ou casos que contem sobre como fazer a ideia dar certo. Na verdade, existem matérias avisando sobre como é difícil "ter tudo" e estudos nos informando que a igualdade pode ser perigosa para a intimidade. Um objetivo mais específico adequado para as nossas necessidades talvez tivesse nos ajudado a atravessar esse terreno relativamente inexplorado.

Quanto à singularidade, o que tornaria o chá de bebê diferente dos outros seria a participação igualitária do pai e de outros homens na cerimônia.

É questionável que um chá de bebê deva incluir um homem, e, além do mais, que seja reorganizado em torno da presença dele e de outros homens. Questionável no bom sentido. Queríamos ser vistos na nossa comunidade como um casal de fato parceiro e igualitário, não como uma mãe que cria o filho com um pai que "ajuda". É um estilo de vida questionável, e um chá de bebê feito para nos ajudar a chegar lá teria tido um objetivo questionável. No tribunal da comunidade de Red Hook, também é questionável que todos os envolvidos no sistema de justiça queiram a mesma coisa. Na cerimônia de casamento hinduísta, é questionável que se possa alterar as palavras dos votos e ainda assim considerá-la uma "cerimônia de casamento hinduísta". De novo, no bom sentido. Sem dúvida há quem acredite que, ao mudar os votos, as pessoas estejam rompendo com a tradição, e não a honrando. Ao mesmo tempo, no *New York Times*, sem dúvida havia, pelo menos por um tempo, jornalistas e editores que não achavam que a versão digital devia ser mais relevante do que a impressa. Os objetivos de todas essas reuniões eram questionáveis — e é por isso, em certa medida, que por trás delas havia energia.

ALGUMAS DICAS PRÁTICAS PARA ENTENDER SEU OBJETIVO

Quando clientes ou amigos estão pelejando para determinar o objetivo de suas reuniões, eu lhes digo para passar do *o quê* para o *porquê*. Listo abaixo algumas estratégias que os ajudam a fazer isso.

Tome distância: ao não se distanciar, uma professora de química é capaz de dizer a si mesma que seu objetivo é ensinar química. Embora lecionar seja uma missão magnânima, essa definição não lhe serve muito de guia para o planejamento de sua prática em sala de aula. Mas se resolver que o objetivo é conferir aos jovens uma relação vitalícia com o mundo orgânico, novas possibilidades emergem. O primeiro passo rumo a uma sala de aula mais instigante é esse distanciamento.

Escave, escave até o fim: pegue as razões que você acredita ter para se reunir com alguém — seja porque se trata da reunião de departamento que sempre acontece nas manhãs de segunda-feira ou porque é tradição de família fazer um churrasco à beira da lagoa — e continue escavando. Se pergunte por que você está fazendo a reunião. Sempre que tiver uma razão mais profunda, repita a pergunta. Só pare de se questionar quando chegar a uma crença ou princípio.

Vejamos como passar do *o quê* ao *porquê* de algo tão simples quanto uma festinha com os vizinhos:

Por que você está fazendo uma festinha com os vizinhos?

Porque gostamos de festinhas e fazemos uma dessas todo ano.

Por que vocês fazem uma todo ano?

Porque gostamos de reunir os vizinhos no começo do verão.

Por que vocês gostam de reunir os vizinhos no começo do verão?

Eu acho que, parando para pensar, é um jeito de marcar a passagem do tempo e restabelecermos nossos laços depois da agitação do ano letivo.

Ah-rá.

E por que isso é relevante?

Porque, como no verão temos mais tempo para ficarmos juntos, é nesse momento que relembramos o que é comunidade, e isso nos ajuda a formar os laços que tornam este um ótimo lugar para se viver. *Ah-rá.* E mais seguro. *Ah-rá.* E um lugar que encarna os valores que queremos incutir nos nossos filhos, como o de que eles não devem ter medo de estranhos. *Ah-rá.* Agora estamos avançando.

Às vezes perguntar os porquês é ajudar as pessoas a escavar até chegarem a uma sacada que servirá para que planejem a reunião em si. Uma vez, eu estava orientando uma relações-públicas que promoveria um evento livreiro. Perguntei qual era o objetivo do evento para ela — o que desejava tirar dele. E ela disse algo no sentido de "tornar esse o melhor livro do outono". Se tivéssemos parado aí, ela não teria nenhuma diretriz para planejar o evento. Tampouco, francamente, se tratava de uma razão inspiradora para quem não trabalhasse na casa editorial. Então continuamos escavando. Por que você acha que esse livro merece ser o melhor livro do outono? Por que esse livro é tão importante para você? Ela pensou nisso por um instante e ficou radiante, respondeu algo como "porque é uma versão forte de como uma história pode mudar completamente de acordo com a perspectiva". *Ah-rá*. Era ao mesmo tempo uma declaração cheia de sentido e uma sacada em torno da qual poderia começar a planejar o evento.

Não pergunte o que seu país pode fazer pela sua reunião, mas o que sua reunião pode fazer pelo seu país: é normal eu pressionar meus clientes e amigos a pensarem nas necessidades mundiais que seus encontros podem abordar. Que problema pode ajudar a resolver? De novo, pode até parecer um exagero querer uma coisa dessas de uma câmara de comércio ou de um grupo paroquial. Mas se você acredita que o problema do seu país é que pessoas de tribos diferentes já não se conhecem nem se comunicam com franqueza, esse tipo de análise e teoria argumentativas pode se traduzir claramente no objetivo de usar sua reunião para que tribos diferentes se esbarrem.

Faça uma engenharia reversa do resultado: pense no que você quer que seja transformado devido à reunião e faça o caminho contrário a partir desse resultado. Essa é a fórmula que Mamie Kanfer Stewart e Tai Tsao estabeleceram anos atrás para aprimorar as reuniões de trabalho. Steward cresceu trabalhando na empresa da família — que está por trás do gel antisséptico para as mãos Purell. As reuniões a que comparecia, Steward contou, eram "sem dúvida nenhuma a melhor parte do dia". Foi só quando saiu para o mundo e descobriu as reuniões de outras empresas que ela se deu conta de que a maioria é horrível. Isso a inspirou a estudar o comportamento das pessoas em reuniões e a forma de melhorá-lo, e a levou a criar uma firma chamada Meeteor para auxiliar empresas a fazerem reuniões melhores.

A grande ideia de Steward e Tsao é que todas as reuniões sejam organizadas em torno de um "resultado desejado". Quando um encontro não é organizado dessa forma, segundo descobriram, ele acaba sendo definido pelo processo. Um encontro, por exemplo, para discutir os resultados do trimestre é um encontro organizado em torno do processo.

Talvez você questione: o que a pessoa quer discutindo os resultados do trimestre? Tomar uma decisão sobre novos projetos para que o trabalho possa avançar? Alinhar a equipe? Esclarecer planos e próximos passos? Fazer uma lista de ideias com a contribuição de todos? Produzir alguma coisa? Descobrir o resultado desejado traz foco ao encontro, e faz mais uma coisa útil: possibilita que as pessoas façam escolhas melhores sobre a necessidade de participarem. Talvez ajude até o organizador da reunião a decidir se ela é necessária para o resultado ou se um e-mail basta.

Essa ênfase no resultado pode soar óbvia no âmbito dos negócios, mas esquisita quando nos reunimos com amigos e parentes. No entanto, partir de um resultado também pode ser útil em situações pessoais. Mesmo fora do trabalho, você está se propondo consumir o recurso mais precioso que as pessoas têm: o tempo. Fazer o esforço de ponderar de que modo quer que os convidados, e você mesmo, sejam transformados pela experiência é o que você deve às pessoas como um bom administrador desse recurso. Não é necessário fazer um grande anúncio quanto ao resultado desejado. Ele é só um fator que lhe trará mais clareza quanto ao motivo da reunião. Um jantar de Ação de Graças motivado pelo objetivo de trazer à baila questões difíceis para acabar com um impasse entre parentes é bem diferente de um jantar de Ação de Graças baseado na frivolidade depois de um ano exaustivo e estressante. Saber o que você quer que aconteça pode ajudá-lo a tomar decisões que o levem ao seu objetivo.

Quando realmente não existe objetivo: se cumprir essas etapas e ainda assim perceber que não consegue descobrir o verdadeiro objetivo de seu encontro, é provável que você não esteja planejando o tipo de reunião significativa que estou abordando aqui. Faça um encontro simples, casual. Ou devolva às pessoas o tempo delas. Planeje seu próximo encontro quando tiver um objetivo específico, singular, contestável, que o ajude a tomar decisões quanto ao desenrolar da reunião.

ESTA TABELA PODE SER ÚTIL

A tabela a seguir mostra como você pode substituir reuniões sobre o nada por reuniões sobre *algo*.

TIPO DE REUNIÃO	SEU OBJETIVO É UMA CATEGORIA (ISTO É, VOCÊ NÃO SABE O OBJETIVO)	OBJETIVO BÁSICO, ENFADONHO, MAS PELO MENOS VOCÊ ESTÁ FAZENDO UM ESFORÇO	SEU OBJETIVO É ESPECÍFICO, SINGULAR E CONTESTÁVEL (MÚLTIPLAS ALTERNATIVAS)
De trabalho, fora do escritório	Encontrar as pessoas do escritório em um contexto diferente	Focar no próximo ano	• Construir e praticar uma cultura de sinceridade entre colegas • Repensar por que fazemos o que fazemos e chegarmos a um acordo sobre essa questão • Dar atenção à relação rompida entre vendas e marketing, que está fazendo mal a todos os outros setores
Festinha para comemorar a volta à escola	Ajudar famílias e filhos a se prepararem para o ano letivo	Ajudar a integrar famílias novas à comunidade escolar	• Inspirar as famílias a corroborar, de noite e nos finais de semana, os valores que a escola ensina durante o dia • Ajudar a criar laços entre famílias para que formem um grupo
Grupo pequeno da igreja	Transformar uma igreja enorme em um espaço mais aconchegante	Ajudar as pessoas a se sentirem acolhidas	• Ter um grupo que nos ajuda a fazer o que declaramos querer fazer • Ter um grupo de confiança para compartilhar as lutas sem a preocupação de manter as aparências

TIPO DE REUNIÃO	SEU OBJETIVO É UMA CATEGORIA (ISTO É, VOCÊ NÃO SABE O OBJETIVO)	OBJETIVO BÁSICO, ENFADONHO, MAS PELO MENOS VOCÊ ESTÁ FAZENDO UM ESFORÇO	SEU OBJETIVO É ESPECÍFICO, SINGULAR E CONTESTÁVEL (MÚLTIPLAS ALTERNATIVAS)
Festa de aniversário	Comemorar meu aniversário	Marcar a passagem de ano	• Me cercar das pessoas que trazem à tona o que eu tenho de melhor • Estabelecer algumas metas para o próximo ano que me obriguem a prestar contas do que fiz • Assumir um risco/fazer algo que me dê medo • Restabelecer os laços com meus irmãos
Reunião de família	Juntar a família	Ter um tempo juntos em que ninguém possa usar o celular	• Ter a oportunidade de que os primos criem um laço como adultos, sem cônjuges e filhos • Reunir a próxima geração na esteira do falecimento do vovô e criar uma reunião de família mais tolerante, adequada aos valores dos parentes mais jovens
Festival literário	Celebrar a leitura	Construir uma comunidade em torno dos livros	• Usar os livros e o amor à leitura para construir uma comunidade que supere diferenças raciais

OS PÂNTANOS DAS MULTITAREFAS E A MODÉSTIA

Segundo a minha experiência, muitas pessoas não se reúnem com um objetivo verdadeiro porque não percebem claramente o que *é* um objetivo e como chegar a ele. Mas muitas outras, inclusive eu, almejam um objetivo maior ao se reunirem, porém se deparam com dois tipos de resistência interna. Uma vem do desejo de ser multitarefas; a outra vem da modéstia. Ambos deram as caras quando uma mulher que eu conheço — vamos chamá-la de S. — resolveu dar um jantar.

Ela me procurou porque estava confusa quanto à recepção. Estava óbvio que não era um jantar qualquer: ela parecia ter uma necessidade inconfessa de torná-lo especial. Mas não tinha certeza do que motivava o jantar, o que a deixava insegura quanto a como organizá-lo.

Quando perguntei por que ela estava promovendo o encontro, sua primeira resposta foi "Porque o casal nos recebeu, e nós temos que retribuir".

Tecnicamente, é sim um objetivo, mas não muito bom. Então fiz outras perguntas. Quanto mais S. e eu conversávamos, mais desculpas esfarrapadas surgiam: continuar um revezamento de recepções com um grupo de amigos bem estabelecido; trazer mais conversas relevantes à vida dela; ajudar o marido a criar novas oportunidades de negócios.

Eram razões justas para um encontro, mas eram conflitantes. A meta do bem-estar era incompatível com a meta de jantar com pessoas que poderiam trazer oportunidades de negócios ao marido. A meta de receber o grupo de amigos não combinava com a meta de ter ótimas conversas, que em geral são reanimadas por sangue novo. S. tentava amontoar vários pequenos objetivos mornos em um único jantar. Encontro nenhum poderia servir a tantos objetivos diferentes.

S. tinha consciência da necessidade de objetivo para um encontro. Tinha me procurado justamente por saber que queria uma reunião mais significativa. Apesar disso, se deixou levar pelo ímpeto das multitarefas — fazer com que um encontro fosse diversas coisas, não algo.

Por meio de outras perguntas, tentei fazer com que S. se comprometesse com um desses "algos" possíveis: se pudesse realizar qualquer coisa com o jantar, como gostaria que os convidados se sentissem ao sair de sua casa? Quanto mais ela falava, mais as ideias fluíam e mais ela se animava.

Ela percebeu logo que o mais importante para ela era criar uma reunião que fugisse ao padrão de recepção no qual tinha caído. Quando mais jovens, ela e o marido conheciam novas pessoas por conta do trabalho dele. Mas com o passar dos anos, o marido tinha criado uma pequena empresa, os filhos tinham ido embora para fazer faculdade e eles tinham passado a participar menos de encontros. Eles se flagraram tendo as mesmas conversas com as mesmas pessoas inúmeras vezes. Embora amasse os amigos, jantares apenas com eles não contribuíam para o senso de aventura e diversidade que valorizavam neles mesmos. Concluiu que o que ela queria com o jantar — e com os jantares para os quais firmaria um precedente — era renovação e frescor. Decidiu deixar de lado os objetivos menores de trazer novos negócios para o marido e de retribuir o convite dos amigos para se concentrar em criar laços relevantes com novas pessoas.

Fazer da reunião algo grande empolgou S., mas também a amedrontou. Estava com medo porque o jantar que estava planejando antes, apesar de carecer de objetivo, era simples. Era provável que transcorresse sem nenhum problema — seria um evento tranquilo, sóbrio, sem pressão. Um encontro como eu a orientava a planejar era um compromisso com um algo grande.

"Quem sou eu para fazer um encontro desses?", as pessoas, não raro, se questionam. "Quem sou eu para impor minhas ideias aos outros? Um objetivo grandioso pode ser bom para um jantar do governo ou um retiro empresarial, mas não soa arrogante, ambicioso e sério demais para a reunião/o jantar/o encontro matinal da minha família?"

Essa modéstia tem a ver com o desejo de não deixar transparecer que você se importa demais — um desejo de projetar tranquilidade, frieza e despreocupação com o encontro. Se você quer frieza, visite o Ártico. Mas a modéstia também pode se originar da ideia de que não queremos obrigar ninguém a nada. Essa hesitação, que permeia várias reuniões, não leva em consideração que talvez, ao ter foco, você esteja fazendo um favor aos convidados.

Então S. passou a ter mais clareza quanto ao objetivo principal e aquietou as vozes que lhe diziam que sua reunião devia ser várias coisas ao mesmo tempo. Superava agora as pressões da modéstia — as perguntas maçantes que começam com as palavras *Quem sou eu para...* Com sua nova ênfase na renovação e no frescor, resolveu convidar três casais para o jantar. Um deles incluía um homem que o marido tinha conhecido recentemente por meio de um projeto de trabalho e de quem tinha gostado, mas que ainda não tinha incorporado à rotina de socialização. Outro era um casal mais jovem, de ex-alunos do marido. E também o casal que os tinha recebido para um jantar.

Fiquei de orelha em pé com a menção ao terceiro casal. Me questionei se seria um daqueles objetivos meia-boca saindo da lixeira. Por que esse último casal?, indaguei. Por obrigação?

S. respondeu que realmente queria o casal no jantar, e que incluir um grande amigo no jantar poderia semear no círculo de amizade já existente a ideia de que não precisavam sempre socializar da mesma forma. Era condizente com o novo objetivo que tinha estabelecido.

S. sabia que queria uma única conversa entre as pessoas do grupo. Por conta da ideia de receber gente nova, queria uma pergunta que revelasse algo sobre cada um dos participantes e criasse um vínculo entre eles. Ela e o marido, ambos imigrantes, resolveram perguntar sobre o conceito que tinham de "lar".

O marido dela começou:

Minha mãe faleceu há pouco tempo, e foi então que me dei conta de que as visitas que eu fazia a ela eram meu último vínculo com minha terra natal. E que minha ideia de casa tinha mudado. Nesse clima político, em que o significado de ser americano está em questão, qual é o sentido de "lar" para vocês?

O grupo, uma mistura de imigrantes e americanos nascidos no país, examinou junto a problemática. O resultado foi uma conversa linda, provocativa. A pergunta cumpriu o objetivo almejado por S., pois lhe permitiu ouvir as histórias de novas pessoas e debater questões atuais mais abrangentes. O grupo riu, questionou e até chorou, pois o assunto tocou num ponto ao mesmo tempo universal e extremamente pessoal.

Dias depois, S. recebeu um e-mail agradecido de uma das convidadas. Lia-se: "Ainda estou pensando na sua excelente pergunta. Meu marido e eu continuamos a conversar sobre o assunto a caminho de casa. Estamos discutindo-o agora com os nossos filhos! Obrigada".

O objetivo de uma reunião não precisa ser formal, rígido ou presunçoso. Não precisa ser filantrópico ou alcançar um bem comum. O Festival de Golden Retrievers da Escócia, que atrai centenas de cachorros com seus donos, tem um objetivo admiravelmente claro, ainda que cosmicamente irrelevante:

prestar homenagem a Lorde Tweedmouth, o nobre do século XIX responsável pela criação da raça. O Desfile de Sereias de Coney Island, em toda sua glória, tem um objetivo evidente: celebrar o início do verão. Até orgias têm um objetivo: que as pessoas transem em um ambiente livre de julgamentos e repercussões.

Ter objetivo é apenas saber por que você está promovendo uma reunião e dar aos participantes a honra de serem chamados por alguma razão. E, depois que tiver um objetivo em mente, você de repente se dará conta de que está mais fácil tomar todas as decisões que uma reunião exige.

O OBJETIVO É SEU LEÃO DE CHÁCARA

O objetivo de sua reunião não é apenas o conceito que a inspira. É uma ferramenta, um filtro que o ajuda a resolver todos os detalhes, os grandiosos e os banais. Reunir é tomar decisão atrás de decisão: local, horário, comida, talheres, programação, temas, oradores. Praticamente todas as escolhas ficarão mais fáceis depois que você souber por que está fazendo a reunião, principalmente quando esse *por que* é especial, interessante e até provocador.

Faça do objetivo seu leão de chácara. Deixe que ele decida o que entra no seu encontro e o que fica de fora. Quando tiver dúvidas sobre qualquer elemento, mesmo que seja um detalhezinho, volte ao objetivo e resolva de acordo com ele. Nos capítulos seguintes, vou discutir algumas das decisões que você terá que tomar se quiser fazer reuniões melhores e mais relevantes, revestidas de um objetivo arrojado. Mas quero encerrar este capítulo com a história de um festival literário para o qual prestei consultoria — uma história que revela o que acontece quando você inventa um objetivo, mas só se compromete com ele até certo ponto, e só o usa também até certo ponto para nortear suas decisões. Quando não o usa como leão de chácara.

O festival literário acontece todos os anos em uma grande cidade dos Estados Unidos. Tinha sido um grande sonho dos fundadores, e o objetivo deles no começo era nada mais nada menos que concretizá-lo. Eles conseguiram. Acabou atraindo milhares de visitantes todos os anos. Agora sentiam que precisavam de um novo objetivo. A existência do festival parecia estar garantida. Para que ele servia? O que poderia fazer? Como torná-lo relevante?

A chefia do festival me procurou em busca de orientação quanto a essas questões. Que tipo de objetivo poderia ser a próxima força motriz deles? Alguém teve a ideia de que o objetivo do festival poderia ser unir a comunidade. Os livros seriam, é claro, o meio. Mas um festival ambicioso não poderia se propor o desafio de tornar a cidade mais interligada? Não poderia ajudar a transformar grandes leitores em bons cidadãos?

Parecia ser um rumo promissor — uma estrela-guia específica, singular, contestável, para um festival literário, que poderia orientar sua estruturação.

Agora era hora de dar a esse possível objetivo um período experimental como leão de chácara. Se o objetivo do festival literário era aproximar a cidade, sob que aspectos ele poderia mudar? O que poderia ser acrescentado, e o que tiraríamos do encontro? Começamos a debater sobre o assunto.

Propus uma ideia: em vez de começar cada sessão com os livros e autores, por que não começar com um exercício de dois minutos em que membros da plateia poderiam criar laços significativos, ainda que breves, entre si? O mediador poderia fazer três perguntas relacionadas à cidade ou aos livros, e então pedir a cada membro da plateia que se virasse para um desconhecido e discutisse uma delas. O que o trouxe a esta cidade — você nasceu aqui ou foi trazido pelas circunstâncias? Qual foi o livro que mais impacto lhe causou quando você era criança? O que você acha que tornaria a cidade melhor? Começar a sessão com essas perguntas ajudaria os membros do público a prestarem atenção uns aos outros. Também romperia a norma de não falar com estranhos, e talvez acabasse incentivando esse tipo de atitude quando as pessoas saíssem da sessão. E também estabeleceria uma identidade coletiva — os amantes de livros da cidade — que, na ausência dessas perguntas, tende a ficar adormecida.

Assim que a ideia foi mencionada, alguém do grupo soou o alarme. "Mas eu não queria diminuir o tempo dos autores", a pessoa declarou. Pronto — ali estava o verdadeiro, ainda que indizível, objetivo ressurgindo das cinzas e insistindo na continuidade de sua primazia. Em tese, todo mundo gostava do conceito de "festival literário como argamassa da comunidade". Mas ao primeiro sinal da necessidade de fazer concessões a fim de honrar com esse *algo* novo, o alarme disparou. O grupo não estava pronto para fazer da união da comunidade o objetivo do festival literário se, para isso, tivesse que alterar a estrutura das sessões ou dedicar um tempo a outra atividade. Assumissem eles ou não, o objetivo era a promoção dos livros e da leitura e a homenagem aos escritores. Ficavam incomodados de fazer um autor esperar dois minutos para que os cidadãos se enturmassem.

O festival literário estava agindo do modo como muitos agem: estruturando um encontro segundo várias motivações tácitas e acenando indiferente às metas mais elevadas. Quando uma pessoa se reúne da forma que proponho neste livro, precisa primeiro estabelecer e se comprometer genuinamente com o objetivo, e então as decisões brotarão. Algumas das primeiras escolhas são os convidados e o local.

2. Feche portas

PARTE UM: QUEM

A lista norteada por um objetivo

A lista de convidados é o primeiro teste de um objetivo robusto para uma reunião. É a primeira chance de você colocar seus ideais em prática. Assim como aconteceu com os organizadores do festival literário, que debateram se deviam mudar a abertura das sessões com autores, trata-se de uma oportunidade de avaliar até que ponto você está comprometido com seus ideais, está disposto a sacrificar convites para o encontro no altar de sua razão. Já trabalhei com alguns anfitriões que se empolgaram com o novo e arrojado objetivo de uma reunião e cujo destemor se dissolveu sob a pressão de ter que decidir quem incluir ou excluir. A vontade de deixar as portas abertas — não ofender, cultivar uma futura oportunidade — é uma ameaça à reunião com objetivo.

Convidar as pessoas é fácil. Excluí-las pode ser complicado. "Quanto mais gente, melhor", ouvimos desde pequenos. "Quanto mais almas, mais alegria", dizem os holandeses. "Quanto mais tolos tiver, mais gargalhadas daremos", declaram os franceses. Correndo o risco de discordar de milênios de conselhos nesse mesmo espírito, digo o seguinte: você começará a se reunir com objetivo quando aprender a excluir com objetivo. Quando aprender a fechar portas.

A exclusão não me dá prazer, e volta e meia transgrido minha própria regra. Mas a exclusão ponderada, estudada, é vital para qualquer encontro, pois o excesso de inclusão é um sintoma de problemas mais íntimos — acima de tudo, a confusão sobre o motivo de sua reunião e a falta de compromisso com seu objetivo e seus convidados.

Às vezes somos excessivamente inclusivos por termos a sensação de que precisamos retribuir uma velha dívida de acolhimento, assim como S. tinha. Às vezes somos excessivamente inclusivos para manter um costume no qual não acreditamos de fato: "Não dava para não convidar a equipe de marketing. Seria um tapa na cara. Eles sempre comparecem às festas". Às vezes somos excessivamente inclusivos porque não queremos lidar com as consequências da exclusão de certas pessoas, sobretudo aquelas com talento para armar escândalos. Nos dobramos ao fundador que não trabalha mais na empresa, mas quer participar do encontro dos chefes fora do escritório, embora o objetivo da reunião seja a consolidação da liderança do novo presidente executivo após a saída do fundador. Sucumbimos à tia que por acaso está de visita e supõe que sua presença seja um complemento no momento em que os pais de um casal estão se conhecendo.

Ao se deparar com gente que não deveria, em tese, estar presente, mas que você teve dificuldade de afastar, pode parecer mais fácil e generoso se deixar levar. Mas um anfitrião cuidadoso entende que a inclusão na verdade pode ser uma falta de compaixão e a exclusão pode ser um ato generoso.

A bondade da exclusão

Fiz parte de um grupo de ginástica que travou uma briga com essa questão. Quanto mais gente é melhor ou pior? A princípio, o grupo era formado por seis amigas que se reuniam duas vezes por semana ao amanhecer, acompanhadas de um treinador. Tonificávamos os abdomens enquanto trocávamos histórias e conselhos. O grupo estava firme e forte — era o ponto alto de muitos de nossos dias. Ocorreu então que uma de nós se planejou para sair de férias. Como nossa praxe era deixar um período pré-pago, nossa amiga perderia o dinheiro. Ela teve uma ideia "melhor". Escreveu um e-mail ao grupo apresentando uma amiga dela que iria "substituí-la" durante a viagem. Algumas ficaram incomodadas e surpresas com a substituição, mas não sabíamos explicar o porquê.

Teve quem intuísse que a substituição proposta violava o objetivo da nossa reunião, mas aí estava o problema: nunca tínhamos discutido qual era o objetivo. Um dia, uma das participantes nos ajudou a entender o que nos aborrecia ao dizer: "Isso aqui não é uma aula". O que não era nos fez enxergar o que era. O acordo tácito, mas compartilhado do nosso encontro, era passarmos um tempo juntas como amigas enquanto nos exercitávamos. Era uma reunião que empregava o mecanismo agregador da ginástica, não uma aula de ginástica por acaso frequentada por amigas. Éramos um grupo de pessoas com vidas movimentadas que queriam achar uma forma regular, segura, de nos reconectarmos com pessoas específicas que havíamos escolhido.

Depois de conversar e concordar que esse era o objetivo do nosso grupo de ginástica, ficou mais fácil lidar com o problema causado pela nossa amiga. Resolvemos que não permitiríamos substituições no grupo, pois uma desconhecida poderia ser nociva à intimidade e à disposição das pessoas a dividir questões. E também perderíamos tempo se fosse preciso ensinar os vários exercícios a uma novata, que talvez participasse uma só vez. Depois que nosso objetivo implícito foi proclamado e reafirmado, ficou óbvio que o *quem* do encontro era fundamental, e que, nesse caso, quanto mais gente pior, e não melhor. Incluir uma pessoa, embora parecesse um ato de generosidade, teria sido uma falta de compaixão com as outras cinco que haviam se comprometido com o grupo com base nos pressupostos de cordialidade, naturalidade e espaço para sinceridade.

Mesmo depois de entender claramente o objetivo de sua reunião, não é fácil encontrar uma forma de dizer "por favor não venha". É por isso que tantos encontros acabam sendo sequestrados em nome da educação. O organizador talentoso deve saber o seguinte: na tentativa de não ofender, você acaba não protegendo a reunião e seus participantes. Descobri ser muito comum que em prol da inclusão e da generosidade — dois valores que me calam fundo — deixamos de traçar limites a respeito de quem é bem-vindo e por quê.

É claro que, caso a inclusão seja o objetivo da reunião, um limite mais poroso cai bem e talvez seja até necessário. Mas encontros com vários outros objetivos totalmente admiráveis podem padecer do excesso de inclusão.

Uma vez, a tia de Barack Obama lhe disse: "Se todo mundo é da família, ninguém é da família".[1] É o sangue que determina a tribo, é a fronteira que determina a nação. O mesmo princípio se aplica às reuniões. Faço com isso um adendo à máxima da tia dele: se todo mundo está convidado, ninguém está convidado — no sentido de ser genuinamente acolhido pelo grupo. Ao fechar a porta, você cria o espaço.

No meu grupo de ginástica, fiquei no lado da briga das que não concordavam acerca da inclusão. Alguns anos antes, no entanto, em uma situação diferente, mas similar, tomei o partido da inclusão. Demorei um tempo para enxergar o potencial compassivo da porta fechada.

A reunião era um fim de semana anual com amigos que vou chamar de "Volta à Baía". Éramos uma turma muito unida que fez parte de um programa de treinamento no trabalho, e, sabe-se lá como, surgiu o plano de uma viagem à praia para podermos relaxar, apesar da panela de pressão que era o nosso treinamento, e curtir com uma leveza que era impossível durante a rotina semanal. Jogamos bola, fizemos churrasco, debatemos a sequência correta do consumo de álcool e organizamos "concursos de dança" madrugada adentro. Por dois anos seguidos, foi o fim de semana que todo mundo esperava com ansiedade, e seu objetivo básico era presumido por todos, ainda que não fosse explicitado: passarmos um tempo juntos, relaxar, estreitar os laços. Não pensamos muito no objetivo, para ser franca, até que fosse posto à prova.

Quando o terceiro ano chegou, dois membros do grupo estavam namorando pessoas que não tinham feito parte do programa. Ambos queriam trazer os parceiros. Depois de vários e-mails e conversas sobre as possíveis inclusões, o pedido foi de que não os trouxessem. A aluna deixou a questão para lá e resolveu ir sozinha. O namoro ainda estava no início, e ela não deu muita importância. O aluno, no entanto, estava em um namoro à distância e, para complicar ainda mais a situação, era um soldado prestes a ser convocado para servir. A Volta à Baía por acaso seria em um dos poucos finais de semana que ainda lhe restavam com a namorada. Além do mais, queria que a namorada o visse com seus amigos de programa, para conhecer um ângulo dele que ainda desconhecia. Queria que ela, de certo modo, entendesse o que tinha sido tão relevante a ponto de afastá-lo dela. Ele tornou então a perguntar sobre a possibilidade de levá-la junto. Primeiro lhe disseram que não havia espaço suficiente na casa que tínhamos alugado. Ele propôs que os dois alugassem um lugar perto e passassem os dias com o grupo. A ideia também acabou sendo rejeitada, de um jeito desastrado e nada franco. O soldado, nosso amigo, resolveu não comparecer. Pareceu uma atitude estranha para alguns, e isso nos obrigou a enfrentar a questão de quem fazia parte do grupo e para que ele servia.

Esse debate trouxe à tona verdades sobre o grupo e seu objetivo que muitos de nós, que éramos parte dele, não sabíamos. Conforme meu grupo de ginástica revelou, o conflito volta e meia escancara o objetivo. O que todos sabíamos era que o grupo tinha estabelecido seu ritmo e seus rituais e tinha criado certa magia. O que nem todos sabiam é que parte dessa magia vinha do fato de esse ter se tornado um espaço raro para um de seus membros — um homem gay cuja sexualidade era sabida pelos amigos, mas escondida do mundo em geral — ser ele mesmo, sem inibições. Alguns não faziam ideia de que essa era uma grande faceta do que a Volta à Baía propiciava — e não só para esse colega de classe, mas também para os que se sensibilizavam com a situação e curtiam passar um tempo com a versão mais à vontade dele. No fundo, o que fazia bem a ele também fazia bem a nós, ainda que de forma mais sutil. Aquele era um espaço em que todos podíamos mostrar nossos lados menos conhecidos sem arriscar nossa segurança ou nossas carreiras — inclusive lados mais obscuros. Ninguém nunca tinha declarado formalmente que esse era o objetivo da Volta à Baía, mas para muitos esse era o intuito velado e inalienável. Aqueles que tinham essa percepção e estavam à frente do grupo resolveram que pessoas de fora interfeririam nessa atmosfera. Com guerra ou sem guerra, a namorada do soldado não poderia acompanhá-lo.

Anos depois, nosso amigo gay se assumiu publicamente e se tornou um líder em seu ramo. Gosto de pensar que, ao proteger esse homem e lhe oferecer um ambiente livre e seguro, esse grupo de amigos o ajudou nessa trajetória. Apesar de não ter gostado na época, agora entendo que foi correto excluirmos os dois novos parceiros. Mais gente seria mais assustador. Deixar os outros de fora possibilitou ao nosso amigo ficar à vontade conosco.

Ao repensar esse episódio, fica claro para mim que quando não fundamentamos logo uma reunião em um objetivo evidente, acordado, não raro somos forçados a fazê-lo mais tarde, quando os inevitáveis questionamentos sobre adesão surgem. Foi o que também aconteceu com o meu grupo de ginástica: só paramos para pensar em qual era seu objetivo quando nos vimos no debate sobre quem poderia participar.

Para ser sincera, não recomendo que se chegue a um objetivo a partir da questão de quem convidar. Mas a ligação entre os dois é um exemplo de que o objetivo de uma reunião pode ser um bocado vago e abstrato até ser elucidado pela definição de quem está dentro e quem fica de fora. Ao excluir, o objetivo ganha a estrada. Organizar um encontro ao lado de outras pessoas, e não sozinho, faz você refletir por um tempo não só sobre o objetivo dele, mas também, de preferência, sobre como chegar a um acordo com os outros organizadores. Por que estamos fazendo isso? Quem devíamos convidar? Por quê?

Em outras palavras, a exclusão ponderada, além de ser generosa, pode ser definidora. Pode ajudar na importante tarefa de comunicar aos convidados o que *é* a reunião.

Uma das mais talentosas organizadoras de reuniões que conheço é uma mulher chamada Nora Abousteit. Uma vez, ela me contou a história de seu falecido pai, um imigrante egípcio chamado Osman Abousteit que foi para a Alemanha, e mostrava bem como uma pessoa que *não foi* convidada pode entrar em uma reunião.

Osman tinha chegado na cidadezinha de Giessen, na Alemanha, em 1957, para fazer doutorado em química. Observou, para seu desgosto, que não havia nenhum lugar nessa cidade para os estudantes se reunirem — nenhum espaço onde pudessem ser eles mesmos, longe dos professores e dos adultos chatos da cidade. Resolveu abrir o primeiro bar voltado só para estudantes de Giessen, que batizou de Scarabée, em homenagem ao besouro egípcio. A intuição de Osman foi certeira. Seus colegas de estudos eram loucos para ter um espaço e encheram o bar, que tinha poucas regras. Por exemplo, numa época em que se considerava vulgar tomar cerveja na garrafa e não no copo, o Scarabée servia cerveja na garrafa. No entanto, não foi a impertinência nem a presença de bandos de estudantes o que transformou o Scarabée em um local lendário. Foi uma ausência bastante ilustre.

Para entrar na casa noturna, era preciso mostrar a carteirinha de estudante a um segurança. Uma vez ou outra, um não estudante aparecia e era impedido de entrar. Essas exclusões salientavam a regra, mas não chamavam a atenção. Foi quando o vice-prefeito da cidade apareceu que a situação ficou interessante. O leão de chácara barrou sua entrada. O vice-prefeito protestou. Osman saiu para lidar com o caso. Impôs a regra e deixou o vice-prefeito de fora. Foi essa exclusão mais rigorosa e mais arriscada que cimentou a reputação do Scarabée. Não era um bar que, por um acaso, recebia estudantes. Era um bar com um objetivo claro, pelo qual estava disposto a lutar. Sessenta anos depois, o bar ainda faz sucesso.

Como excluir bem

Talvez você pergunte, como excluir com generosidade?

A questão surge bastante quando estou organizando encontros complicados, em larga escala, para meus clientes. Essas são algumas das perguntas que lhes faço:

Quem não só combina como ajuda a cumprir o objetivo da reunião?

Quem põe o objetivo em risco?

Quem, apesar de irrelevante para o objetivo, você se sente obrigado a convidar?

Quando meus clientes respondem às duas primeiras perguntas, começam a entender o verdadeiro objetivo do encontro. É óbvio que pessoas que combinam e cumprem o objetivo da reunião precisam estar presentes. Embora esse ponto seja mais difícil, a exclusão de pessoas que evidentemente põem o objetivo em risco é facilmente justificável. (O que não significa que sempre sejam excluídos. A educação e o hábito, não raro, vencem o facilitador. Porém, lá no fundo, os anfitriões sabem quem não deveria estar presente.)

É na terceira pergunta que o objetivo começa a ser testado. Uma pessoa põe o objetivo da reunião em risco? Faz sentido que tenha sido excluída. Mas qual é o problema de quem é irrelevante ao objetivo? Qual é o problema de convidar o Bob? Toda reunião tem seus Bobs. O Bob do marketing. O Bob que é irmão da namorada do seu amigo. Bob que é sua tia que apareceu para uma visitinha. Bob é muito agradável e não sabota seu encontro de propósito. A maioria dos Bobs fica grata pela inclusão. Às vezes, dão uma forcinha extra ou trazem uma garrafa extra de vinho. É provável que você já tenha sido o Bob. Eu fui.

O dilema da exclusão ponderada e intencional está na coragem de guardar distância dos Bobs. Em mudar de perspectiva para compreender que as pessoas que não estão cumprindo o objetivo da sua reunião *estão* fazendo mal a ela, ainda que não façam nada de mal. Isso acontece porque, quando estiver diante deles, você (junto com outros convidados atenciosos) vai querer acolhê-los e incluí-los, o que desvia seu tempo e atenção das verdadeiras razões (e pessoas) que justificam sua presença. Sobretudo em encontros pequenos, todas as pessoas afetam a dinâmica do grupo. Excluir bem e com determinação é reformular com quem e com o que você está sendo generoso — seus convidados e seu objetivo.

Um problema comum com que me deparo é que, em encontros com vários organizadores, cada um deles tem seus Bobs. Caso um dia você se veja em uma situação em que haja conflito quanto a quem são os Bobs, tem mais uma pergunta que acho útil de se fazer: para quem é este encontro *afinal*?

Formulei, certa vez, uma convocação multigeracional em um resort à beira-mar para quarenta líderes engajados em um movimento político. Estava trabalhando com os organizadores, uma equipe de quatro pessoas de entidades diferentes, na elaboração da lista de convidados. Eles tinham concordado com a lista inicial, mas, como geralmente acontece, tinham recebido novos pedidos, tanto de pessoas que não foram convidadas como de convidados que queriam levar outras pessoas. Uma doadora muito influente pediu para levar uma amiga. Um dos organizadores pensou que era melhor permitirmos, pois se preocupava com a possibilidade de que ela não comparecesse sem a acompanhante. Outro organizador argumentou que a amiga era, a bem da verdade, uma Bob. Instiguei os organizadores a se perguntarem: *afinal*, para quem era o encontro? O encontro era, afinal, para os quarenta líderes. Se os organizadores conseguissem fazê-los chegar a um acordo quanto a uma visão comum, seria um enorme passo para o movimento. Enquanto os organizadores elucidavam o objetivo, eles se deram conta de que parte da magia da reunião seria fazer com que esses líderes transformassem seus vários projetos em um tema mais amplo, unificado. Para isso, precisávamos planejar um encontro em que tivessem conversas significativas entre si. Nesse caso, acreditávamos nós, a presença da amiga atrairia ao menos parte da atenção da convidada, e a amiga também faria com que ela não se engajasse tão profundamente quanto se estivesse a sós. Ela recebeu um não como resposta. (E aceitou o convite mesmo assim.)

Em outra ocasião, eu estava facilitando a reunião de uma empresa no Brasil em que a equipe refletiria sobre a construção de uma nova cidade. Convidamos doze especialistas do mundo inteiro para comparecerem por um dia e sonhar novos jeitos radicais de projetar uma cidade moderna, arrojada, sustentável. No último minuto, os executivos da firma pediram para levar mais dez pessoas para observar o encontro, dobrando o tamanho da reunião. De novo, precisamos questionar: para quem era o encontro *afinal*? O cliente. E qual era o objetivo latente? Bolar ideias arrojadas que o cliente, com grande capital político e apetite por risco, poderia pôr em prática. Nesse caso, nos demos conta de que as pessoas a mais não eram Bobs. O objetivo da reunião seria cumprido de forma melhor se mais gente observasse o primeiro passo do processo e se entusiasmasse com as ideias supostamente inviáveis. E eram pessoas cuja empolgação seria benéfica mais adiante. Concordamos com a presença delas e, como os observadores seriam mais numerosos do que os participantes, fizemos ajustes no formato do encontro. Resolvemos enfatizar o papel dos observadores e transformá-los em trunfo. Organizamos o ambiente em dois círculos de cadeiras, um dentro do outro. No círculo de dentro, colocamos doze cadeiras para os especialistas, que fariam miniconversas e um debate animado mediados por mim. No círculo externo, em uma roda de cadeiras voltadas para o centro, acomodamos os clientes e seus convidados, que ficariam nas bordas, sem os celulares, observando e prestando atenção. O número maior e a energia do círculo externo acabou criando uma atmosfera ainda mais animadora para quem estava dentro do círculo. A plateia, de fato, escutou as ideias — e era numerosa.

A boa exclusão ativa a diversidade

Talvez você se pergunte: em um mundo onde a exclusão é aceitável, não estamos dando passos para trás? Não estamos lutando contra a exclusão em encontros há anos? A exclusão, por mais ponderada e intencional que seja, não é inimiga da diversidade?

Não.

Comecei minha vida de facilitadora mediando diálogos raciais. Sou birracial. Acredito em poucas coisas com tanta veemência quanto acredito no poder dos diferentes se unirem e serem forçados a entender o mundo. Existo por causa disso.

A diversidade, porém, é uma potencialidade que precisa ser ativada. Pode ser usada ou pode simplesmente *existir*. Um festival literário que se espalha por uma cidade inteira, com públicos diversos, mas cujos organizadores os silenciam, querendo que prestem atenção às conversas do palco, não está aproveitando bem sua diversidade. Dar aos leitores tempo e incentivo para que batam papo extrairia mais sumo e mais sacações dessas diferenças. Por outro lado, na Volta à Baía, a diversidade estava bem ativada. Um estudante que se escondia no curso se permitia ser verdadeiro nesse ambiente. E era a exclusão que permitia que essa diversidade fosse ativada.

Quando falo em exclusão generosa, falo das formas de entrosamento com que uma reunião possibilita que sua diversidade seja ressaltada e aguçada, em vez de diluída na miscelânea de gente.

Veja só o caso de Judson Manor, uma comunidade de aposentados em Ohio que só permite o ingresso de duas populações distintas, mas muito coesas: alunos de graduação em música e aposentados. Esse lar para idosos com um toque especial ocupa um hotel reformado da década de 1920. Em 2010, o que era uma comunidade de aposentados como qualquer outra resolveu fazer um experimento depois que um membro do conselho ouviu dizer que faltava moradia perto do Instituto de Música de Cleveland.[2] Convidou dois e depois cinco estudantes de música da faculdade para morarem de graça com seus 120 habitantes idosos em troca de recitais, de cursos de arteterapia e de que passassem um tempo com os moradores. Os organizadores torciam para que os estudantes de música servissem de tônico contra o isolamento, a demência e até a pressão alta. A ideia se baseava em pesquisas que mostram os enormes benefícios da interação com jovens para a saúde dos idosos.[3] Os estudantes, por sua vez, receberiam o sonho de qualquer artista — uma plateia ávida, cativa — e o de todo mundo: moradia gratuita. (Esses experimentos habitacionais intergeracionais também foram levados a cabo na Holanda, sob bastante alarde.)[4]

O resultado é um grande exemplo de exclusão ponderada e diversidade vicejante, e de como andam lado a lado. Ninguém poderia acusar Judson Manor de homogeneidade: sua razão de ser é juntar idosos a jovens, duas populações tão apartadas quanto quaisquer outras em muitos países ricos. Mas para cumprir bem essa proposta, ele teve que definir o quem e o porquê. O diretor de Judson Manor, John Jones, também queria muito garantir que a diferença de idade não só existisse como fosse ativada.

"Qual é a compatibilidade? Estão eles fazendo isso pelas razões certas? Há um interesse genuíno em se integrar com a nossa comunidade? Não queremos que seja só um apartamento de graça pelo resto da graduação", Jones diz em um documentário sobre o programa.[5] É de imaginar que o experimento não teria dado tão certo se permitisse a entrada de qualquer um, com qualquer idade, que se voluntariasse a passar um tempo com os idosos. Ou estudantes de qualquer perfil e de qualquer curso. Ou até mesmo de estudantes de música que já tivessem seus apartamentos e planejassem aparecer quando fosse conveniente. Em qualquer um desses casos, o experimento teria se diluído. Uma abertura maior significaria uma interação mais fraca das duas faixas etárias que o lar procurava reunir. Havia uma força na idade e no momento de vida por que esses estudantes passavam que inspirava os residentes. Quando perguntaram a um morador idoso o que havia de especial na presença dos jovens, ele disse: "A vida está neles".[6] Ao mesmo tempo, os estudantes se beneficiavam de ter "um monte de avós a mais", como explicou um dos jovens moradores. "É uma loucura pensar, quando estou conversando com os centenários daqui, e com o pessoal na faixa dos sessenta e setenta anos, alguns deles viveram quatro vezes mais que eu e tiveram tantas outras experiências sobre as quais eu posso perguntar", disse Daniel Parvin, outro estudante de música.[7] A música foi que conferiu à relação um foco inicial.

A lição que tiro do caso Judson Manor é a seguinte: a especificidade em um encontro não precisa ser uma restrição que transforme o grupo em uma mesmice. Em certos tipos de encontros, o excesso de inclusão pode tornar as relações rasas, porque são tantas as vias pelas quais as pessoas podem se conectar que ativar qualquer uma delas de forma relevante pode ser complicado. A exclusão ponderada nos permite focar em uma relação específica, pouco explorada. Um programa de voluntariado excessivamente inclusivo em Judson Manor seria parecido com inúmeros programas de voluntariado de clínicas de repouso. Esse programa coeso o transformou de programa assistencial em uma *relação* entre jovens artistas e ouvidos idosos.

A primeira vez que essa ideia de especificidade me passou pela cabeça foi em um encontro na faculdade, quando mediei grupos em debates raciais. O programa que ajudei a levar ao meu campus era chamado de "Diálogo Permanente". Era um processo entre um pequeno grupo desenvolvido por um diplomata americano veterano que possibilitava que as pessoas tivessem conversas difíceis entre orientações conflituosas. Eu estudava na Universidade da Virgínia, onde a primeira pergunta que muita gente me fazia, ao ver a ambiguidade racial do meu rosto, era: "Você é o quê?". Outras pessoas sofriam bem mais que eu, e quando um conflito racial sem rodeios pegou fogo pela enésima vez na história turbulenta da UVA, eu e alguns de meus colegas de classe resolvemos testar se o processo do Diálogo Permanente incentivaria as pessoas a conversarem.

Nos anos seguintes, organizamos mais de duas dúzias de conversas entre grupos pequenos que se estendiam pelo ano inteiro. Cada um dos grupos era formado por doze a catorze alunos que se comprometiam a fazer encontros de três horas, de duas em duas semanas, para mergulhar nesses assuntos e estabelecer relações com alunos diferentes deles. Eu era uma estudante moderadora, e conduzia as sessões semanais de avaliação entre os moderadores, feitas para que identificássemos e trocássemos ideias a respeito das nossas descobertas.

Quando começamos a fazer testes a respeito da constituição de cada círculo de conversas, passamos a receber relatos de estudantes moderadores de que os melhores grupos, os mais animados, mais intensos, eram os compostos por duas classes que tivessem travado algum conflito histórico, e não grupos "multiculturais" de modo mais amplo. Ano após ano, eram os diálogos centrados em uma relação específica — o diálogo entre negros e brancos, o diálogo entre árabes e judeus, e, em outro campus, o diálogo entre republicanos e pessoas LGBT — que tinham mais participantes permanentes e mais discussões acaloradas (do tipo que queremos em uma conversa). Também eram os grupos em que os moderadores percebiam enormes avanços, e não apenas conversas interessantes. Mas, para não perdermos o foco, precisávamos nos dispor a dizer não para estudantes de origens diferentes que gostariam de participar, e defender nossa posição de forma ponderada.

A questão do tamanho

Às vezes, depois de orientar um cliente a fazer o que discutimos anteriormente, a pessoa se sente pronta para praticar a exclusão tendo um objetivo em mente. Mas sempre surge a pergunta inevitável: como falar para as pessoas?

A forma mais franca é destacar para o possível convidado qual é o seu objetivo, que não é pessoal. Sua reunião tem vida própria, e pode-se dizer que essa não é a mais adequada para alguém.

Mas também pode ser providencial culpar o tamanho, e ao fazê-lo, você não estará mentindo. Para cada objetivo existe um tamanho ideal. Não existe fórmula mágica para a química que acontece em um ambiente: não é científico. O tamanho de um encontro, no entanto, molda o que você conseguirá extrair das pessoas ao juntá-las.

Caso queira uma conversa animada, mas inclusiva como cerne da sua reunião, o número que você deve considerar é de oito a doze participantes. Com menos de oito, talvez falte diversidade de perspectivas ao grupo; com mais de doze, fica mais difícil dar a todos a chance de falar. Portanto, quando estiver pensando em quem incluir e quem excluir, saiba que ao inserir algumas pessoas a mais você está alterando a natureza da interação devido ao tamanho do grupo. Se, por outro lado, o objetivo do seu encontro é tomar uma decisão, cogite reunir poucas pessoas. Além do mais, é proposital que instituições como a Suprema Corte tenham um número ímpar de participantes, pois assim a probabilidade de haver uma conclusão aumenta.

Na minha experiência, existem certos números mágicos em relação a grupos. Cada facilitador tem sua própria lista, e é óbvio que são aproximações, mas os meus são os seguintes: seis, entre doze e quinze, trinta e 150.

Grupos de seis: grupos mais ou menos desse tamanho são incrivelmente propícios às amizades, a um alto nível de compartilhamento e a discussões por meio de histórias. A Organização dos Jovens Presidentes, uma rede para pessoas do tipo que serão diretores executivos de empresas, desenvolveu um processo estruturadíssimo que ajuda colegas em grupos de seis a se auxiliarem com seus problemas. Por outro lado, grupos de seis não são ideais em termos de diversidade de pontos de vista e não aguentam muito peso morto. Todos os participantes têm uma responsabilidade maior de tornar o encontro ótimo. As igrejas volta e meia incentivam seus membros a participar de "grupos pequenos" de mais ou menos seis membros, que se encontram toda semana para jantar e compartilhar pedidos de orações, sofrimentos e alegrias. Isso faz da igreja um ambiente mais acolhedor.

Grupos de doze a quinze: o próximo número interessante é doze. Doze é um número pequeno o suficiente para que se crie uma relação de confiança e intimidade e para que seja preciso apenas um moderador, caso essa função seja necessária, formal ou informalmente. (Quando são necessários vários facilitadores em um grande encontro, é praxe que se divida o número de participantes por doze para calcular a quantidade de facilitadores a serem chamados.) Ao mesmo tempo, é um número grande o bastante para trazer diversidade de opiniões e possibilitar certo grau de mistério e curiosidade, de estranheza construtiva. No Diálogo Permanente, nossos grupos tinham sempre entre oito e doze pessoas. A famosa mesa do Rei Arthur tinha doze lugares. Jesus tinha doze apóstolos. O gabinete do presidente dos Estados Unidos, que se expande à medida que novas secretarias nascem, no momento é formado por quinze ministérios, além da vice-presidência. No meu trabalho, percebi que com mais de doze funcionários, mais ou menos, várias start-ups começam a ter problemas interpessoais. Às vezes, me refiro a esse número como o "momento da mesa", quando os membros de uma instituição não cabem mais ao redor dela. É um marco que gera mais problemas do que você imagina. Uma vez, colaborei com uma empresa de tecnologia que atingiu esse tamanho e começou a ter conflitos e desconfianças em um ambiente que antes era de coleguismo. Quando o grupo ainda tinha menos de uma dúzia de membros, a empresa inteira puxava uma cadeira e se sentava na sala de reuniões para discutir qualquer assunto que fosse. Depois que a equipe passou a ter vinte funcionários, as pessoas começaram a ser excluídas das reuniões. É provável que a exclusão fosse boa para a objetividade, mas alterou o clima da empresa.

Grupos de trinta: trinta começa a parecer uma festa, seja esse ou não o caso da sua reunião. Se encontros menores aumentam os níveis de intimidade, um grupo de cerca de trinta pessoas tem uma característica peculiar: a agitação, a energia e a sensação de possibilidade que acompanham as festas. Grupos desse tamanho em geral são numerosos demais para uma única conversa, embora eu tenha visto isso acontecer com a mediação de facilitadores experientes e a organização adequada do ambiente.

Grupos de 150: o outro número interessante fica em algum ponto entre o cem e o duzentos. Quando falo com organizadores de conferências que pensam em dinâmicas de grupo, ouço sempre que o número ideal fica entre cem e 150 pessoas. Embora discordem em relação ao número exato, todos concordam que é nessa faixa que, como me disse um organizador, "a intimidade e a confiança ainda são palpáveis no nível do grupo inteiro, e logo depois o grupo vira uma plateia". A Spark Conference, um encontro experimental realizado por líderes de mídia, começou com cem pessoas, e então percebeu-se que com setenta a atmosfera era mais amistosa. Muitas chamadas "desconferências", em que os presentes improvisam a programação, são concebidas para cem pessoas. Uma hoteleira belga que conheço recomenda casamentos com 150 convidados porque tem a impressão de que com esse número todo mundo consegue se ver e assim funcionar como um organismo. Em linhas gerais, esse espectro corresponde ao que alguns antropólogos passaram a entender como o tamanho natural de uma tribo. No grupo de 150, todo mundo ainda pode se conhecer, caso haja intenção e empenho. Esse também é o número de amizades estáveis que o antropólogo Robin Dunbar diz que os seres humanos são capazes de manter e que passou a ser conhecido como "número de Dunbar". Acima do número da "tribo", os bons encontros ainda são possíveis, é claro, mas em geral as pessoas se dividem em subgrupos menores.

Marés da humanidade: bem além desses tamanhos de reuniões está o mar da humanidade. Pense no festival de música Bonnaroo, na Copa do Mundo, na manifestação da Praça Tarhir, na Marcha de Um Milhão de Homens, na peregrinação a Meca, nas Olimpíadas. São encontros em que a meta não é tanto a de estabelecer amizades ou relações, mas mobilizar a energia convulsiva de uma grande massa.

PARTE DOIS: ONDE

O lugar é uma persuasão

Você tem um objetivo em mente. Tem uma lista de convidados na mão. Onde vão se reunir?

A escolha do lugar em geral é feita levando-se em conta todos os critérios, menos o objetivo. O custo define o lugar, ou a conveniência, o tráfego, o fato de alguém levantar a mão e oferecer o terraço de casa.

Quando você escolhe um lugar por razões logísticas, está deixando que a logística se sobreponha ao objetivo, sendo que na verdade ela deveria servir ao objetivo.

Talvez você faça objeção: às vezes o ambiente não é um mero local? Qual é o problema de aceitar usar o terraço da Morgan?

O problema é o seguinte: lugares vêm com roteiros. Nossa tendência é seguir os roteiros rigorosos, apesar de tácitos, que associamos a locais específicos. Somos propensos a nos comportar formalmente em tribunais, salas de diretoria e palácios. Um outro lado nosso vem à tona na praia, na praça, na boate. Como disse certa vez Patrick Frick, um colega da tribo de facilitadores profissionais: "O ambiente tem que servir ao objetivo". Quando está trabalhando com equipes de alto nível e lhe dão a sala da diretoria para facilitar um encontro, ele conta, "95% das minhas opções evaporam". Por quê? Porque, como Frick explica:

... quando as pessoas entram nessa sala, descambam imediatamente para o mesmo tipo de comportamento: o diretor se senta à mesa e você é treinado — é treinado e sofre uma lavagem cerebral pra isso — para se comportar de um certo jeito. A pessoa assume seu posto de acordo com a hierarquia, sabe quando tem o direito de tomar a palavra e assim por diante.

Jerry Seinfeld defendeu essa mesma ideia a um entrevistador, explicando que os ambientes determinam o sucesso cômico:

O ambiente faz 80% do trabalho. E todo comediante já passou pela experiência de estar em uma casa noturna e um cara rico assistir à apresentação e dizer: ah, eu vou chamar esse cara para a minha festa. E você vai à festa e eles te botam na sala de estar ou em um salão de festas esquisito. E você entra pelo cano. E a razão é que o contexto do ambiente faz 80% do trabalho, em termos de te colocar em uma posição de superioridade em relação à plateia.[8]

Parafraseando e distorcendo Winston Churchill, primeiro você define o local, depois o local define qual *você* dará as caras. Se decidir a lista de convidados é decidir quem mais o ajuda a atingir o objetivo da sua reunião, decidir o local é decidir como quer persuadir os escolhidos a serem suas versões mais plenas e ótimos convidados.

Então como escolher um lugar bom para seu encontro, que sirva também ao objetivo?

Corporificação

Você deve, para começar, procurar um cenário que corporifique a razão para seu encontro. Quando o lugar corporifica a ideia, transporta o corpo e o ser inteiro da pessoa para a experiência, não só a mente.

Larry O'Toole, diretor da empresa de mudanças Gentle Giant Moving Company, sediada em Boston, utiliza a corporificação ao empossar novos recrutas. Lidera grupos de novos contratados em uma corrida coletiva por Boston que acaba com a subida dos degraus do Harvard Stadium. A escolha do local — em comparação com, digamos, um treinamento conduzido no escritório — diz algo aos novos funcionários sobre o lugar no qual ingressaram: para trabalhar aqui, você tem que estar em boa forma, e é igualmente importante que, durante a labuta, você trabalhe com coleguismo, conjuntamente, com entusiasmo e certo atletismo. Não é nenhum espanto que ano após ano a Gentle Giant seja classificada como uma das melhores empresas para se trabalhar em Boston.

Para corporificar um objetivo você não precisa ir a nenhum lugar especial. Às vezes basta rearrumar um cômodo. Wendy Woon dirige o departamento de educação do Museu de Arte Moderna de Nova York. Sua função é tornar esse museu, mundialmente famoso, mais acessível ao público. É um trabalho desafiador em qualquer museu, pois o poder deles parece estar na mão dos curadores. Às vezes, tem-se a impressão de que os museus são feitos *para* eles e não *por* eles. A meta de fazer um museu se comunicar com pessoas comuns não raro entra em conflito com o desejo dos curadores de fazer exposições que conquistem o apreço de outros curadores e do mundo da arte de modo geral. O papel de pessoas como Woon é oferecer constantemente um contrapeso a esse desejo — é ser a voz dentro do museu que questiona como a arte é apresentada e garante que ela ainda seja acessível e se conecte com a vida e as experiências das pessoas. Mesmo que para isso tenha que rechaçar os curadores. A função de Woon é lembrar às pessoas que aquilo que os curadores consideram sagrado não é sagrado — que o museu deve se adaptar para falar com a população.

Parte de seu trabalho é lecionar uma disciplina para alunos de pós-graduação que almejam ser educadores de museus. Ela ensina em uma sala de aula dentro do museu. No primeiro dia de aula, às 15h em ponto, a porta da sala se abre. No meio do cômodo tem um monte de cadeiras brancas bagunçadas, todas emaranhadas — um gigantesco engarrafamento de assentos. Os estudantes param, confusos. Olham uns para os outros e depois para Woon. A professora observa em silêncio, sem revelar nada.

Aos poucos, os alunos iniciam uma conversa, a autoconfiança cresce e as interações, a cada minuto, ficam mais divertidas. Eles desembaralham as cadeiras e as arrumam. Enquanto fazem isso, cada estudante tem de resolver o que fazer com a própria cadeira sem qualquer instrução do tipo: onde eu ponho a minha cadeira? Qual é a medida ideal em relação à cadeira do colega? Vamos formar fileiras? Um círculo? Se alguém não acompanhar o padrão do grupo, o que fazer?

É a isso que me refiro quando digo que uma boa reunião não requer dinheiro nem talheres especiais a cada prato. Não requer um ambiente requintado. A sala de aula que Woon usa é absolutamente normal — um espaço comum dentro de um prédio e de uma cidade cheios de ambientes dignos de nota. Ao fazer uma coisa simples — arrumar as cadeiras naquela confusão doida —, Woon transforma o espaço em uma corporificação de seu objetivo. Qual era o objetivo? Ensinar aos futuros educadores de museus que nada em um museu é sagrado — nem um amontoado de cadeiras do MoMa poderia se confundir com uma obra de arte. Instigá-los a perceber que a arte acontece de verdade quando as pessoas participam dela, e que o museu ganha vida quando o público interage com ele. Ela explica:

> Faço isso para desafiar as hierarquias tradicionais do ensino e do aprendizado. O design do espaço social, espaço físico e espaço emocional afeta o modo como as pessoas se relacionam com as ideias, o conteúdo e umas com as outras. E eu queria mostrar aos meus alunos que você tem que de fato *arquitetar* um "espaço" de trocas e depois convidar à participação por meio da arquitetura.

Ao longo das semanas seguintes, Woon ensina os aspirantes a educadores como fazer com que tais interações se concretizem — como conquistar o estilo de museu participativo no qual ela acredita e qual é a luta a se defender. Mas no primeiro dia, com zero custo e um impacto inesquecível, ela corporifica tudo o que gostaria de dizer.

Não sou nenhuma Wendy Woon, mas no meu trabalho tento fazer com que os clientes escolham espaços e locais que ecoem seus maiores objetivos. Para uma oficina em que as pessoas tentam encontrar um rumo na vida, soa bem um mosteiro do século XII no Sudeste da França, um local literalmente de peregrinação em uma das rotas do Caminho de Santiago. Para uma firma de arquitetura que esteja debatendo o futuro das cidades, Hollywood Hills, com vista para a cidade de Los Angeles inteira. Para um comediante que queira elevar seu ofício a outro patamar, a famosa sala de redação do jornal satírico *The Onion*. Já constatei, milhares de vezes, que, quando o local inspira o cliente e lhe dá a sensação de estar mais próximo de seu objetivo, minha função como facilitadora é bem mais tranquila, pois metade do caminho já foi percorrido.

Pense nos seus encontros. E se no próximo treinamento de vendas você incumbisse os funcionários de sua empresa a passarem o dia no metrô, com um artista de rua, para que criassem empatia e interagissem com uma versão mais extremada do que eles mesmos fazem? E se a próxima reunião da sua faculdade acontecesse em um cemitério, para seus colegas se lembrarem imediatamente, apesar da morbidez, que o tempo é essencial para a realização dos ideais que proferiam quando jovens?

Infelizmente, a incapacidade de corporificação é mais comum. A relutância em fazê-la às vezes chega a ser cômica. Uma vez, prestei consultoria a uma organização que defende a proteção dos oceanos. Estava promovendo uma reunião de equipe perto de San Diego, para que todo mundo desse um tempo dos escritórios abafados da Costa Leste. Olhei a programação e vi que estava cheia. Perguntei quando teriam tempo para ver o mar. "Ah, a gente tem coisa demais pra fazer pra ir ver o mar", respondeu o responsável pelo evento. Tratava-se de uma organização à qual as pessoas dedicavam a vida por conta do grande amor que nutriam pelo mar. Passar um tempo dentro e perto dele poderia revitalizar a equipe que já estava exausta e servir para lembrá-los do principal objetivo que os levava até ali. Não era o que o encontro faria.

O Princípio do Château

O Princípio do Château, no sentido mais estrito, é o seguinte: não dê uma reunião em um château caso não queira lembrar aos franceses nem que eles são grandiosos nem de que, no final das contas, eles não precisam de você.

Todos os encontros com um objetivo vívido, específico, precisam de muito em relação a certos comportamentos e pouco de outros. Caso o objetivo tenha algo a ver com o entrosamento do grupo, a ideia é querer mais escuta e menos declamações. Se a meta é tirar a empresa da rotina de ideias e linhas de pensamento antigos, o contrário talvez seja verdade. O que muitos anfitriões não entendem é que a escolha do local é uma das maiores influências que você pode exercer sobre o comportamento dos convidados. Um organizador habilidoso escolhe o lugar que desperta os comportamentos que deseja e atenua os comportamentos indesejáveis. A incapacidade de seguir esse princípio já custou muito dinheiro a um banqueiro, sem nem levar em consideração a conta do château.

"Vou defender até o meu último suspiro que o local do encontro que nós escolhemos matou o acordo", disse Chris Varelas, um investidor que hoje está instalado na baía de San Francisco. Em 2001, Varelas trabalhava em um banco de investimento — era o diretor administrativo do Citigroup e chefiava sua divisão de tecnologia bancária. Deparou-se com um projeto de representação da Lucent, uma empresa de telecomunicações sediada em New Jersey, em uma proposta de fusão de grande porte com a Alcatel, a gigante francesa. O negócio valia mais de 20 bilhões de dólares.[9] Era uma fusão complicada, e, depois de mais ou menos um ano de conversas, parecia enfim estar se concretizando. Restava um encontro: uma reunião cara a cara para que os executivos fizessem as devidas diligências finais.

Até a reunião, os dois lados tinham conseguido sustentar uma ficção conveniente. O acordo "seria um casamento entre iguais", Varelas contou, mas todo mundo sabia que a Alcatel, por ser a mais poderosa das duas, "seria mais igual que a outra". Porém, até aquele momento, segundo Varelas, a percepção de que as duas eram iguais havia se mantido no decorrer das conversas. Isso era uma parte significativa do motivo para tudo ter corrido tão bem — até que a escolha do local derrubou esse padrão.

O local reservado originalmente era um hotel genérico de aeroporto em New Jersey, para que "ninguém soubesse o que a gente estava fazendo", disse Varelas. Esconder os detalhes da imprensa era uma grande prioridade, assim evitariam constrangimentos para ambos os lados caso o acordo não desse certo e também "impediriam um vazamento, que poderia afundar o acordo se a reação do mercado fosse negativa". No último minuto, entretanto, um dos diretores principais da Alcatel adoeceu e pediu que a reunião fosse transferida para a França. Escolheram como fórum o Château des Mesnuls, um castelo a mais ou menos uma hora de Paris, propriedade de uma das subsidiárias da Alcatel. "Tenho quase certeza de que eles usam o castelo para reuniões fora da empresa, o que provavelmente dá bem certo para a empolgação do planejamento interno e as sessões de estratégia, mas não para a negociação de uma fusão", Varelas disse.

É um château de 55 cômodos reformados no estilo Luís XIII, com direito a tapetes persa, afrescos de ouro, candelabros e retratos de soldados franceses famosos — inclusive, presume-se, dos que venceram os anglo-saxões que tinham cometido o equívoco de se achar iguais aos franceses. Ao longo de três dias em que conversaram por dezoito horas, algumas dezenas de participantes — entre eles, as equipes de executivos das empresas, diretores dos conselhos, banqueiros, contadores e advogados de ambos os lados — se encontraram no château para amarrar o acordo final. E então, nas últimas horas, depois que o

Wall Street Journal publicou a notícia da fusão iminente, inclusive do preço estabelecido, Henry Schacht, o presidente da Lucent, abandonou a reunião e o acordo desandou.

Segundo reportagens da época, a saída foi tática — os dois lados lutavam para chegar a um acordo quanto à representação no conselho. Mas também foi sentimental. "Na tentativa fracassada da Alcatel de comprar a Lucent Technologies, o orgulho foi o motivo do impasse", divulgou o *New York Times*.[10] "Dizem que os diretores da Lucent hesitaram", declarou a BBC na época, "por não acreditarem que a Alcatel estava tratando o acordo como uma fusão entre iguais."[11]

Por que de repente não estavam tratando o acordo como o haviam tratado durante o ano todo? É impossível saber. Mas Varelas afirma que foi porque "o château trouxe à tona o francesismo dos franceses".

"Estávamos naqueles salões de bailes, tendo discussões", ele explicou, "e dava para ver a arrogância e a insolência dos funcionários da Alcatel. Ficaram bem mais à vontade para impor a predominância deles do que ficariam em New Jersey." Os franceses passaram a dizer coisas como "quando a gente assumir o controle" e, Varelas disse, "isso os deixou irritadíssimos" — referindo-se aos executivos da Lucent. A Lucent ficou horrorizada com o comportamento da Alcatel, declara Varelas. Por fim, o presidente da Lucent anunciou: "Estamos indo embora". Desistiram do acordo.

Dezessete anos depois, com muitas outras fusões no currículo, Varelas defende sua tese. Ele disse:

> Tenho 99% de certeza de que o local do encontro reforçou ou trouxe à tona um pressuposto que estava latente. Expôs a ficção de que se tratava de uma "fusão entre iguais" porque permitiu que os funcionários da Alcatel ficassem muito à vontade para declarar seu predomínio sobre a Lucent.

Mesmo que não esteja negociando um acordo multibilionário, talvez o Princípio do Château se aplique ao seu encontro. As pessoas são influenciadas pelo ambiente, e você deve organizar a reunião em um local e contexto que sirvam a seu objetivo. Em certos casos, promover a reunião em um château pode ser ótimo para cumpri-lo. Mas para as duas empresas, que só precisavam que os franceses continuassem humildes por mais um dia, esse se revelou o ambiente errado, criando um grande prejuízo.

Cinco anos depois, a fusão da Lucent com a Alcatel acabou se concretizando sob os auspícios de um novo presidente e diretor executivo da Lucent. Supomos que tenham ficado longe de qualquer château.[12]

Deslocamento

Um local bem escolhido pode indicar aos participantes qual é o ponto da reunião (corporificação). Pode instigar as pessoas a se comportarem de certas formas que garantam o máximo proveito da reunião (o Princípio do Château). O local pode e deve servir para mais uma coisa: deslocar as pessoas.

Deslocar é simplesmente afastar as pessoas de seus hábitos. É tirar as pessoas do torpor da rotina. Como facilitadora, procuro fazer isso por meio das perguntas que faço e dos exercícios que realizo. Mas também existe a possibilidade de que boa parte do princípio de deslocamento se dê pela escolha do ambiente. Como no caso de Wendy Woon, são necessários sobretudo criatividade e esforço para que se consiga um leve deslocamento. Não é mais complicado do que executar uma atividade em um lugar onde as pessoas acham que você não deve executá-la.

Um jantar, por exemplo, geralmente é melhor em terra firme. Esse, pelo menos, é o senso comum. Em uma noite na cidade grega de Kalamata, no entanto, na década de 1940, o escritor britânico especialista em viagens Patrick Leigh Fermor teve outra ideia com os amigos. Quando o grupo estava sentado no cais esperando a comida chegar em um calor ardido, Fermor e seus dois companheiros levantaram a mesa de ferro em silêncio e a levaram para o mar. Ficaram sentados com a água batendo na cintura, esperando os pratos sem perder a paciência. Quando o garçom emergiu do restaurante, Fermor escreveu, "[ele] olhou surpreso para o espaço vazio no cais; depois, nos observando com uma centelha de prazer rapidamente disfarçada, pisou no mar sem nenhuma hesitação" com os pratos.[13] Os outros clientes, entretidos com o espetáculo, passaram a mandar garrafas de vinho aos fregueses marítimos para celebrar a despreocupação deles. Talvez não seja nenhuma surpresa que o obituário de Fermor no *New York Times* registrasse que as "mesas" dele eram "consideradas as mais animadas da Europa".[14]

É inimaginável que um jantar seja servido no mar e foi por isso que Fermor entrou nele. De modo semelhante é que você deve pensar em onde sua próxima reunião *não deve* acontecer e organizá-la justamente nesse lugar.

Mas, como no caso da sala de aula de Woon, o deslocamento também pode ocorrer dentro de um ambiente tradicional. Pense, por exemplo, no famoso fotógrafo Platon.

Você provavelmente reconhece uma fotografia de Platon ao vê-la. Ele fez fotos que estamparam capas da revista *Time* por anos a fio e era fotógrafo da equipe da revista *New Yorker*. Seu estilo é retratar a pessoa tão de perto que seus poros ficam visíveis. Platon fotografou todos os presidentes dos Estados Unidos, de Jimmy Carter a Barack Obama. Fez inúmeros retratos de Hillary Clinton e Donald Trump bem antes de se candidatarem à presidência. Fotografou líderes mundiais como Angela Merkel, Tony Blair e Ban Ki-moon, o oitavo secretário-geral das Nações Unidas, e déspotas infames como Vladimir Putin, da Rússia, Robert Mugabe, do Zimbábue, Muammar Gaddafi, da Líbia, e Mahmoud Ahmadinejad, do Irã. Platon fotografou não só os poderosos como também pessoas que desafiaram os poderosos, como a ativista birmanesa Aung San Suu Kyi (ainda em prisão domiciliar), o grupo Pussy Riot, os manifestantes da Praça Tahrir e Edward Snowden. Também retratou centenas de celebridades, de George Clooney a Yoko Ono, passando por Bono.

No entanto, o aspecto mais incrível de Platon, além do rol de retratados famosos, é o que convence essas pessoas a *fazerem* no estúdio com ele. É do interesse desses líderes, muitos dos quais têm assessoria de imprensa e consultores de imagem, mostrar uma faceta que queiram exibir ao público. É do interesse de Platon fazer com que mostrem outra, mais real.

Quando possível, Platon pede que os retratados famosos compareçam a seu estúdio no bairro do SoHo, em Nova York. Porém, é muito comum que não possa escolher a locação. Em muitos casos, tem apenas dez minutos com um chefe de Estado para conseguir a foto certa, às vezes em um quarto de hotel apertado, às vezes nos bastidores de uma universidade, de um concerto ou nas Nações Unidas. Nessas ocasiões, não pode controlar o espaço como gostaria. Mas, apesar do contexto, leva um engradado pintado de branco, decrépito, caindo aos pedaços, para que os famosos se sentem. "Começo convidando-os para 'entrarem no meu escritório', o que é engraçado, porque em geral eu é que estou entrando no escritório deles", ele me explicou. O engradado velho é uma caixa em que todos os retratados se sentaram. Ao que consta, às vezes a equipe de reconhecimento de um presidente vê o caixote e surta: "A gente não pode pedir para ele se sentar nessa caixa". Então Platon lhes diz quem já se sentou nela e eles sempre acabam concordando.

Platon está deslocando os retratados do contexto em que estão e, por meio de um objeto concreto, vinculando-os a todas as outras sessões de fotos (e, portanto, pessoas) que os antecederam. Pode até ter sete minutos com um presidente, mas os sete minutos serão definidos pelo espaço e contexto do fotógrafo, não do presidente. Depois de anos carregando-o para cima e para baixo, quando o engradado enfim desmoronou, ele pediu aos seus assistentes que fizessem um novo que parecesse tão velho e desgastado quanto o original. Tornou-se o símbolo áspero que temporariamente tirava o líder do trono.

Perímetro, área e densidade

As sugestões acima devem ajudá-lo a escolher um bom ambiente. Depois disso, você terá questões mais práticas a resolver quanto a cômodos, mesas, cadeiras e o tamanho das coisas. Faço algumas observações, portanto, sobre o perímetro, a área e a densidade.

Perímetro

Portas metafóricas não são as únicas que precisamos fechar em um encontro dotado de objetivo. Um organizador habilidoso também se importa com as portas de verdade. Encontros precisam de perímetros. O espaço de uma reunião funciona melhor quando restrito. É normal que fotógrafos e coreógrafos fechem todas as portas do estúdio, segundo me explicou Platon, "para garantir que não haja vazamento de energia".

A regra volta e meia é violada em restaurantes. As mesas muitas vezes são arrumadas de modo a evitar que haja "cabeceiras", com cadeiras enfileiradas frente a frente. Uma vez, fui jantar em um restaurante com cinco amigos. O garçom juntou três mesas quadradas e pôs três cadeiras de cada lado. O papo não decolou em momento nenhum. Era difícil manter uma conversa, já que a pessoa do meio precisava olhar da esquerda para a direita, como se assistisse a uma partida de tênis, e por fim a mesa se dividiu em duas conversas separadas. As duas pontas da mesa ficaram "vazadas". Não havia aconchego ou intimidade. Devíamos ter simplesmente pedido ao garçom que tirasse uma das mesas quadradas e pusesse duas pessoas nas cabeceiras. Assim teríamos um espaço fechado (pela posição de nossos corpos) e seria mais fácil de batermos papo, dividirmos ideias — de nos reunirmos.

O encontro em um espaço fechado permite que as pessoas relaxem, e ajuda a estabelecer um universo alternativo que uma reunião, em sua melhor forma, é capaz de criar. Pode ser tão simples quanto jogar uma manta no chão para se fazer um piquenique, em vez de nos sentarmos no gramado infinito; ou cobrir as paredes de vidro de uma sala de reuniões com folhas de papel para se ter um mínimo de privacidade; ou, havendo uma cadeira que não vá ser usada, tirá-la para fechar o espaço entre duas pessoas. Um planejador de festas undergrounds explicou assim:

> Se você está sentado numa manta de piquenique, você fica perto da manta de piquenique. Não é porque tem uma cerca em volta dela: é porque a manta de pique- nique é um construto mental. A questão não é se sentar na manta versus se sentar na grama, é reivindicar o espaço mental e torná-lo seu, torná-lo cômodo e seguro.

O designer de jogos Eric Zimmerman me contou de um experimento que ele e os colegas elaboraram para uma exposição em Los Angeles. O jogo de tabuleiro que criaram era rodeado por quatro paredes curvas que pareciam formar um círculo, assim, quando a pessoa entrava para jogar, tinha a impressão de estar em uma caverna. Quem passava por ali ficava curioso e os jogadores acabaram tão viciados que continuavam jogando bem depois de o dia virar noite. Por fim, depois de desmontarem todos os outros jogos, os organizado- res tinham que retirar as quatro paredes, mas deixavam o jogo de tabuleiro intacto. Quando as paredes foram derrubadas, os jogadores foram perdendo o interesse pelo jogo e se dispersaram, embora o jogo continuasse jogável.

"Quando as paredes caíram, embora não tivessem tirado nenhuma das peças do jogo de tabuleiro, eles não sentiram vontade de continuar", Zimmerman disse. "A energia se dispersou." Depois que o perímetro do jogo sumiu, os jogadores deixaram de ter a sensação de estar em um universo alternativo.

Mudança de ambiente

Você não precisa levar seu encontro para o mar (embora eu recomende enfaticamente que o faça) para torná-lo digno de nota. Estudos revelam que uma mera mudança de ambiente durante a noite já ajuda as pessoas a se lembrarem melhor de momentos diferentes. Para garantir que os convidados se recordem de partes distintas da sua festa, Ed Cooke, um especialista no funcionamento da memória, sugere várias etapas interessantes no decorrer da noite, cada uma delas em um espaço diferente.[15] "Assim, na sua memória, os fios de conversas não se misturam numa coisa só nem se tornam só um 'foi divertido'. Você consegue se lembrar de coisas específicas que aconteceram em cada etapa. Você faz uma jornada; existe uma narrativa", ele disse.

Área

A amplitude do ambiente de uma reunião deve servir a seu objetivo.

Uma vez, fui a uma festa de aniversário de quarenta anos que tinha todos os ingredientes certos: o local era lindo, a comida deliciosa, tinha open bar, uma banda animada e duzentos convidados. Mas, por alguma razão, passei a noite olhando para trás, esperando a festa começar. Mesmo depois de todos os convidados chegarem, o ambiente ainda parecia vazio. Era preciso andar até o outro lado do salão para conhecer gente nova porque estava todo mundo longe. Passei boa parte da noite com um grupinho de amigos que já conhecia, sem me arriscar. Mesmo quando a banda começou a tocar, as pessoas se reuniram, mas não quiseram dançar. O que foi que deu errado?

O espaço era amplo demais. O ambiente era do tamanho de um ginásio. Não existia aquele momento de esbarrar com um desconhecido sem querer e acabar conhecendo alguém.

Em outra ocasião, organizei um encontro de dois dias para que as pessoas dessem ideias de como usar um parque imenso, o antigo forte militar do exército americano chamado "Presidio", em San Francisco. Na noite do seminário, a Golden Gate National Parks Conservancy abriu o evento ao público. As pessoas foram convidadas a entrar para ouvir apresentações de educadores de museus do país inteiro sobre o que torna um espaço envolvente. Queríamos começar com coquetéis para animar a reunião e tentamos corporificar o que estávamos debatendo.

À medida que os convidados chegavam, uma das arquitetas do encontro percebeu que o espaço onde nos reuníamos era grande demais para fazer um coquetel. Como tinha jogo de cintura, ela pegou todos os cavaletes que tínhamos usado ao longo do dia e os arrumou em um semicírculo que isolava uma parte do salão. Em vez de poder circular pelo espaço inteiro, as pessoas começaram a se aglomerar entre os cavaletes e as cadeiras, enfileiradas como uma sala de aula, para a palestra. Minutos depois, a atmosfera estava animada. Essa arquiteta teve noção do espaço certo que o grupo precisava para se reunir e poupou todo mundo do que poderia ter sido um evento decepcionante e de baixo-astral.

Assim como entramos no piloto automático em relação ao local de nossas reuniões de equipe semanais, também tendemos a aceitar a configuração que nos é dada. Se existe uma mesa no meio da sala, é lá que a deixamos. Se as cadeiras estão dispostas em dois dos quatro lados, não mexemos nelas, embora fazê-lo fosse criar um ambiente mais aconchegante. Diante disso, da próxima vez que estiver no local de uma reunião, lembre-se de que uma coisa simples como alguns cavaletes permitem que você transforme a atmosfera de uma sala.

Densidade

O que a arquiteta entendeu naquela noite foi a densidade humana adequada a um evento. Desde então, descobri que promotores de eventos e designers de espaço têm algumas regras para calcular a densidade de um encontro. Billy Mac, promotor de eventos, confia piamente nos seguintes parâmetros para o número de metros quadrados necessário por convidado em diferentes ocasiões:

EXEMPLOS: METROS QUADRADOS POR CONVIDADO	SOFISTICADO	ANIMADO	APIMENTADO
Jantar	$1,85 \text{ m}^2$	$1,40 \text{ m}^2$	sem resposta
Coquetel	$1,10 \text{ m}^2$	93 cm^2	75 cm^2
Festa dançante/que vare a madrugada	75 cm^2	55 cm^2	45 cm^2

FONTE: Blog Apartment Therapy, https://www.apartmenttherapy.com/party-architecture-density-how-to-plan-a-party-5359.

Ele sugere que se divida "a metragem quadrada do espaço que você tem para a festa por esse número [da tabela] para descobrir o número ideal de convidados". Se você tem 37 metros quadrados de espaço e quer dar um jantar "sofisticado", convide vinte pessoas.[16] Se quer uma festa "apimentada" com pista de dança, convide oitenta pessoas para esse mesmo espaço. Mac diz que uma das razões para os convidados acabarem indo para a cozinha é que instintivamente as pessoas buscam lugares menores quando o grupo diminui a fim de manter o nível de densidade.

3. Não seja um anfitrião frio

Agora você sabe como estabelecer um objetivo arrojado e claro para sua reunião e como fechar portas com base nele. O próximo passo é pensar no seu papel como anfitrião. Como você vai administrar o encontro?

"FRIEZA" É EGOÍSMO DISFARÇADO DE BONDADE

Quando abordo a questão do papel do anfitrião com clientes e amigos, seja ao preparar reuniões de negócios ou encontros de família, volta e meia enfrento hesitações. Isso acontece porque falar do papel do anfitrião é falar do poder que ele tem, e falar desse poder é reconhecer que ele existe. Não é o que a maioria quer ouvir. Muitas pessoas que se dão ao trabalho de receber os outros almejam assumir, ainda que discretamente, o papel de anfitriões.

Mas quem quer passear em um barco sem capitão? É muito comum que, assim como no caso de S., que se debatia com a problemática de realizar um jantar mais interessante, eu insista que as pessoas a quem presto consultoria assumam o poder e ponham as mãos no timão. Elas sempre resistem.

Uma vez, eu estava em Washington, DC, ajudando a organizar uma reunião sobre políticas contra a pobreza com um grupo de lideranças federais e estaduais. Os anfitriões aceitaram minha sugestão de oferecer um jantar íntimo, em que todos conversariam, na véspera do encontro, para que os participantes pudessem se entrosar. A ideia era de que mergulhassem fundo, corressem riscos, e até de que mudassem o modo de pensar para que os debates sobre políticas no dia seguinte fossem mais humanos.

Depois do planejamento, uma das líderes estaduais avisou que não poderia ir ao jantar, mas queria comparecer ao encontro do dia seguinte. Pedi veementemente que os organizadores dissessem não. O jantar não era algo à parte: era fundamental para a concepção do encontro. Com ele, o grupo inteiro iria se enturmar, criaria o potencial para uma dinâmica totalmente diferente e mais produtiva para o encontro. No dia seguinte, uma pessoa que não tinha passado por esse processo apareceria e afetaria o grupo inteiro com sua linha de pensamento inalterada. Os quatro organizadores, avessos a conflitos e preocupados com a possibilidade de aborrecer uma liderança importante, resistiram ao meu conselho. Queriam deixar a decisão nas mãos da líder estadual. Por fim, a veterana encarregada me escutou e disse à líder estadual: você será bem-vinda às duas partes do encontro ou a parte nenhuma. Ela não foi a nenhuma. Depois do jantar, ao ver a mudança que havia ocorrido no grupo devido à significativa conversa pessoal travada à noite, os organizadores compreenderam por que teria sido negativo acolher uma participante não iniciada na manhã seguinte.

Em outra ocasião, eu estava na festa de inauguração de uma moradia localizada em um terraço do Brooklyn. Após o jantar, o encontro estava morno, com as pessoas circulando, pensando se deveriam ficar ou ir embora. Ao perceber, sugeri aos anfitriões o jogo do Lobisomem, uma brincadeira coletiva, dinâmica e intensa, inventada por um professor de psicologia russo que enturmaria os convidados que estavam sentados, reverteria a maré baixa de energia e animaria a festa.[1] Uma das anfitriãs ficou louca para fazer a brincadeira e dar um foco ao grupo. Olhou ao redor e viu alguns convidados também entusiasmados, e um punhado de gente com expressão descrente no rosto. Ela se intimidou com o ceticismo da minoria e abandonou a ideia, incomodada com a possibilidade de usar seu poder de anfitriã para envolvê-los no jogo. Era menos arriscado não fazer nada. O momento passou, as pessoas se dividiram em grupos pequenos e perdemos a massa crítica. No dia seguinte, essa anfitriã me mandou mensagem dizendo que se arrependeu por não ter feito a brincadeira.

Um conhecido meu que é jornalista se deu ao trabalho de reunir uma dezena de colegas para celebrar os dez anos da temporada que passaram como correspondentes internacionais. Pessoas vieram de fora para comparecer a um jantar em um restaurante tailandês de Nova York. O jornalista já tinha contratado minha consultoria. Por conta própria, portanto, ele resolveu que queria, a certa altura da noite, interromper as conversas paralelas e convidar todos os presentes a refletir sobre o que o tempo no exterior havia significado para cada um deles. Queria criar um momento especial que ativasse o objetivo pretendido daquele encontro. Mas, no último instante, ele recuou, temeroso de que a ideia fosse muito insolente, ou muito séria, ou as duas coisas.

Um traço generalizado da cultura do século XXI está contaminando nossos encontros: a frieza. O desejo de receber sem ser invasivo.

"Frieza" é a ideia de que é melhor relaxar e ser comedido, melhor não ligar, melhor não fazer auê. Nas palavras do ensaio "Against Chill" [Contra a frieza], de Alana Massey, é uma "atitude descontraída, a ausência de neurose". Ela "preside o funeral das expectativas razoáveis". Ela "toma e nunca dá".[2]

Vou declarar meu viés sem rodeios: a frieza é uma atitude horrível no que se refere à recepção de encontros.

Neste capítulo, quero convencê-lo a assumir o poder que você tem como anfitrião. O que não significa que só existe um jeito de receber ou um tipo de poder a ser exercido sobre o encontro. Mas eu acredito de fato que receber é um inevitável exercício de poder. Os anfitriões que oriento de vez em quando ficam tentados a abdicar desse poder, e acham que ao fazê-lo estarão deixando os convidados mais à vontade. Mas essa "abdicação" geralmente faz mais mal que bem aos convidados. A postura fria no ato de receber é, via de regra, uma tentativa dos anfitriões de se desvencilharem do fardo desse papel. Quando os convidados escolhem entrar em um reino, eles querem ser governados — com gentileza, respeito e qualidade. Ao se recusar a governá-los, talvez você esteja priorizando a forma como quer ser visto em detrimento de como gostaria que o encontro corresse para eles. Em geral, a frieza é o anfitrião cuidando de si sob o disfarce do cuidado com os convidados.

O PROBLEMA DA FRIEZA

Por trás da ética da recepção fria existe uma falácia simples: anfitriões supõem que, ao deixar os convidados em paz, os convidados estarão em paz, quando na verdade serão deixados uns com os outros. Muitos anfitriões com quem trabalho pensam que, ao se negar a exercer seus poderes sobre o encontro, criam um encontro em que ninguém é poderoso. O que não entendem é que esse recuo, em vez de livrar o encontro de uma autoridade, cria um espaço para que outras pessoas possam preenchê-lo. É provável que esses outros exerçam o poder de maneira que não seja condizente com o objetivo do seu encontro, e o exerça sobre pessoas que aceitaram ficar à sua mercê — do anfitrião —, mas definitivamente não aceitaram ficar à mercê do seu tio bêbado.

Quem deixa o convidado se divertir como bem entender, falar com quem bem quiser, não é um anfitrião gentilíssimo? Uma das refutações mais substanciais e convincentes a essa possível objeção aconteceu em uma sala de aula.

Ronald Heifetz é um benquisto professor da Harvard Kennedy School e notório especialista em liderança. O primeiro dia de aula de Liderança Adaptativa começa de um jeito peculiar. Em vez de entrar na sala e fazer a chamada ou iniciar uma aula expositiva, ele se senta em uma cadeira giratória preta na frente da classe e fica olhando para o chão com uma expressão de enfado no rosto. Dezenas de alunos se sentam diante dele. Ele não cumprimenta nenhum deles. Não pigarreia. Não pede a um dos assistentes que o apresente. Simplesmente fica sentado em silêncio, olhando para o nada, sem mexer nem um dedo.

Os alunos aguardam, na expectativa. A hora oficial do começo da aula passa e Heifetz continua sentado, sem dar nem um pio. O silêncio fica mais carregado, mais tenso. Ao não fazer nada, ele está abdicando do poder sobre a sala de aula, se recusando a cumprir o papel de professor-anfitrião — provavelmente, dada sua especialidade, por alguma razão os estudantes não captam.

Dá para sentir o nervosismo coletivo crescendo a cada segundo que passa. Uma pessoa ri. Alguém tosse. Há uma confusão geral, tácita, entre os alunos. Estão desnorteados. Quando o professor, a autoridade tradicional em sala de aula, não faz seu papel, caem os muros de proteção da sala. Cabe somente aos alunos percorrerem a estrada traiçoeira.

Alguém enfim se pronuncia, dizendo (segundo me lembro): "Eu achava que isso aqui era uma sala de aula".

Com isso, uma conversa boba, a princípio lenta e calculada, que depois ganha ritmo e fervor, surge entre os quase cem desconhecidos:

"Ele vai ficar parado ali?"

"Eu tenho mais o que fazer."

"Não, eu acho que a questão é essa."

"Então o que é que a gente faz?"

"Cala a boca... Vai ver que ele está se preparando pra falar."

"Não me manda calar a boca. Eu tenho o direito de falar."

Sem o professor tomando a dianteira, os alunos têm que lidar uns com os outros. Todos os cem têm a liberdade de falar (ou berrar, dançar, rir, tentar assumir o comando). Ninguém os impede. Mas existem normas implícitas que os demovem de agir de forma diferente. Mesmo quando essas normas são postas à prova, como acontece com a proposta de Heifetz, os estudantes não fazem ideia de como os outros vão reagir. Será um deles tão forte, carismático ou racional a ponto de convencer os outros do que fazer com o tempo que têm? Ou vão discutir sem parar?

A conversa fiada se prolonga pelo que parece ser uma eternidade, mas na verdade dura apenas cinco minutos. Por fim, Heifetz ergue os olhos para a classe e, para o alívio de todos, diz: "Sejam bem-vindos à Liderança Adaptativa".

O que Heifetz está fazendo? Abrindo uma matéria sobre liderança demonstrando aos alunos o que acontece quando alguém abdica da liderança. Não se erradica o poder. Só se cede a oportunidade de assumir a direção a outra pessoa — nesse caso, aos alunos. Você não facilita a vida deles nem lhes dá liberdade. Você os deixa totalmente confusos e aflitos.

A AUTORIDADE É UM COMPROMISSO CONSTANTE

Como anfitriões em encontros, clientes e amigos meus às vezes concordam em assumir a liderança. O instinto geralmente é de fazê-lo logo, no começo da reunião, seja com um resumo da programação, encabeçando uma discussão sobre as normas do grupo ou repassando as instruções de um jogo coletivo. Assim, acreditam que a função está cumprida. Depois que acabar esse momento de "receber", podem se fingir de convidados.

Mas exercer a autoridade uma só vez, no comecinho de uma reunião, é tão eficaz quanto exercitar o corpo uma vez só, no começo da vida. Não basta apenas estabelecer o objetivo, o rumo e as regras básicas. Todas essas coisas exigem imposição e, caso não as imponha, outras pessoas irão intervir e impor os próprios objetivos, rumos e regras básicas.

Uma vez, fui a um jantar organizado por uma das anfitriãs mais determinadas que conheço. Ela acomodou mais ou menos uma dezena de convidados à mesa e sugeriu que nos conhecêssemos adivinhando a profissão uns dos outros. Tinha visto aquilo em outra reunião e achava que seria divertido. Nós topamos. Ela explicou como funcionava: todo mundo à mesa tem direito a um palpite (a não ser que já conheça a pessoa), e então a pessoa diz o que faz da vida. Mergulhamos de cabeça, fazendo especulações hilariantes enquanto o alvo tentava não esboçar reação.

Como a brincadeira começou bem, visto que os convidados pareciam estar à vontade e riam juntos, a anfitriã se levantou para arrumar o jantar. Devia ter achado que sua função havia sido cumprida: a reunião já funcionava no piloto automático. Ela estava a apenas uns dez passos da mesa: não tinha exatamente nos abandonado. Mas mesmo essa distância — mais psíquica do que física, pois agora estava concentrada em outra coisa e só acompanhava a brincadeira de longe — gerou um problema. Um dos convidados, percebendo o vácuo ou agindo como era seu costume, começou a chamar para si uma atenção descomunal. Ele se reservou o direito de fazer vários palpites para cada pessoa, em vez do único palpite combinado, e como a infração passou ilesa, ele começou a fazer perguntas complementares aos convidados depois que revelavam suas profissões.

A renúncia (totalmente compreensível) da anfitriã abriu espaço para um aspirante ao trono. Graças a ele, gastamos quarenta minutos nas primeiras duas pessoas. O ritmo era completamente insustentável, e não muito interessante. O problema era que ninguém além da anfitriã estava tão empenhado em fazer o jogo ou as regras darem certo. Ninguém tinha ouvido falar daquela brincadeira. Quando a anfitriã começou o jogo e saiu, não havia ninguém à mesa para impor suas regras ou as normas de brevidade e igualdade que o fariam funcionar. Mas havia *alguém* disposto a impor *algo* — nesse caso, um convidado disposto a impor a ideia de que o restante do grupo se beneficiaria em deixá-lo conduzir a situação. Estava enganado.

A opressão casual daquele homem é um exemplo perfeito de uma velha máxima do filósofo político Isaiah Berlin: "A liberdade dos lobos em geral significa a morte das ovelhas".

O que aconteceu naquela noite é o que em geral acontece quando anfitriões não exercem sua autoridade e não impõem um compromisso constante: muitos convidados se irritaram. Alguns se manifestaram e, sem responder de forma explicitamente agressiva ao sujeito ou ao exercício, sugeriram que mudássemos de assunto e batêssemos papo. Foi uma boa sugestão, mas outros convidados tinham igual razão ao ressaltar que a ideia não era justa, uma vez que algumas pessoas tinham sido bem apresentadas ao grupo e outras continuavam desconhecidas. Mesmo depois de reassumir seu posto, a anfitriã ficou na moita. Passamos a noite inteira na brincadeira. As pessoas reclamaram baixinho entre elas do começo ao fim — pois reclamar é a arma preferencial dos convidados que se sentem malgovernados e desamparados pelo anfitrião.

Portanto, lembre-se: se você vai obrigar as pessoas a se reunirem de determinada forma, trate de impô-la e socorra os convidados caso ela não dê certo.

Sempre que promover uma reunião e se sentir tentado a abdicar um pouco do papel de anfitrião, analise esse ímpeto. O que o motiva a recuar? Se for algo logístico (como a necessidade de esquentar a comida ou sair para atender a um telefonema), talvez você descubra que um convidado ficaria mais feliz de ser encarregado de atuar como "anfitrião" temporário do que de ser oprimido por outro convidado durante boa parte da noite. Em geral, no entanto, existe algo mais profundo em jogo: a relutância em acreditar que isso é generosidade.

Não é justo com aqueles que não se conhecem em um jantar que o anfitrião abdique de seu poder. Uma vez, orientei uma empresa cujas reuniões trimestrais eram um sofrimento devido a uma generosidade equivocada. As reuniões de três horas viravam maratonas de sete horas sem o consentimento explícito de nenhum dos participantes. As programações eram elaboradas, mas descartadas assim que os executivos se reuniam. Os encontros se desviavam para um ou dois assuntos que entusiasmavam alguns poucos, a ponto de defendê-los naquele momento, o restante não se entusiasmava a ponto de protestar.

Aparentemente havia um executivo que deveria conduzir as reuniões. Mas o problema era que a empresa era baseada no princípio da igualdade. O executivo iniciava a maioria das reuniões repassando a programação, mas depois, tal qual a anfitriã do jantar, ele torcia para que o restante corresse bem. Embora as reuniões começassem centradas no tema, alguém sempre tinha uma questão urgente para discutir, e, ao tentar ser generoso com o colega, o anfitrião não impunha a programação. Em certa medida, mais ninguém o fazia, porque não acreditavam que podiam fazê-lo, se eram "iguais". Trimestre após trimestre, os participantes saíam da reunião frustrados, sem tomar decisões substanciais ou avançar nos projetos. Embora declarasse estar governando com generosidade, o organizador também estava se protegendo. Sua crença oculta era de que no esquema atual, ainda que o grupo piorasse coletivamente com a situação, não ficaria bem deter os colegas mais impetuosos. Sem fonte de imposição, as reuniões eram dominadas por fontes informais de poder: tempo de empresa, sucesso profissional, personalidade forte.

Será que o estilo "laissez-faire" está realmente fazendo o bem que você imagina aos seus convidados? Uma reunião sem programação elaborada ajuda a analista novata? Ou, para poder colaborar com algo de novo em uma discussão entre experts tarimbados, ela precisaria ter se preparado antes? A atitude de fale-com-quem-você-quiser ajuda o convidado tímido a se colocar se não tiver sua vez protegida? As cadeiras vazias em uma conferência de professores ajudam os três novatos que sempre acabam sentados juntos na ponta da mesa?

Um passo essencial do caminho rumo a reuniões melhores é fazer as pazes com a necessidade e vantagem de usar seu poder. Se você vai reunir, reúna. Se vai receber, receba. Se vai criar um reino por um dia ou uma hora, trate de governá-lo — e o governe com generosidade.

AS MARAVILHAS DA AUTORIDADE GENEROSA

A esta altura, talvez você esteja pensando: se vou governar meu encontro, que tipo de governante preciso ser?

Os tipos de encontro que ajudam as pessoas de forma relevante são governados pelo que chamo de autoridade generosa. Uma reunião conduzida por uma autoridade generosa é feita com uma mão forte, segura, mas com abnegação, em prol dos outros. A autoridade generosa se impõe de um jeito que serve aos convidados. Ela os poupa do caos e da aflição que Heifetz intencionalmente provoca nos alunos. Ela os poupa da dominação de certos convidados por outros que a anfitriã do jantar permitiu sem querer. Impede que aspirantes ponham o objetivo em risco. Às vezes, a autoridade generosa exige a disposição de se ser malquisto para que os convidados tirem o máximo proveito do encontro.

Mas o que é uma autoridade generosa na prática?

Autoridade generosa é Richard Saul Wurman, o fundador das conferências TED, pisar no palco em Monterey, Califórnia, com uma tesoura na mão. Ele andou em direção a Nicholas Negroponte, fundador do MIT Media Lab, palestrante, amigo e participante de longa data que, apesar da familiaridade com as normas, naquele dia havia transgredido a regra que proibia gravatas. A autoridade generosa, a serviço do encontro como um todo e de seus princípios, levou Wurman a abordar Negroponte antes que ele começasse a palestra e cortar boa parte da gravata de modo teatral.[3] E foi o que ele fez.

Autoridade generosa é a comediante Amy Schumer confrontar uma moça inoportuna — sujeitos inoportunos são o exemplo perfeito das pretensas autoridades que esperam a fraqueza do anfitrião para assumir o controle. Alguém gritou uma pergunta irrelevante da plateia: "Onde foi que você arrumou essa bota?". Schumer deu o contragolpe: "Na esquina da Você Não Tem Grana Pra Isso com a Para de Falar Comigo".[4] Ela foi engraçada, mas também estava implicitamente usando o poder que tinha para impedir que uma pessoa estragasse a apresentação para todo mundo.

Autoridade generosa é o esforço árduo que Daisy Medici faz para equiparar o tempo de fala de todos quando famílias ricas se juntam para tomar decisões e traçar planos. Medici é consultora financeira (com um sobrenome excelente para uma consultora financeira) que media as reuniões que patriarcas e matriarcas de famílias endinheiradas organizam entre si para ter conversas difíceis. Autoridade generosa é a atenção de Medici — e o equilíbrio delicado — à tendência dos agregados a permanecerem calados, delegando a fala a parentes de sangue, e dos idosos a desbancar seus filhos adultos, muito embora sejam esses filhos que conviverão com as consequências, digamos, da venda de uma empresa da família ou de uma doação.

Autoridade generosa não é encenação. Não é impressão de poder. É usar o poder para se chegar a resultados que sejam generosos, que sejam bons para os outros. A autoridade é justificada pela generosidade. Quando digo que você deve ser um anfitrião com autoridade generosa, não estou dizendo que deve ser autoritário. Estou dizendo que deve ter a coragem de exercer a autoridade em prol de três metas.

PROTEJA SEUS CONVIDADOS

A primeira e talvez mais importante utilidade da sua autoridade é a proteção de seus convidados. Talvez você precise proteger os convidados uns dos outros, ou do tédio, ou de tecnologias viciantes que vibram sem parar em nossos bolsos. Em geral, nos sentimos mal ao dizer não a alguém. Mas temos mais facilidade de fazê-lo quando entendemos quem e o que estamos protegendo ao dizer não.

No que diz respeito ao uso do poder para proteger os convidados, podemos aprender com o Alamo Drafthouse, uma cadeia de cinemas fundada em Austin, no Texas, com franquias em diversas cidades. Quantas vezes já não aconteceu de você estar num cinema, tentando assistir a um filme, e ter gente sussurrando alto uma ou duas filas para trás? Ou de a pessoa ao lado pegar o celular e a luz branca irradiante competir com a tela grande? Até que ponto você aguenta sem se manifestar? Pode ser que você diga alguma coisa e nada aconteça. Pode ser que diga alguma coisa e surja um conflito, estragando o filme para um número ainda maior de pessoas.

O que separa o Alamo dos outros, além das cadeiras espaçosas e o serviço de comes e bebes durante a sessão, é que ele pratica a autoridade generosa. A maioria dos cinemas, assim como a maioria dos anfitriões, se concentra sobretudo na relação entre anfitrião e convidado, ignorando a relação entre a plateia, entre os convidados. O Alamo não comete esse equívoco. Alguém deve ter percebido que outros cinemas delegavam a função de fiscal aos clientes, um papel que não cabe ao pagante exercer. Portanto, antes de assistir a um filme no Alamo, você vê um anúncio que o avisa a não mandar mensagens nem falar durante a sessão, que muitos outros cinemas também exibem. Mas há uma conclusão: se o fizer, você receberá uma advertência dos funcionários. Se o fizer pela segunda vez, você será "retirado". Caso você, como cliente, vir outro cliente descumprindo as regras, basta colocar o "cartão de ordem" na mesa e o cinema tomará as providências. (Os clientes também anotam os pedidos de comida nesse mesmo cartão como um sinal para o garçom, portanto o anonimato do dedo-duro está garantido.) Os garçons cumprem a promessa de servir de fiscais. Confirmei que, de fato, eles exercem essa função.

Depois de ser expulsa por mandar mensagem por celular, uma cliente deixou um recado revoltado na secretária eletrônica do cinema: "Já mandei mensagem em todos os outros cinemas de Austin e ninguém nunca se importou com essa porra".[5] Ela continuou: "Vocês, obviamente, foram babacas COMIGO". Seguiu em frente, terminando com: "Tenho certeza de que vocês foram babacas de propósito. Então obrigada por me fazerem sentir uma cliente qualquer! Obrigada por tomarem o meu dinheiro, seus babacas!".

O Alamo, seguro da generosidade de sua autoridade, se deliciou com o recado. A empresa transformou o recado em propaganda. Terminava com as palavras "Obrigada por não voltar ao Alamo, MENSAGEIRA!". O anúncio viralizou. O presidente da empresa, Tim League, explicou a política da empresa e sua rigorosa imposição:

> Quando a pessoa está no cinema, é uma entre as várias, várias pessoas da sala. Quando as luzes se apagam e o filme começa, todos os cinéfilos da sala querem mergulhar e se perder nas imagens cintilantes da tela. A luz do celular, o bebê que berra ou o adolescente rebelde que fica fazendo piada tiram você da magia do cinema. Nossa razão para abrirmos a primeira sala do Alamo Drafthouse, em meados da década de 1990, era propiciarmos uma experiência incrível aos verdadeiros fãs do cinema, e continuamos fiéis à mesma filosofia hoje em dia.[6]

O que distingue o Alamo de outros cinemas não é o fato de proibir conversas e envio de mensagens. É o cinema se comprometer a impor essas normas de forma minuciosa e seus funcionários o fazerem religiosamente. O Alamo está disposto a enfrentar a ira dos clientes. Seus funcionários usam a autoridade para proteger os outros convidados e o objetivo geral do encontro. Os empregados do Alamo, ao contrário do que diz a mulher que deixou o recado reclamando, não "foram babacas de propósito". Na verdade, a equipe se esforça para proteger o objetivo da reunião: a curtição da magia do cinema.

O cinema criou um outro programa, Alamo for All, em que deixa totalmente de lado as regras relativas ao barulho e à tecnologia e permite que as pessoas se movimentem durante a sessão. Essas experiências servem a outro propósito: criar um cinema radicalmente inclusivo, acessível, para crianças (inclusive bebês que choram) e convidados com necessidades especiais. Como o Alamo sabe que as necessidades de certos clientes podem ser incompatíveis com as de outros, o cinema criou dois encontros separados que servem a dois objetivos diferentes: um para proteger os clientes do barulho e das distrações, outro para proteger os clientes da exclusão e da inacessibilidade.

Proteger seus convidados dessa forma pode ser um desafio, pois a raiva dos que são calados fica concentrada e a gratidão dos protegidos fica difusa. Quem já esteve em um debate moderado — o mais lamentável dos encontros — conhece a sensação. Mas moderadores muito talentosos, como David Gergen, comentarista de política da CNN e conselheiro de vários presidentes americanos, se acostumam com a ideia de se sacrificar pelo bem coletivo, ainda que o coletivo não perceba o que ele faz em seu benefício. Quando Gergen modera um debate e chega o momento das perguntas e respostas rápidas, ele geralmente instrui a plateia: "Se possível, identifiquem-se, sejam sucintos, e lembrem-se de que a pergunta termina em ponto de interrogação". Quando um membro da plateia acaba fazendo uma longa declaração, Gergen interrompe várias vezes se necessário: "Você poderia fazer a pergunta?... Você poderia fazer a pergunta?... Sua fala vai levar a uma pergunta?". Talvez o considerem malvado, mas na verdade ele está protegendo o resto da plateia, que esperou e pagou para ouvir o chefe de Estado, o escritor famoso ou o ativista político, não um colega do público.

Isso é proteger os convidados: prever e interceptar as tendências das pessoas quando não levam em consideração o aperfeiçoamento do grupo ou da experiência como um todo. O espectador que faz uma declaração no debate via de regra não percebe que está fazendo uma declaração, por mais estranho que pareça. A pessoa que não para de se promover em um coquetel provavelmente não falaria do mesmo jeito se pudesse se ouvir. As pessoas não estão se propondo a ser pessoas ruins no seu encontro: a má conduta acontece. Mas faz parte do seu papel de anfitrião — com cordialidade e delicadeza, mas com firmeza — evitá-la.

Há anos, Elizabeth Stewart se deu conta de que sua única opção seria agir dessa forma. Ela era a diretora fundadora da Impact Hub Los Angeles, uma incubadora de empresas e centro comunitário. Embora a ideia da organização fosse fomentar negócios e estimular empreendedores, Stewart entendeu "que precisávamos nos proteger das relações transacionais que permeavam os espaços de coworking das startups". Ela continuou: "Eu sabia que tínhamos de ser diferentes criando regras básicas e estabelecendo normas que respaldassem algo diferente". Portanto, Stewart incluiu em todas as orientações para novos associados da Hub LA uma regra: os membros só poderiam falar do que "vendiam" se alguém pedisse ajuda ou lhes perguntasse o que faziam. Estava protegendo os convidados de serem vistos apenas como possíveis clientes ou investidores e evitando que o encontro se tornasse vulgar. "O ponto era que as pessoas se conhecessem primeiro como pessoas e só depois compartilhassem suas ideias. Foi daí que veio a regra. Tentamos criar uma cultura sensível a perguntas e convites", ela explicou.

A proteção dos convidados não requer interrupções em alto e bom som nem regras brutais. Ela pode ser feita por meio de intervenções pequenas, quase imperceptíveis, que aconteçam no decorrer do encontro: resgatar um convidado de uma longa conversa unilateral num canto da festa; calar um funcionário tirânico com uma piada; pedir a alguém que pare de enviar mensagens.

A proteção dos convidados é, em suma, proporcionar o direito a uma ótima experiência coletiva acima do direito de um indivíduo de estragar a ocasião. É a disposição para agir como malvado, ainda que seja preciso arriscar seu pescoço para isso. É ser generoso, pois trata-se de fazer o trabalho sujo pelos convidados para que eles mesmos não tenham que fazê-lo, assim como acontece no Alamo Drafthouse.

EQUIPARE OS CONVIDADOS

Outra utilidade essencial da autoridade do anfitrião é a de equiparar temporariamente os convidados. Em qualquer encontro humano existe uma hierarquia, uma diferença de status, imaginária ou verdadeira, seja em uma reunião entre o vice-presidente de vendas e um novo colaborador da empresa, seja entre o professor e um responsável familiar do estudante em uma festa de início do ano letivo. A maioria dos encontros fica melhor quando convidados deixam seus títulos e diplomas na porta. No entanto, cabe a você recolher as pretensões de cada um. Se não deixá-las penduradas junto à porta, ninguém mais fará isso.

Quem entendia isso era Thomas Jefferson. Os Estados Unidos eram, na cabeça dele, uma aposta ousada contra a hierarquia herdada. Jefferson era tão inteligente que sabia que o ideal da igualdade não deveria ser um conceito abstrato. Também deveria ditar como ele e outros líderes americanos viviam a vida — e, sim, organizavam suas reuniões. Jefferson acreditava que uma república nova precisava de protocolos novos.

Um desses novos protocolos abarcava a acomodação de convidados em jantares. Jantares eram ocasiões formais na sociedade europeia, e o lugar onde as pessoas se sentavam era determinado pelo status — sobretudo em ambientes oficiais e diplomáticos. Jefferson descartou essa tradição, declarando:

Em cerimônias públicas, às quais o governo solicita a presença de representantes diplomáticos estrangeiros e de suas famílias, um assento ou posto conveniente lhes será fornecido, assim como faremos com todos os estrangeiros convidados e as famílias dos representantes nacionais, todos se acomodando à medida que chegarem, sem preferência de qualquer tipo.[7]

Acomodar as pessoas com "balbúrdia", como diziam, ofendeu algumas pessoas que usufruíam dos benefícios advindos do status, inclusive um representante britânico nos Estados Unidos chamado Anthony Merry. Ele, sua "esposa corpulenta e igualmente ofendida" e um outro diplomata se retiraram da sociedade oficial de Washington. Segundo a *Thomas Jefferson Encyclopedia*,

A tempestade social decorrente do caso quase manchou o curso da política externa e doméstica dos Estados Unidos, mas Jefferson foi firme ao defender a regra fundamental da balbúrdia: "Quando a sociedade se reúne, somos todos iguais, sejamos estrangeiros ou nacionais, titulados ou não titulados, estejamos ou não no cargo".[8]

Ele queria que suas reuniões refletissem seus princípios. (Infelizmente, os princípios não se estendiam a seus escravos.)

Mais de dois séculos depois, outro presidente americano buscou uma maneira própria de equiparar as pessoas e ele também feriu suscetibilidades e provocou algumas risadas. O presidente Barack Obama reparou que os homens eram muito mais propensos a levantar a mão e serem chamados em público em momentos de perguntas e respostas.[9] Deu início, portanto, a um experimento. Seja ao falar com alunos do Benedict College, trabalhadores de Illinois ou mesmo ao fazer suas coletivas de imprensa, ele insistia em ouvir perguntas ao estilo "menino, menina, menino, menina".[10] Caso nenhuma mulher se levantasse com uma pergunta quando era a vez delas, Obama esperava até que isso acontecesse.

Não é preciso se tornar o líder do mundo para equiparar os convidados. Você só precisa ter consciência da dinâmica de poder do encontro que está promovendo e se dispor a tomar uma atitude — assim como os fundadores da conferência Opportunity Collaboration.

A conferência foi inaugurada em Ixtapa, no México, em 2009, com o intuito de reunir líderes "dedicados à construção de soluções sustentáveis para a pobreza". Desde o início, os promotores do evento sabiam que precisavam enfrentar uma dinâmica de poder formidável no campo antipobreza: as organizações com subvenção tinham muito mais poder do que os beneficiados que estavam na linha de frente, implementando os programas. Os organizadores acreditavam que essa dinâmica prejudicava o esforço para reduzir a pobreza. Conforme Topher Wilkins, o presidente da conferência, explicou, "Quando vou a uma conferência tradicional, tenho a sensação de que alguém está arranhando o quadro-negro com as unhas". E acrescentou: "Acho que essas conferências fazem mais mal do que bem. Elas fomentam a mesma hierarquia que faz o desenvolvimento econômico acontecer da forma que acontece, e é essa estrutura que nós precisamos destruir se a ideia é resolver os problemas".

Wilkins e sua equipe se propuseram a criar uma reunião que contrabalançasse em vez de reforçar a hierarquia entre doadores e beneficiários. Convidaram 350 pessoas para passarem uma semana juntas no México, e não pouparam energia para incorporar a equiparação durante o encontro. As pessoas usaram crachás com o primeiro nome em letras garrafais e sobrenomes em letras pequenas, e — pasmem — sem a afiliação institucional. Começaram a conferência com uma reunião de três horas, dando aos participantes a chance de "atestar quem somos como comunidade", disse Wilkins, e "falar muito francamente sobre o que nos impede de trabalharmos juntos". As pessoas aproveitaram a oportunidade de falar a verdade para os outros e também para os poderosos. Os beneficiados disseram coisas do gênero "sempre que vou encontrar um possível financiador, sinto que estou indo ao ginecologista. A gente tem que mostrar tudo!". Doadores reagiram: "Eu entendo, é horrível mesmo. Para mim também é difícil, porque tomo decisões que mudam a vida das pessoas, e é muita responsabilidade e muito estresse". Os organizadores pediram que as pessoas procurassem interpretar as queixas uns dos outros para incentivar a empatia.

A Opportunity Collaboration tinha em mente um objetivo maior: resolver o problema da pobreza equiparando as pessoas que lutam contra ela, a fim de tornar esse enfrentamento mais eficaz. Os organizadores sentiam que, quanto maior a eficácia, maior seria a franqueza, a colaboração e, acima de tudo, a igualdade. Portanto, após escolher o local e os convidados, os organizadores entenderam que precisavam assumir o próprio poder como anfitriões capazes de equiparar os convidados. Se conseguissem botar em pé de igualdade as diferentes tribos de guerreiros antipobreza e fazê-los conversar democraticamente, talvez conseguissem mudar o funcionamento do setor em geral.

A democratização dos encontros não convém apenas a eventos presidenciais e conferências a respeito da pobreza. Muitas festas e eventos sociais poderiam se beneficiar se houvesse uma equiparação eficaz. Em certa medida, foi por compreender esse ponto que o escritor Truman Capote fez de seu Black and White Ball uma festa de arromba.

Capote convidou 540 de seus "amigos mais próximos" para um baile de máscaras que aconteceria no Hotel Plaza de Nova York, em 28 de novembro de 1966, uma segunda-feira após o Dia de Ação de Graças. Foi diferente de qualquer outra festa que a alta sociedade local tivesse presenciado. Não pela ostentação (o convite era para as 22h, e o espaguete com picadinho seria servido à meia-noite), nem tampouco por conta do local, mas devido aos convidados e às roupas que deveriam usar.

Capote convidou princesas e políticos, estrelas de Hollywood e escritores. A festa era em homenagem a Katharine Graham, o que por si só era algo incomum, uma vez que ela enviuvara havia pouco tempo. Embora ainda fosse gerenciar o *Washington Post* durante duas de suas décadas mais importantes, era praticamente desconhecida na época. Capote, cujo best-seller *A sangue frio* era recém-lançado, chamou para a festa a maarâni de Jaipur e a princesa italiana Luciana Pignatelli, bem como a família de classe média que o recebera em casa, em Garden City, no Kansas, enquanto ele fazia as pesquisas para o livro. Além de misturar todos esses universos, ele pediu que todo mundo usasse máscaras. "Havia um toque radicalmente democrático na ideia de convidar pessoas famosíssimas para uma festa e pedir que elas escondessem o rosto", disse Deborah Davies, uma escritora que estudou esse baile.[11]

Para Capote, que adorava uma boa festa, as máscaras eram uma medida deliberada de subversão. À medida que as celebridades tomavam o salão, o ato de tampar o rosto, mesmo que não por inteiro, ia criando uma igualdade raramente existente no universo social dos famosos. (Ele providenciou até máscaras de 39 centavos para os convidados que tivessem "esquecido" de trazer as deles, a fim de impor a regra, assim como o Alamo Drafthouse.)[12] A lista de convidados foi enviada ao *New York Times* no dia seguinte, e o simbolismo daquela gente toda no mesmo ambiente abalou a noção que as pessoas tinham acerca de quem poderia se misturar com quem e como.

CRIE LAÇOS ENTRE OS CONVIDADOS

A terceira utilidade da autoridade generosa está no estabelecimento de laços entre os convidados. Uma medida do encontro bem-sucedido é que ela comece com um número maior de laços entre o anfitrião e seus convidados, do que apenas entre os convidados, e termine com essa conta invertida, pendendo mais para o lado das conexões entre convidados.

Assim como ocorre com a proteção e a equiparação, a conexão entre convidados é algo a que ninguém se contrapõe em teoria. Quem não quer que os convidados saiam de um encontro se conhecendo melhor? Mas a pergunta, mais uma vez, é se você está disposto a usar sua autoridade e arriscar sua reputação a fim de fazer com que laços sejam criados. Se está disposto a se arriscar a parecer um bobo, ou a ir longe demais, ou até a irritar as pessoas, para incentivar os vínculos nos quais declara acreditar.

Fui facilitadora de uma conferência de um dia em uma fazenda. O tema era o futuro da carne bovina alimentada com capim, e os organizadores tinham chamado cerca de 120 pessoas envolvidas em diversos aspectos do ecossistema da carne bovina alimentada com capim. Na época, esse tipo de gado constituía uma porcentagem ínfima do bife vendido nos Estados Unidos, e os organizadores tinham convidado pessoas que queriam o aumento dessa porcentagem. No salão se reuniram criadores, fazendeiros, investidores, compradores de carne bovina de cadeias de mercados e delicatessens, chefs e especialistas em defesa do consumidor. Mas nem todos se conheciam, e, em certos casos, tinham motivações diferentes para estarem ali.

Os organizadores planejaram um dia cheio de debates, palestras e atualizações sobre o setor. Mas sabíamos que um elemento-chave para que os convidados se considerassem um grupo seria o estabelecimento de um senso de comunidade. No final do dia, queríamos que tivessem a sensação de que poderiam pegar o telefone e ligar para qualquer outra pessoa que estivesse naquele salão. Assim, me impus a meta de descobrir como oferecer a cada participante a oportunidade de ter conversas relevantes em grupos pequenos com pelo menos três quartos dos outros convidados. A única forma, porém, que achei de fazer isso foi pedir que se levantassem e mudassem de mesa depois de cada uma das palestras. Era uma chateação, e não é raro as pessoas resistirem a juntar suas coisas e mudar de lugar.

Todavia, resolvemos agir assim. Depois de cada palestra e intervalo para um cafezinho, eu relembrava que é difícil construir um novo movimento para o setor sem que se saiba quem mais faz parte dele. Então todo mundo tinha que mudar de mesa. Em suas novas mesas de dez lugares, teriam a oportunidade de se apresentar a novas pessoas e responder a uma pergunta relevante sobre aquele dia ou a respeito do último palestrante. A fim de cumprir com o objetivo geral de criar laços entre os participantes do grupo, tive que me dispor a aguentar algumas pessoas resmungando por ter que mudar seus pertences de lugar e por não poder falar com os amigos. Tive que atuar como representante de seus "eus" futuros — estarem felizes por terem conhecido gente nova, surpresos com os novos laços que tinham com pessoas diferentes deles —, e contrariar ativamente o que seus "eus" presentes desejavam.

No final do dia, o clima do encontro não era mais de chateação. Na verdade, havia se tornado festivo. Um bom número de participantes me abordou e disse que nunca tinham se sentido tão próximos de tantas pessoas novas em tão pouco tempo. Tínhamos abordado muita informação técnica sobre a indústria da carne bovina alimentada a capim, mas não sacrificamos os laços em nome da programação. Acreditamos que erámos capazes de ambas as coisas, e fomos mesmo.

A moral da história é que o laço não se estabelece sozinho. É preciso planejar as reuniões levando-se em consideração o tipo de vínculo que você deseja criar. E, novamente, não precisa ser nada complexo e complicado. Uma vez, um casal me contou o jeito brilhante que arrumou para semear elos entre os convidados de seu casamento. Na entrada da recepção, deixaram uma pista para que cada convidado procurasse outro convidado com quem diziam ter um interesse em comum — por exemplo, achar aquele esquiador que era tão apaixonado por esse esporte que largou o emprego como consultor administrativo para se tornar instrutor de esqui. O casal sabia que, sem tais instruções, amigos e parentes que se conheciam iriam se procurar na festa e permanecer juntos.

Alguns organizadores chegam a incentivar tais laços entre convidados a se formarem antes do evento. Chris Anderson, que agora administra o TED, inaugurou uma nova tradição. Algumas semanas antes da grande conferência que promove em Vancouver, Anderson oferece um jantar para os palestrantes que estão alojados em Nova York, nos últimos dias de escrita e memorização daquela que seria "a palestra mais importante de suas vidas". Antes do jantar, todos os palestrantes têm contato com ele ou com algum outro de seus colegas. Após o jantar, foram estabelecidos laços entre eles. Tornam-se um grupo capaz de percorrer os salões, às vezes intimidantes, da gigantesca conferência. O processo extenuante e assustador fica menos apavorante e a reunião adquire tons mais amigáveis. Um grupo de palestrantes que se conheceu assim ainda se reúne de vez em quando, anos depois da conferência, pois descobriram existir entre eles uma grande afinidade.

AUTORIDADE METADE ALEMÃ, METADE EGÍPCIA

Procurei até aqui incentivar sobre a importância de se assumir o poder como anfitrião e de não fazê-lo apenas para se enaltecer, mas sim para proteger e equiparar seus convidados, bem como criar laços entre eles. Agora quero falar de um dos meus maiores exemplos de autoridade generosa: Nora Abousteit.

Abousteit é uma empresária que reside em Nova York. Nasceu em uma cidadezinha da Alemanha, é filha de uma alemã com um egípcio (o que abriu o bar só para estudantes), e passou sua carreira formando comunidades de pessoas que fazem trabalhos manuais. Fundadora da CraftJam, que organiza eventos de artesanato, Abousteit promove reuniões tanto por conta do trabalho como na vida pessoal. Muitas reuniões.

Pode-se dizer que é uma "reunidora" exagerada. Recebe visitantes e comparece a mais encontros do que a maioria das pessoas que conheço, assim como organiza encontros com mais generosidade e seriedade do que a maioria. Abousteit não acha nada de mais reunir quarenta pessoas em casa para um banquete várias vezes por ano. Ajuda a organizar jantares enormes na véspera de conferências mundo afora. Sempre promove brunches para quem estiver na cidade no sábado. Sua casa está sempre de portas abertas, e recebe amigos de amigos, mesmo que nunca os tenha visto, para lhes oferecer uma sensação temporária de pertencimento enquanto circulam por uma nova cidade. Em tudo o que faz, ela encarna a autoridade generosa — protegendo, equiparando, conectando.

Abousteit usa sua autoridade para proteger os convidados tanto em situações grandiosas como triviais. Em seus jantares formais, informa aos convidados que eles não podem se atrasar. "As pessoas aquecem os motores juntas", ela me explica. "Chegam em um momento no qual há uma energia, é uma experiência coletiva." Ao permitir que as pessoas cheguem a qualquer hora, Abousteit entende que não estaria protegendo quem foi pontual. Nesse mesmo espírito, se dois amigos estão em um canto pondo a conversa em dia e ignorando o restante do grupo, Abousteit não vê problema em lhes dizer, "Coloquem a conversa em dia uma outra hora". Está protegendo os que não têm o luxo de ter amigos com quem bater papo no jantar, e cuja chance de se divertir depende da boa vontade dos convidados com aqueles que são desconhecidos.

Ela equipara os convidados fazendo com que todos sigam as mesmas regras. Promoveu um jantar em que encerrou a noite sugerindo que todas as quarenta pessoas à mesa compartilhassem uma obra cultural, brevemente, que as tivesse comovido naquele ano. Insistia que cada um tivesse apenas um minuto para fazê-lo. Desse modo, equiparava os convidados impondo a regra dos sessenta segundos impreterivelmente. Fosse sua sogra, o colega do marido ou um amigo de escola, aos sessenta segundos, Abousteit anunciava "O tempo acabou", e o grupo seguia em frente.

Abousteit conecta os convidados como se fosse essa sua função. Em uma festa que deu, enquanto amigos subiam a escada rumo à sala principal, ela ficava na parte de cima, com um sorriso largo no rosto, recebendo todos que ali passavam para dizer-lhes que não havia nada no mundo que amasse mais do que ver as pessoas de que gosta se conhecendo umas às outras, e que todos tinham uma tarefa a cumprir antes do jantar: fazer dois novos amigos. Por ser muito autêntica e explícita, as pessoas se esforçam para falar com gente nova, em certa medida porque ela lhes dá uma justificativa para isso.

Uma das formas com que Abousteit ajuda os convidados a se entrosarem é preparando-os para cuidar uns dos outros. Quando reúne um grupo numeroso de pessoas sentadas em mesas separadas, atribui papéis a um convidado de cada mesa, lhes dando algo a fazer e uma desculpa para conversar com as pessoas ao redor. O "ministro da água" garante que o copo de todo mundo esteja cheio d'água. O "ministro do vinho" não deixa o vinho acabar. Em outro jantar, com os convivas sentados como em um banquete, ao lado de estranhos, quando a comida foi posta à mesa em travessas enormes, ela pediu aos convidados que "servissem uns aos outros e não se preocupassem em se servir sozinhos". Explicou: "No Egito, sempre servimos os outros primeiro. Quando é assim, todo mundo fica com comida no prato e você não se preocupa apenas consigo mesmo". Abousteit admite, aos risos, que dá uma de egípcia quando precisa ser mais calorosa, e nesses momentos é providencial ser egípcia, e dá uma de alemã quando precisa botar ordem na situação, e ser alemã nesses casos também vem a ser providencial. Naquela noite, os convidados, um pouco surpresos, mas também curiosos, começaram a levantar travessas de salada de quinoa para servir os outros, com todo mundo olhando ao redor para ver se os convivas tinham comida suficiente. Essa pequena reorientação mudou a dinâmica do ambiente. Em vez de se preocupar com eles mesmos, os convidados relaxaram e passaram a cuidar dos outros. Ela encaminhou as pessoas a relações de zelo, embora a maioria tivesse acabado de se conhecer.

Abousteit entende que a autoridade generosa é um compromisso, e que precisa manter a proteção, equiparação e criação de vínculo entre os convidados ao longo do evento. Esse compromisso, e a resistência desnorteada que provoca, chegou ao auge na reunião mais importante da vida de Abousteit: seu casamento.

Ela tinha passado dias a fio pensando na disposição dos convidados no que imaginava ser as mesas perfeitas. Eram mesas baixas, ao estilo egípcio, cobertas com toalhas de seda multicoloridas sob uma tenda linda, fechada. Ela acomodou grupos de seis pessoas em trinta mesas. Optou por um número menor do que o normal para mesas de casamento, porque estava mais interessada na proximidade do grupo do que na energia coletiva. Ela estava se casando com um americano que passa boa parte do tempo trabalhando na China, e como ela mesma era de vários lugares, os convidados vinham de diversos países. À mesa, ela tentou juntar pessoas que eram diferentes, mas, de certo modo, se complementavam. Pensou na dinâmica entre indivíduos e no potencial que a mesa como um todo tinha para entabular conversas. Para a consternação de alguns dos convidados, ela seguiu a tradição alemã e separou casais colocando-os em mesas diferentes.

A certa altura da noite, Abousteit, deslumbrante em seu vestido preto e branco, circulou pelo salão, orgulhosa, admirando sua obra, visitando cada uma das mesas para cumprimentar os convidados. Seu maior desejo se tornava realidade: partes diferentes de sua vida se fundiam em um grupo. De repente, reparou que havia algo errado: "Vi uma mulher sentada no colo do marido, falando pra ele que estava com saudades. Não entendi por que aquela mesa estava diferente. De cara dava para perceber, só de olhar para as pessoas, que a energia da mesa estava ruim". Para a surpresa e o desalento da convidada, Abousteit se aproximou e a levou de volta à mesa original.

Por que esse desvio em relação aos assentos planejados a incomodara tanto? "Eles estavam acabando com a harmonia", Abousteit explicou. "Estavam pensando só neles mesmos e nas próprias necessidades, não no grupo. Em um grupo, se todo mundo pensar nas necessidades alheias, as necessidades de todos acabam sendo saciadas. Mas quando a pessoa só pensa nela mesma, ela quebra o contrato." E continuou: "Fiquei muito chateada porque não é justo com as outras pessoas à mesa". Naquele momento, Abousteit não pensava na convidada que tinha infringido a ordem dos assentos, mas nos convidados deixados para trás. É óbvio que ninguém se levantaria para pedir à convidada que voltasse — ainda que sua ausência tivesse alterado a dinâmica do pequeno grupo à mesa.

A convidada que foi interpelada por Abousteit achou seu comportamento autoritário. Mas para Abousteit, foi apenas uma tentativa de proteger as cinco pessoas abandonadas à mesa. Na sua cabeça, o jantar era uma parte curta de uma longa noite, o único momento em que casais ficavam separados, e tinha sido organizado especialmente para que os convidados criassem laços e costurassem suas diferentes histórias.

Quando alguém não segue as ordens, em algum dos encontros promovidos por Abousteit, isso não passa desapercebido. Mas nunca tive nenhuma dúvida sobre o porquê de ela dar as ordens nas reuniões. É sempre em prol dos convidados.

Um de meus documentos prediletos sobre encontros é um e-mail que Abousteit escreveu para uma amiga, dando dicas de como oferecer um jantar durante a South by Southwest Conference. O texto não deixa qualquer desconfiança quanto a suas intenções:

1. VOCÊ É QUEM MANDA. Assim como o design, receber os outros não é algo democrático. A estrutura ajuda a criar festas boas, assim como os limites ajudam a criar um bom design.
2. Apresente MUITO as pessoas umas às outras. Mas não tenha pressa.

3. Seja generosa. Muito generosa com a comida, o vinho e nos elogios e apresentações. Caso faça uma recepção antes de as pessoas se sentarem, trate de providenciar petiscos para que o nível de açúcar no sangue não caia e as pessoas possam ficar felizes.

4. SEMPRE decida os lugares. Sempre. Os lugares DEVEM acomodar homens e mulheres, alternadamente. Não faz diferença se alguém é gay. Acomode as pessoas ao lado de outras que fazem coisas diferentes, mas que possam ser complementares. Ou se assegure de que elas tenham algo em comum: seria melhor se fosse uma predileção ou algo raro. Diga às pessoas o que elas têm em comum.

5. As pessoas, quando compartilham a mesa, devem se apresentar umas às outras, mas devem fazê-lo de forma sucinta. Nome, algo do que gostam, o que fizeram no fim de semana ou talvez alguma coisa relacionada com o encontro.

6. Na hora da sobremesa, as pessoas podem mudar de lugar, mas é melhor que isso seja organizado: peça para que um convidado sim e outro não mude de lugar.

Adoro essa lista pelo modo como destila o espírito de autoridade generosa. Dois fatores estão incutidos em quase todas as instruções: a compaixão e a ordem.

QUANDO A AUTORIDADE É MESQUINHA

Tenho certeza de que você já esteve em diversos encontros governados pela doutrina da frieza. Conferências em que aquele que pergunta à sua frente na fila o priva da oportunidade de também perguntar alguma coisa porque a "questão" dele acaba sendo um monólogo de duas páginas digitadas e o moderador não o interrompe. Piqueniques de boas-vindas à escola em que nem um anúncio de abertura é feito, fazendo com que você se pergunte se está mesmo no piquenique da escola ou em uma área do parque abarrotada de gente. Jantares em que você fica especialista em startups — ou pelo menos na startup do cara ao lado, que nunca fecha a matraca.

Também tenho certeza, no entanto, de que você já compareceu a outro tipo de encontro, bem diferente do primeiro: um encontro em que não se sentiu descuidado ou abandonado, mas controlado, mandado, invisível e, até mesmo, trapaceado — e claramente para o bem do anfitrião, não de outra pessoa. A anarquia mesquinha — isto é, fria — não é a única inimiga da autoridade generosa. Existe ainda o problema da autoridade mesquinha, na qual nos concentraremos agora.

Se o pecado do anfitrião frio é deixar as pessoas em paz visando ao bem delas mesmas, o pecado do anfitrião tirânico é controlar os convidados visando ao próprio bem. É realizar o encontro com mãos de ferro, de um modo que beneficie, acima de tudo, o próprio anfitrião. Apesar de não haver uma regra para isso, na minha experiência são os encontros institucionais que em geral pendem para o lado da autoridade mesquinha, sua necessidade burocrática de previsibilidade se traduz em uma rigidez que não serve aos convidados. São os encontros da vida pessoal que mais sofrem do problema da frieza. Diante disso, devo dizer que já estive em encontros institucionais mesquinhamente anárquicos e em encontros pessoais mesquinhamente autoritários. Nunca se sabe.

O anfitrião mais propenso a sucumbir à autoridade mesquinha é aquele que teme perder o controle. É na obsessão de saber como as coisas vão se desenrolar que, ao tentarmos nos acalmar, fazemos com que elas se saiam mal para o convidado. Foi o caso de uma reunião que ajudei a organizar: o lançamento formal do novo Departamento de Inovação Social e Participação Cívica do governo Obama, no verão de 2009.

Era um escritório novo, dedicado a uma nova ideia: a de que, às vezes, o papel do governo não é resolver problemas diretamente, mas sim ser o maestro de uma orquestra de pessoas à procura de soluções país afora. A fundação do escritório passava o recado de que Obama, que já tinha sido um organizador comunitário, não acreditava em soluções locais e na cidadania ativa apenas em tese. Ele estava construindo uma instituição cuja tarefa era canalizar e promover essas ideias.

Nós nos questionamos: qual seria a melhor forma de lançar um escritório desses? Não estávamos lançando uma subagência do Ministério da Fazenda. Nosso gabinete representava valores novos e uma nova teoria sobre a origem das boas ideias, e, portanto, merecia um tipo diferente de lançamento. Planejamos uma conversa interativa entre o presidente Obama e uma centena de líderes do setor de inovação social. Era um raro encontro em que os ícones de uma área estariam todos em um salão — em especial, da Casa Branca.

Membros da nossa equipe recomendaram uma conversa ao vivo, dinâmica, em que cada convidado teria um tempo para entrar e sair da roda de diálogo para falar com o presidente. Quando levamos, porém, a ideia ao Gabinete de Atos Oficiais, o filtro de todos os encontros do presidente com o público, a equipe derrubou os componentes da reunião que seriam improvisados, que tinham um toque arriscado.

"Não temos como saber o que ele vai dizer se não tiver roteiro", nos disseram a respeito do presidente.

O evento acabou sendo tradicional — um discurso extremamente roteirizado com os convidados sentados em fileiras como em uma sala de aula, na Sala Leste da Casa Branca. O que poderia ter sido um evento que incentivaria o setor e incorporaria seu objetivo — procurar na comunidade as soluções para os problemas nacionais —, acabou sendo uma cerimônia sisuda, verticalizada. Devido ao medo dos organizadores, foi um encontro excessivamente controlado. Eles reivindicaram a autoridade, mas essa não foi generosa. Em vez de proteger os convidados, pareciam determinados a proteger o próprio emprego. Contrariando a ideia de conectar os líderes convidados a se enturmarem, eles tiveram que escutar o presidente e três outros oradores. Na cabeça dos organizadores, o suposto lado positivo (arregimentar um grupo de líderes em torno da iniciativa inovadora do presidente) não valia o risco do suposto lado negativo (o presidente fazer um comentário improvisado que poderia causar problemas). O fator de risco é uma das maiores razões para inúmeros encontros institucionais deixarem a generosidade de lado na hora de exercer autoridade.

A timidez pode deixar os organizadores mesquinhos, assim como centrados no próprio umbigo. Uma amiga da indústria da moda me convidou para um encontro chique que celebraria os 250 anos de uma empresa de bebidas. Embora a reunião transbordasse de ingredientes certos para uma noite requintada e inesquecível — um coquetel de boas-vindas, artistas se apresentando, tapete vermelho, presença de celebridades, modelos fazendo as vezes de garçonetes e um menu irresistível —, ela logo se tornou um desastre ególatra — embora superficialmente parecesse uma festa muito generosa.

Apenas uma bebida era oferecida: um drinque forte feito com a bebida da marca. A única outra alternativa era água. Enquanto esperávamos nossos drinques, éramos incentivadas, repetidas vezes, a irmos para a área principal, dado que a programação iria começar. Pelo menos teríamos comida para contrabalançar o efeito da bebida, pensamos, e então descobrimos que a comida só seria servida após a apresentação. Tínhamos sido convidados para um jantar às 19h, mas a refeição só foi servida por volta das 22h. Havia um mestre de cerimônias conduzindo o show, mas ele tinha seus limites: estava claro que seguia um roteiro. Os convidados se sentaram, silenciosos, fitando o palco, sem ter o que comer ou beber, e os anfitriões mostraram um vídeo depois de explicar o trabalho do comitê de degustação, fosse ele o que fosse. Aprendemos sobre as sete gerações de uma família que contribuíram para o legado da bebida.

Pelo que entendi, eram poucas as pessoas que viam o evento ou a marca com pessimismo. À medida que a noite passava, comecei a reparar em convidados enviando mensagens por baixo das mesas, revirando os olhos, fingindo devorar os próprios braços. Começava a estourar uma pequena, ainda que sutil, rebelião. A experiência do público era ignorada por completo. Ao nos obrigar a nos sentarmos em mesas específicas, sem que tivéssemos como trocar de lugar, nos levantar ou ir para outro canto, e com poucas oportunidades para conversarmos, os organizadores sem dúvida usavam a autoridade que tinham. Mas o que nos davam em troca não justificava a liberdade a que teríamos que renunciar.

Quando a comida enfim foi servida, os anfitriões estavam tão concentrados na beleza da distribuição que se esqueceram das implicações práticas de um salão cheio de convidados esfomeados. Uma equipe de garçons marchava em linha reta até cada uma das mesas e em seguida a cercavam e serviam o prato à la française (a todos os convidados ao mesmo tempo). Mas o problema era que o processo era muito demorado, e eram muitas as mesas a serem servidas.

Os cardápios impressos à mesa tinham me enchido de entusiasmo pelo momento que agora, enfim, estava chegando. Haveria, para os amantes de açafrão, "batatas com açafrão" e "rolinho de caranguejo com açafrão", "escalope com creme de açafrão" e "galinha com açafrão". Haveria "salmão com cacau" e "torta de chocolate com manga". Quando finalmente meu prato foi servido, fiquei surpresa com o tamanho minúsculo da porção. Quando pegamos o garfo para comer, os organizadores nos repreenderam, dizendo que só devíamos provar a "comida" depois que os quatro membros do comitê de degustação subissem ao palco para explicar cada prato que comeríamos tomando o drinque.

Primeiro, falaram em francês, depois as explicações foram traduzidas para o inglês. Era óbvia a importância para a empresa de que aquelas quatro pessoas estivessem no palco.

Comecei a comer. Terminei em cinco minutos e olhei ao redor para ver se conseguiria um segundo prato. Não dei sorte. O que poderia ter sido uma festa divertida e interessante se transformou em uma noite em que os anfitriões foram motivo de piada.

A essa altura, eu e outras pessoas entendemos as motivações mais profundas para aquele encontro lúgubre: o objetivo do evento era homenagear umas poucas pessoas. Era a celebração da empresa de bebida, feita pela empresa de bebida, em homenagem à empresa de bebida. Os convidados todos eram adereços. A noite foi só forma sem função. Não tinham nos entrelaçado à história deles, e não nos sentíamos parte dela.

A diferença entre a imposição de Abousteit e a imposição da empresa de bebida é a seguinte: a autoridade de Abousteit não visava torná-la o cerne do evento. Em suas reuniões, a mão pesada torna o encontro melhor para os convidados. Ela não faz nada para ser a estrela. Ela toma providências para que todos os convidados tenham chances iguais de serem a estrela, de curtir a noite, de ir embora ligeiramente transformados. Com os organizadores da empresa de bebida, os convidados viraram a plateia involuntária de um show ruim. Como um dos convidados me escreveu depois, "Por que nos reuniram? Com que objetivo? Qual era o fio que ligava tudo aquilo?". Ele prosseguiu, "Eles se esqueceram do básico: enquadrar o evento. Nós estamos aqui por isso e aquilo".

Os organizadores não criaram laços entre os convidados. Tampouco os protegeram de alguém, muito menos deles mesmos. Na verdade, eles foram os opressores. E obrigaram a plateia a se proteger sozinha.

Se é para tratar seus convidados como cativos, trate de fazer isso muito bem. Quando os anfitriões não conseguem exercer o poder, a autoridade que assume o posto pode ser irritante, mas é difícil especificá-la. Ela vem de outros convidados cujos nomes talvez você nem saiba. Quando o anfitrião exerce o poder de um jeito ruim, por outro lado, a raiva tem um alvo claro. A ira sabe contra quem se voltar.

COMO EU ESTRAGUEI O JANTAR

Como anfitrião, o que fazer para acertar a mão? Como não abandonar os convidados, e sim garantir que seu poder lhes sirva bem? Como chegar a um equilíbrio? Ou, para pôr a questão em termos mais pessoais: como eu poderia ter me saído melhor naquela noite em que estraguei o jantar?

Foi um jantar que eu e meu marido demos para dez convidados. Foi planejado em torno de um casal que eu queria receber, em certa medida, porque nos recebem sempre. (Eu sei que esse não é um bom motivo.) Depois acrescentamos outros seis amigos. Alguns dos convidados se conheciam no âmbito profissional, mas não muito bem; outros nunca tinham se visto. Era um grupo intergeracional, que incluía desde gente na faixa dos vinte anos a pessoas na casa dos setenta. Minha intenção era ser uma anfitriã tranquila, não intervencionista. Seria discreta. Quando um convidado chegava, eu ou meu marido o recebia, servia um drinque e o conduzia à sala de estar, onde havia petiscos na mesinha de centro, rodeada por um círculo de cadeiras e um sofá.

Imaginei que apresentar pessoas que já se conheciam poderia parecer uma atitude meio coercitiva ou exageradamente orquestrada, e naquela noite queria criar uma atmosfera mais relaxada. Todos os convidados acharam um canto em torno do círculo e nele permaneceram ao longo da hora seguinte, conversando em grupinhos. A energia estava baixa, e tudo parecia meio forçado. Me surpreendi porque achava que o grupo teria afinidades suficientes para entabular um papo tranquilo.

Comecei a ficar nervosa.

Chamamos as pessoas para a mesa e, a essa altura, um dos convidados me puxou de lado e disse: "Você poderia nos apresentar? Não houve nenhuma apresentação". Ao tentar não me impor, deixei meus convidados sem munição.

Resolvi tomar a direção oposta e assumir o controle da noite. Dei as boas-vindas a todos e ergui a taça. Agradeci a todos pela "magia que conferiram a nossa família" de diversas formas no ano anterior. Depois tentei apresentar todos os convidados. Como não tinha planejado o que diria, tive que improvisar. Constrangi a primeira convidada ao tentar homenageá-la: disse algo ao estilo "a data foi escolhida meses atrás por conta da agenda maluca da Elise". Ela corou e todo mundo ficou um pouco magoado, achando que estava em segundo plano. Então tentei falar alguma coisa sobre cada um dos presentes, mas errei os detalhes e fui corrigida a torto e a direito. "Ele foi criado no Tennessee", eu me arriscava. "Foi na Georgia", dizia o convidado. Apresentei alguns com base no âmbito profissional e outros citando característica pessoais. A situação ficou tão ruim que um dos convidados disse: "Ei, você falou da profissão de todo mundo, menos do Zeb". Cada vez mais frustrada, me dei conta de que não tinha certeza de qual era o trabalho atual da pessoa, e por isso pedi que ele mesmo a explicasse. Demorei 45 minutos para fazer essas apresentações. Meu marido fazia sinais para que eu parasse, mas foi em vão: eu não poderia falar de metade do grupo e deixar a outra metade de fora. No final das contas, meu marido pediu que as pessoas, por favor, começassem a comer enquanto eu terminava as apresentações.

No afã de corrigir o rumo tomado, passei de desestruturada a tirânica — da anarquia que não fazia bem aos convidados a uma autoridade que tampouco lhes beneficiava. Em ambos os casos, me saí mal. Eu poderia ter abordado a necessidade de apresentações de várias formas criativas: deixando que as pessoas fizessem perguntas às outras, pedindo que cada um apresentasse seu parceiro, pedindo que cada pessoa respondesse a uma pergunta divertida. Mas não fiz nada disso. Preferi assumir o leme sem pensar antes. O meu modo de apresentação nem criou laços entre os convidados nem mostrou caminhos para uma conversa coletiva.

O resto da noite foi, na melhor das hipóteses, tosco. Alguns convidados tomaram conta da conversa. Eu tentava reencaminhá-la, mas, ainda esfolada por conta do fracasso das apresentações, estava apreensiva. Não acredito que os convidados tenham saído da festa se sentindo muito conectados. A conversa foi desconjuntada. As pessoas fugiram logo depois que a sobremesa foi servida, dizendo-se cansadas. (Nunca é um bom sinal seus convidados se declararem cansados às 21h.) Acordei no dia seguinte envergonhada e arrependida.

Tentei dois tipos de autoridade naquela noite, ambos equivocados. Deixei as pessoas sozinhas e, depois, as governei sem ter legitimidade para isso. Como poderia ter me saído melhor?

Poderia ter começado o encontro antes que ele começasse. No meu e-mail com o lembrete do jantar, na véspera, poderia facilmente ter incluído um fato divertido sobre cada um, que as pessoas poderiam ler no tempo delas, para ter noção de quem estaria presente. Quando entrassem na minha casa, eu poderia tê-las enturmado, fazendo questão de acompanhá-las, embora o grupo fosse pequeno, e apresentá-las umas às outras com carinho, dizendo algumas coisas boas sobre elas, como Abousteit recomenda em sua lista.

Depois de irmos para a mesa, poderia ter me preparado melhor para as apresentações, a fim de que meus comentários fossem simpáticos e interessantes e, acima de tudo, precisos e igualitários. Poderia ter achado um belo detalhe sobre cada um que ninguém ali soubesse. Poderia, ainda, ter feito uma pergunta no começo da refeição para estabelecer uma ligação entre os participantes do grupo, algo do tipo: "Quais são seus planos pessoais para o ano novo? E os planos para o mundo?" Invocando minha Abousteit interior, asseguraria ainda que todos pudessem responder às questões.

Em poucas palavras.

4. Crie um universo alternativo temporário

Às vezes, precisamos apimentar as coisas.

Até aqui, exploramos como ancorar seu encontro em um objetivo relevante, fazer escolhas com base nesse objetivo e ser um anfitrião que cuida dos convidados, assumindo, de certa forma, a dianteira de um encontro. Todas essas decisões darão à sua reunião um alicerce forte.

Muitas das pessoas com quem trabalho não entendem que precisam cumprir essas etapas fundamentais. Tenho que convencê-las a voltar a questões básicas. A pergunta que sempre me fazem é aquela na qual nos concentraremos agora, e podemos nos concentrar nela porque já repassamos a construção dos alicerces: como misturar as coisas no meu próximo encontro?

Se nos basearmos na quantidade de sites com conselhos, a sede de respostas a essa questão é geral. De SheKnows.com: "Como apimentar seu próximo jantar".[1] Da empresa de convites pela internet Evite: "Cinco maneiras de alegrar a festa da sua empresa".[2] De Wisdump: "Vai organizar uma conferência?[3] Use essas ideias para deixá-la mais animada." Da Catholic Youth Ministry Hub: "Doze formas de dar mais sabor ao seu próximo café da manhã com jovens".[4]

Algumas das dicas encontradas nesses sites funcionam, outras não. Mas esse gênero de conselho deixa de lado um fator importante, o de que muitas reuniões sem graça não podem ser salvas por intervenções isoladas e macetes dissociados do contexto do encontro. A insipidez de uma reunião é o sintoma de uma doença. Precisamos tratar a doença. Qual é ela? O fato de uma reunião não tentar fazer o que as melhores reuniões fazem: nos transportar para um universo alternativo temporário.

Por isso, deixo as dicazinhas e truquezinhos de como animar as coisas para a internet. Neste capítulo, vamos mergulhar em uma forma de pensar mais a fundo no seu encontro: criá-lo como um universo único.

A ASCENSÃO DAS REGRAS

Comecei a reparar nos convites há alguns anos — convites que eu mesma recebia e os que as pessoas me mostravam. Em certa medida, eram convencionais, chamando as pessoas para jantares, conferências ou reuniões. Mas incluíam um ingrediente desconhecido, que chegava a ser desagradável: as regras do evento.

Houve um grupo que se batizou, sem nenhuma humildade, de Salão dos Influencers. Todos os meses, reunia doze desconhecidos para cozinhar e comer juntos. O convite incluía as seguintes regras: "Conversa: pedimos aos convidados que só discutam suas carreiras e digam seus sobrenomes depois da sessão de apresentações"; "Fotografias: fotos só são permitidas durante a sessão de apresentações"; e "Comparecimento: quem confirmar a presença e não aparecer, provavelmente não será convidado outra vez". (A apresentação, ao que consta, era do próprio jantar.)

Houve um encontro chamado de Casa dos Gênios, que começou como um experimento na cidade de Boulder, no Colorado, reunindo um grupo de empresários e usando a inteligência coletiva dos participantes para resolver um de seus problemas. Vinha com uma série de "Normas da Casa", inclusive "SÓ PRIMEIROS NOMES: dados pessoais — sobrenome, profissão etc. — ficam para o final. A fim de manter a colaboração total, use o primeiro nome até A Revelação"; e "COLABORE DE FORMA CONSTRUTIVA: a Casa tem como objetivo elaborar ideias criativas, factíveis, visando a um bem maior. Críticas são relevantes, mas solicitamos que sejam de teor construtivo. Caso goste de algo que já foi dito, fique à vontade para comentar '+1'".

Houve um assim chamado Jantar Jeffersoniano, cujo convite avisava que "você não pode conversar só com a pessoa ao lado, mas sim com a mesa inteira".[5]

Houve uma viagem de aniversário para New Orleans cujo convite incluía uma série cativante de regras: "Não passe muito tempo na cama", "Não se desgarre do grupo, seja um forte seguidor dele", "Tire fotos incríveis, mas não poste nenhuma", "Faça esforço para conversar com um local", "Crie mais regras no meio do caminho" e "Não perca o voo de volta".

Em um convite de casamento, lia-se: "Nós o convidamos a estar Plenamente Presente em nosso CASAMENTO DESPLUGADO. Façam a gentileza de desligar os celulares e as câmeras".

Teve até o convite para uma festa de Natal que lançou uma regra para obter a resposta quanto ao convite, o chamado "Responda, por favor", ou apenas RSVP: "Podendo comparecer ou não, você tem que RSVP. Se não RSVP, você não será convidado no ano seguinte".

Algumas dessas regras me pareceram injustas de tão exageradas. Quem é você para me dizer com quem conversar, quais dos meus nomes eu posso revelar, do que eu posso falar, se devo ou não tentar ficar a sós, se posso olhar meu celular, se posso ou não postar alguma coisa no meu Instagram? Essas regras parecem condutas de etiqueta bolorentas que governavam os encontros mais antigos, só que elevadas ao cubo. O bom da etiqueta é que ninguém enche sua caixa de entrada de e-mail falando dela. Ninguém lhe diz o que ela é com antecedência. Ninguém o obriga a colocá-la em prática. Talvez você não seja convidado outra vez se fizer besteira. Aqui a situação é outra: são pessoas ditando os detalhes da conduta de seus convidados logo de saída, sem deixar espaço para a imaginação ou para interações sociais.

Levei um tempo para entender que esses encontros representavam não uma exaltação da etiqueta, mas uma rebelião contra ela. Ao explicitar e, muitas vezes, expor de forma extravagante essas regras, havia uma pista do que de fato isso significava: a substituição dos mandamentos passivo-agressivos, excludentes, glacialmente conservadores da etiqueta por algo mais experimental e democrático.

DADOS DISPERSOS DE COMO VELHOS RICOS QUEREM QUE VOCÊ SE COMPORTE

Na sexta série, implorei aos meus pais que me inscrevessem no Cotilhão. Todas as minhas amigas do norte da Virgínia estavam participando, e eu me recusava a ficar de fora, mesmo que não soubesse o que era "cotilhão". Meus pais — porque eu era filha única e tinha passado meus primeiros anos de vida fora dos Estados Unidos — estavam dispostos a me inscrever em atividades em que eu tivesse companhia, sobretudo se fossem tipicamente americanas. Portanto, me puseram no que corresponderia a uma escolinha de etiqueta sulista.

A origem da Liga Nacional de Cotilhões remonta à cidade de Lincolnton, na Carolina do Norte, e ao ano de 1979, quando uma mulher chamada Anne Colvin Winters começou a ensinar etiqueta. Winters vencera concursos de beleza e fora debutante na cidade natal, Gastonia, na Carolina do Norte, e se tornaria a organizadora estadual das campanhas presidenciais de Ronald Reagan, focadas principalmente nas universidades. As aulinhas que começara a dar em Lincolnton cresceram e viraram uma empresa nacional, com trezentos escritórios em mais de trinta estados. O Cotilhão oferecia aos estudantes "um currículo de três anos feito para dar aos jovens instrução e prática das cortesias que tornam a vida mais agradável para eles e para as pessoas ao redor".[6]

Algumas das técnicas que o Cotilhão me ensinou foram de como ser adequadamente gentil ao telefone, agradecer por presentes, fazer apresentações, formar filas de cumprimentos, participar de grupos, entabular conversas amenas, dar e receber elogios, ter etiqueta esportiva, causar uma boa primeira impressão, saber as regras de vestuário para todas as ocasiões, ter modos em casa e em ambientes públicos, ter modos à mesa, saber arrumar uma mesa direitinho, em vários estilos de jantar (inclusive americano, asiático e continental), usar as técnicas necessárias quando se é convidado, anfitriã e anfitrião, e muitas outras esferas do comportamento social.

Uma vez por mês, eu botava meia-calça, saia plissada de poliéster azul-marinho, blusa branca de gola alta, que eu enfiava dentro da saia, e meu colete floral predileto, e era levada ao country club da cidade para aprender como tornar mais aprazível a vida das pessoas ao meu redor. A professora, uma mulher sul-africana, apresentava uma mesa com toalha branca e nos mostrava a forma certa de arrumá-la, chegando a falar do lugar exato onde ficava a taça de vinho. Explicava o jeito correto de se mandar uma cartinha de agradecimento (rapidamente e incluindo detalhes específicos de seu agrado), o que fazer quando derrubamos um garfo no chão em um restaurante (jamais pegá-lo) e os passos do foxtrote. Lembro que a maioria das aulas terminava em uma aula de dança formal. (Eu tinha pavor dessa parte porque precisava formar par com um menino para aprender os passos e sofria do que minhas amigas chamavam de "síndrome da mão suada".)

O Cotilhão era divertido, senão uma mudança de vida. Eu gostava de ficar perto das minhas amigas e rir com elas durante as lições. Vi um country club por dentro pela primeira vez na vida e gostei da cerimônia de formatura porque fizemos uma festa com pista de dança no Clyde's Restaurant. Mas os ensinamentos que nos foram passados não me pareciam muito úteis. Releguei as lições do Cotilhão aos recônditos do meu cérebro como Dados Dispersos De Como Velhos Ricos Querem Que Você Se Comporte.

Não tenho dúvida de que a etiqueta tem seu valor, afinal, fui eu quem convenci meus pais a me mandarem para o Cotilhão. Em certo meio social ou classes profissionais, é providencial ter uma série comum de normas e condutas. Partilhar desse código em comum possibilita que as pessoas se organizem com mais facilidade, que evitem constranger umas às outras e que se diminua o risco social dessas situações.

Essas características positivas da etiqueta funcionam bem sobretudo em grupos estáveis, fechados, homogêneos. Quando pessoas afins se juntam, a etiqueta geralmente desempenha tão bem sua função que ninguém a percebe. Na Grécia antiga, quando a pessoa era convidada para um simpósio, sabia que haveria uma cadeira reservada a ela, provavelmente em um círculo, talvez em um cômodo reservado pelo anfitrião, e que era melhor preparar o fígado e a laringe. Quem era convidado à casa do vizinho em Waterloo, em Iowa, na década de 1950, sabia que, após a refeição servida na sala de jantar, o grupo se dirigiria para perto do piano para cantar canções, muitas das quais todo mundo havia aprendido na escola dominical. Hoje em dia, em Estocolmo, quando a pessoa é convidada para a festa do lagostim, em agosto, ela sabe que pode precisar relembrar as letras de canções que os suecos entoam quando bêbados e que deve estar pronta para tomar aguardente. Na Argentina, quando as famílias se reúnem para fazer um churrasco nas tardes de domingo, ninguém planeja mais nada até o fim do dia. Seria bobagem, pois sabem que, depois de comer pratos e mais pratos de carne, a conversa será estendida até para muito depois da sobremesa. Todas essas situações são permeadas pela etiqueta. Um grupo de pessoas com ideias afins, que tiveram mais ou menos a mesma criação, tem reuniões agradáveis, repetidas vezes, seguindo um estilo de existência tácito que vem de longa data.

O problema é que cada vez menos vivemos em círculos fechados de pessoas com ideias afins, que tiveram mais ou menos a mesma criação que nós. Pense nos últimos encontros a que compareceu — uma reunião de trabalho, uma aula, uma feira comercial. É bem possível que você tenha conversado com pessoas de outros lugares, pessoas com normas culturais, raças, religiões e históricos diferentes. Também é bem possível, portanto, que você tenha se sentado ao lado de pessoas que praticam a etiqueta — mas uma etiqueta diferente da sua, e talvez até conflitante com a sua em certas questões. Quando meus amigos argentinos chegavam aos jantares em Nova York com uma hora de atraso, ficavam confusos com o mal-estar dos amigos. Estavam experimentando não um choque de civilizações, e sim de etiquetas. Quando sogros judeus e cristãos se juntam pela primeira vez num Dia de Ação de Graças, e uma família começa a refeição com o habitual Pai-Nosso, e a outra fica à parte em silêncio, também estão passando por um choque de etiquetas, para não falar em choque de crenças. No mundo que estamos criando, esses embates serão ainda mais frequentes.

ETIQUETA × REGRAS IMPROVISADAS

A prática cada vez mais comum de regras improvisadas é compreensível tendo-se em vista esse cenário. Não é por acaso que encontros baseados em regras estejam surgindo ao mesmo tempo que a vida moderna dá fim a monoculturas e grupos fechados de pessoas semelhantes. Regras improvisadas talvez sejam a nova etiqueta, mais adequada à realidade moderna. Se a etiqueta implícita, assimilada desde o nascimento, era útil para encontros de grupos fechados, fossem da elite de Boston ou dos tâmeis, regras improvisadas explícitas são melhores para encontros que misturam grupos diferentes. Encontros baseados em regras, por mais controladores que pareçam, geram uma nova liberdade e franqueza. Para entender o porquê, temos que examinar as diferenças entre regras improvisadas e etiqueta.

As aulas de cotilhão que eu frequentava fazem parte de uma longa tradição de etiqueta que data de centenas de anos. Em 1750, o quarto conde de Chesterfield escreveu uma carta a seu filho bastardo, Philip Stanhope, lhe dando conselhos que passaram a ser considerados a fundação da etiqueta moderna. "Você adquiriu conhecimentos", ele escreveu, "que são o *Principium et Fons*;

mas agora você tem uma gama de ninharias com as quais se preocupar, que juntas formam um objeto grandioso e importante.[7] Você deve imaginar que me refiro às Graças, aos ares, às falas, à polidez." Uma dessas "Graças" era a capacidade de "esculpir, comer e beber como um cavalheiro, e com destreza". O filho deveria evitar "atitudes canhestras e hábitos iliberais, malcriados e nojentos, tais como se coçar, enfiar os dedos na boca, no nariz e nas orelhas".

O caminho da etiqueta do século XVIII até o Cotilhão teve muitas paradas: os ensinamentos de Emily Post, o manual de conduta profissional *Robert's Rules of Order* e várias outras fontes de orientação para que as pessoas não se saíssem mal na alta sociedade. Porém, ao ler as cartas do conde de Chesterfield, o que mais me impressiona é que alguns aspectos básicos da etiqueta tenham se arraigado desde o princípio.

Um deles é a constância. Seja nas instruções do conde ao filho ou no currículo que assimilei no Cotilhão, o forte senso de permanência se mantém. Não são orientações para um evento, para o mês ou para o ano: são formas duradouras de se estar no mundo. Colocá-las em prática era preservar a tradição. Como os códigos não mudariam, supunha-se que as pessoas precisavam aprendê-los desde cedo e no tempo livre, para que estivessem prontas para empregá-los na alta sociedade. "Nós realmente acreditamos que as boas maneiras jamais ficarão obsoletas e que as técnicas que ajudamos as crianças a desenvolverem são técnicas que usarão a vida inteira", declara a Liga Nacional de Cotilhões.[8]

A prática da etiqueta perante a vida também é arrogante. Não tem nada de humilde. Demonstra pouquíssimo interesse nos modos como culturas ou regiões diferentes fazem as coisas. Defende um modelo de excelência de comportamento como o único aceitável para quem deseja ser considerado refinado. Não se importa com variedade ou diversidade, nem com a ideia de que cada um tem seu gosto. No Cotilhão, não aprendemos as danças de Compton, do Spanish Harlem ou de Appalachia. Aprendemos o foxtrote. Nos foi incutida a ideia de que era a senha de acesso universal para a chamada boa educação.

A terceira característica da etiqueta é a exclusão. O sistema de valores por trás da etiqueta é aristocrático. É feito para que alguém se destaque na multidão. A ideia é subir a escada da sociedade e não a pôr abaixo. Se todos soubessem dançar foxtrote e colocar as taças de vinho no lugar certo, frequentar o Cotilhão não ajudaria os estudantes a ultrapassar a manada e estar "entre os mais bem-sucedidos de suas classes", como o website da instituição promete.[9]

Se os padrões de etiqueta são fixos, imperiosos e excludentes, regras improvisadas têm o poder de virar esses atributos de ponta-cabeça, criando a possibilidade de encontros mais experimentais, modestos, democráticos — e satisfatórios!

Se a etiqueta serve para sustentar normas imutáveis, regras improvisadas servem para testar coisas novas. A etiqueta de não falar de política ou religião em jantares se aplica, na cabeça dos que acreditam nisso, a todos os jantares, não só aos que organizam e aos que acontecem em anos eleitorais. Mas a regra de não dizer o próprio sobrenome em um salão é uma brincadeira que se encerra assim que o último convidado vai embora. Em um encontro baseado na etiqueta, o comportamento deriva de sua identidade e define quem você é. Em um encontro com regras improvisadas, os comportamentos são temporários. Se a etiqueta fomentou uma espécie de repressão, os encontros com regras possibilitam ousadias e experimentações. Regras podem criar um mundo imaginário, temporário, que na verdade é mais lúdico do que as reuniões rotineiras. Isso acontece porque todos se dão conta de que as regras são provisórias e, portanto, se dispõem a obedecer a elas.

A etiqueta impõe Uma Maneira Correta, as regras improvisadas, no entanto, não fazem tal alegação. Não têm as pretensões etnocêntricas, classistas da etiqueta, pois as regras que impõem são inventadas. A impermanência delas é um sinal de modéstia. Ninguém está afirmando que a ocultação dos sobrenomes é o que define uma pessoa culta. Está simplesmente dizendo que neste dia, neste horário, com estas pessoas, com este objetivo, você não deve dizer seu sobrenome, e vamos ver o que acontece.

Se a etiqueta serve para excluir pessoas de certos encontros e círculos sociais, regras improvisadas podem democratizar a participação. Tem coisa menos democrática do que a etiqueta, que deve ser incorporada por anos a fio até que a pessoa compareça a um evento? A regra não exige preparo. Portanto, alguém que tenha acabado de chegar a um país e não tenha familiaridade com a cultura, mas seja capaz de ler um e-mail, pode participar plenamente, sem constrangimento, de um encontro baseado em regras — mas sofreria em uma reunião que fosse um campo minado da etiqueta. Não seria difícil para um estranho acatar as regras de um Jantar Jeffersoniano, de um evento da Casa dos Gênios ou de um desses "jantares silenciosos" que estão em voga. Mas saber se um jantar em Hamburgo é do tipo onde se deve ou não dizer "Saúde" depois de um espirro exige anos de imersão na vida social alemã, de aprendizado de códigos e nuances. Se a etiqueta implícita serve a círculos fechados que pressupõem semelhança, regras explícitas servem a círculos abertos que pressupõem diferenças. A clareza deixa os estrangeiros em pé de igualdade com os locais.

A etiqueta permite que as pessoas se juntem porque são iguais. As regras improvisadas permitem que as pessoas se juntem porque são diferentes — porém estão dispostas a ter a mesma *experiência*. Pelo que observo, as pessoas que se saem muito bem nas reuniões de pessoas de grupos diversas são as que estão dispostas a adotar regras improvisadas. Ao adotá-las, não raro acabam criando o universo alternativo que descrevi antes. Ao elaborar uma constituição que só sirva para um encontro, o anfitrião pode criar um reino fugaz que atraia as pessoas, que teste algo inédito e, sim, que torne as coisas mais instigantes.

Agora vamos examinar a fundo um encontro desses e ver como ele funciona — o Dîner en Blanc.

UM CALEIDOSCÓPIO DE BRANCOS

O Dîner en Blanc é um exemplo excepcional do que um encontro pode construir quando governado por regras explícitas em vez de normas veladas de etiqueta. Trata-se de uma série de jantares globais cujos eventos acontecem no mundo inteiro, de Kingston a Cingapura, Quigali a Bucareste. Um único jantar de uma noite em uma única cidade pode receber 15 mil convidados. O evento acontece em algumas cidades apenas uma vez por ano, mas já houve jantares em setenta cidades de seis continentes. Esses jantares reúnem pessoas de todas as origens, raças, línguas e orientações sexuais. Elas não precisam falar o mesmo idioma; podem entrar com qualquer restrição alimentar que tenham.

O que se tornou um fenômeno global começou como um convite pessoal. Em 1988, François Pasquier estava voltando com a família à sua terra natal, a França, depois de dois anos morando na Polinésia Francesa. Convidou um grupo enorme de amigos para jantar em sua casa a fim de celebrar o regresso. Ao se dar conta de que não teria espaço para o evento, propôs ao grupo que o encontrassem no Parque de Bagatelle, um dos quatro jardins botânicos de Paris. Pediu que cada convidado levasse um amigo e que vestisse branco para facilitar o encontro nos jardins públicos. O fim de tarde acabou sendo inesquecível, eletrizante, e os participantes resolveram repetir o evento no ano seguinte, depois no outro também. A cada ano, vinham as mesmas pessoas de sempre e também um número cada vez maior de novatos. O encontro se expandia cada vez mais somente pelo boca a boca, cada ano mais espetacular do que o anterior. Quando se tornou grandioso demais para o Parque de Bagatelle, começaram a promovê-lo em lugares ainda mais icônicos de Paris — a Ponte das Artes, o Palácio Real e o Trocadero. Os organizadores tentavam manter certa continuidade entre os jantares pedindo que os novatos fossem convidados por alguém que tivesse comparecido no ano anterior. No entanto, com o tempo, o jantar parisiense anual chegou a ter mais de 15 mil convidados e se espalhou mundo afora, de continente em continente.

O segredo, nem tão secreto assim, de sua expansão está na invenção de um formato baseado em regras que possibilitam que os jantares reúnam pessoas com pouquíssimas coisas em comum.

Na noite marcada, milhares de pessoas que residem em diferentes locais vestem-se da cabeça aos pés com roupas brancas elegantes, que tenham um toque espetacular — pode ser um boá, um acessório de cabeça, uma cartola, uma bengala, asas de anjo ou luvas brancas. Chegam aos pares a um dos locais indicados na cidade. Levam cestas de piquenique cheias de champanhe, belas comidas caseiras, taças, toalhas de mesa brancas, flores brancas e cadeiras e mesas dobráveis. Não sabem, de antemão, onde esse gigantesco *flash mob* em forma de jantar vai acontecer.[10] Mas têm certeza de que será divertido.

Os convidados são conduzidos, geralmente em grupos de cinquenta, dos pontos de encontro para um local surpresa na cidade, junto com outros milhares de pessoas. Quando chegam lá, se põem a construir um radiante formigueiro, temporário, de formiguinhas brancas. Desdobram as mesas, cadeiras e toalhas brancas. Arrumam as mesas em longas fileiras, as mulheres se sentam de um lado e os homens do outro.[11] Cada par arruma a própria mesa com as coisas trazidas de fora: taças, porcelanas, velas, flores frescas, vasos, prendedores de guardanapos e qualquer outro objeto que possa dar mais beleza à noite. Não se vê nem um pedacinho de papel ou de plástico.

Não existe um anúncio público inaugural, nem um mestre de cerimônias para orientar o andamento (na verdade, isso é expressamente proibido). Para indicar o início do evento, os convidados, entendendo as dicas uns dos outros, pegam seus guardanapos brancos e acenam com eles. É hora de comer.

Durante noventa minutos, enquanto o sol se põe, o imenso grupo saboreia uma sequência de três pratos caseiros. A comida, assim como as mesas, velas e tudo o mais, é trazida pelos convidados, e os anfitriões dão forte incentivo para que seja caseira. (Nos últimos anos, em certas cidades, há também a alternativa de se comprar comida de um vendedor que fica no local.) Bebe-se vinho branco, rosé ou champanhe; são poucas, ou nenhuma, as latas de cerveja. Chega o momento da sobremesa — os convidados são estimulados a preparar algo especial: morangos cobertos de chocolate ou macarons embalados um a um. Durante o jantar, todo mundo permanece sentado; ninguém se levanta ou circula. Pedidos de casamento acontecem, às vezes, nesse momento.

Pessoas do mundo inteiro descrevem o Dîner en Blanc como a melhor noite do ano. Um convidado idoso de Nova York disse o seguinte: "Nos últimos três anos e meio, venho enfrentando doenças e desafios físicos; apesar disso, faço questão de comparecer ao Dîner en Blanc todos os anos, ainda que meus médicos recomendassem que eu não fosse.[12] Acho o jantar espiritual, emocionante e fisicamente rejuvenescedor". E complementou: "É impossível descrever as emoções e sensações envolvidas, a não ser que você vá e sinta tudo na própria pele".

Quando o lusco-fusco dá lugar à noite de verão, talvez você repare que todas as mesas acendem velas faiscantes, sinalizando a próxima transição da noite. Os participantes se levantam, acham outros amigos, se abraçam, brindam e passam a dançar. A diversão, sempre surpreendente, começa. Seja com um violino elétrico, como em um jantar de Nova York; ou dançarinos coreografados com para-sóis de papel, como em Tóquio; ou tambores e violão, como em Porto Príncipe, no Haiti. O clima muda à medida que a vibração dessa tribo coordenada vai ficando mais forte. À meia-noite, soa a trombeta. Os convidados dobram as mesas, recolhem seus pertences e vão todos embora. Quatro horas depois de todo mundo se sentar para comer, não há nenhum rastro do evento.

UMA APOSTA NAS REGRAS

Por que o Dîner en Blanc se espalhou tanto? Talvez devido à intuição de que a etiqueta seria inconveniente à missão de juntar tantas pessoas diferentes. O Dîner en Blanc preferiu apostar nas regras — regras que um dia ajudariam uma mulher chamada Kumi Ishihara a importar a magia para o Japão.

A milhares de quilômetros do Parque de Bagatelle, e muitos anos depois do primeiro encontro, Ishihara viu o vídeo no YouTube de um jantar flash mob em Nova York. Nascida na cidade litorânea de Kamakura, aos catorze anos, Ishihara tinha se mudado com a família para Düsseldorf, na Alemanha, onde frequentou uma escola japonesa e, daí em diante, passou a se compreender como nômade. Depois de temporadas em Cingapura e em Londres, com vinte e tantos anos, ela voltou ao Japão e ganhou seu sustento como instrutora de ioga, consultora criativa e tradutora. Ao ver o vídeo de milhares de pessoas vestidas de branco, sentiu-se arrebatada. "Fiquei muito impressionada ao ver aquela multidão de gente de branco reunida", ela contou. Adorou saber que se tratava de um fenômeno global que conectava os participantes por meio de uma experiência em comum. Compreendeu que precisava levar o Dîner en Blanc ao Japão.

Primeiro precisava convencer os organizadores franceses a lhe darem a cobiçada licença para promover os jantares. Para manter a integridade do Dîner en Blanc, os franceses desenvolveram um sistema para conceder permissões oficiais para que organizadores do mundo inteiro possam promover esses jantares. Ela convenceu dois amigos japoneses mais experientes na organização de grandes eventos a se candidatarem e serem entrevistados com ela, e, após duas reuniões por vídeo, ganharam a licença.

Em seguida, Ishihara tinha que entender como levar aquele jantar europeu frequentado por um grande número de pessoas ao contexto bastante reservado dos japoneses. Ela e os companheiros de organização precisavam que as autoridades japonesas lhes dessem espaço em locais públicos para um evento que eles mesmos confessavam parecer bizarro. Tinham que gerar interesse pelo jantar em centenas de pessoas, a maioria das quais nunca tinha ouvido falar daquilo. Talvez a parte mais difícil fosse persuadir estranhos a seguirem uma série de protocolos complexos e desconhecidos.

Como promotora do evento, Ishihara devia seguir e impor uma lista extensa de estritas regras que tinha recebido dos organizadores. Ela compartilhou comigo o seguinte resumo:

- Caso receba um convite, você tem que trazer um convidado seu.
- Os homens se sentam em um lado das mesas e as mulheres do outro.[13]
- A roupa deve ser inteira branca, inclusive as meias, sapatos e acessórios de cabeça.

- Use trajes formais e exagerados, mas de bom gosto.
- Leve vinho, champanhe ou água mineral. Não leve cerveja, destilados ou refrigerantes.
- A mesa quadrada deve ser de 71-81 cm por 71-81 cm e tem que ser coberta por uma toalha de mesa branca.
- Não use plástico nem papel. Só vidro e louça de boa qualidade.
- Caso aceite o convite, a presença é obrigatória. Faça chuva ou faça sol.
- A comida deve ser "de qualidade", preferencialmente caseira; nada de fast-food.
- O evento não tem mestre de cerimônias. Tudo acontece por meio de deixas coletivas.
- Ninguém pode se levantar durante a refeição. Trata-se de um jantar formal.
- Limpe suas coisas, jogue-as no saco de lixo que levou consigo. Não deixe rastros.
- Os organizadores só podem promover o Dîner en Blanc uma vez por ano.

Vender o jantar ao povo japonês seria dureza. O Japão, explicou Ishihara, não tem a cultura da refeição partilhada com estranhos. Embora se fantasiar seja comum no Japão, é quase impossível achar sapatos brancos. Mesas com a medida exata teriam que ser encomendadas meses antes. As pessoas não estão acostumadas a se inscrever em eventos pela internet nem a se empenhar tanto para ir a uma festa. Alguém se comprometer a ir ao evento já é bem difícil, Ishihara disse, mas além disso as pessoas não estavam habituadas a pagar por algo que nunca viram. Esse era o desafio de Ishihara: conseguir que milhares de japoneses desconhecidos não apenas seguissem as regras como se empolgassem com elas.

Por meses a fio, escreveu posts no Facebook, na página japonesa do Dîner en Blanc, para "ir criando o clima", ela explicou. Ela resumiu para mim os temas dos recados que postou no Facebook. "A questão não é só o dia", Ishihara disse. "É todo o mês anterior, pelo menos, com a compra de um castiçal de que você goste, de uma saia legal, para ir aumentando a empolgação." Ela enfatizou elementos diferentes ao longo de alguns meses. Um dia, escreveu sobre o ar europeu do jantar: "É feito um banquete. É muito formal. É preciso se vestir com elegância. Em um banquete, você nem sonharia em comer em pratos de papel!". Ela explicou aos convidados que o jantar tinha um objetivo desafiador: "É serviço pesado. Não é um piquenique qualquer". Acima de tudo, ela aplicou o Princípio do Pessach sobre o qual escrevi no primeiro capítulo, para transmitir a ideia de que era um convite para uma noite especial, que só aconteceria uma vez por ano, e que aquela seria a inauguração do Dîner en Blanc no Japão. "Escolhemos um local secreto, onde nenhum japonês ou pessoa de qualquer outro lugar jantou", ela disse, relembrando um post. "Essa provavelmente será a única oportunidade na vida para jantar lá."

Talvez parte de Tóquio sentisse aversão por certas regras, assim como tinha acontecido com pessoas do mundo inteiro. Em Cingapura, surgiu um debate sobre o nível de "formalidade" da comida cingapuriana,[14] o que gerou revolta por conta da "mentalidade colonialista antiquada" vigente.[15] Em Boston, um blogueiro escreveu: "Humm, então se estou numa relação homoafetiva, seja romântica ou platônica, não posso me sentar com o meu convidado? Para não estragar a simetria?".[16] Em Washington, DC: "Nunca houve um evento que me desse mais vontade de tramar uma guerra de paintball do que esse".[17] Em New Orleans: "Esse troço todo me atiça a vontade de botar uma camisa de beisebol velha e lamber molho de sanduíche do meu braço enquanto danço uns passinhos de rap".[18] Os organizadores já foram chamados de "esnobes", e o evento de "caro demais" (varia de cidade para cidade, mas a inscrição custa basicamente de 35 a cinquenta dólares por pessoa) e de dar muito trabalho aos convidados.[19] Em Vancouver, dois artistas promoveram o alternativo *Ce Soir Noir*, "improvisado, mal organizado, aberto a famílias", a que 1500 pessoas compareceram.[20] No entanto, o jantar continua se espalhando de cidade em cidade, ano após ano, com listas de espera cada vez maiores. A lista de espera em Tóquio era de 11 mil pessoas. A lista da Filadélfia já chegou a ter 26 mil pessoas.

Depois de ir, como uma mosquinha, a um desse jantares em Nova York, posso dizer que o público é sob todos os aspectos mais diverso do que na maioria das festas da cidade a que compareci — e mais diverso do que a clientela da maioria dos restaurantes nova-iorquinos de elegância comparável. Como um dos promotores do evento de Nova York disse à revista *Time Out*,

> A parte mais legal do evento é a diversidade. A comunidade daqui é de tudo quanto é origem e de tudo quanto é lugar em Nova York. É realmente um reflexo da

cidade em que moramos. É incrível fazer parte de algo que reúne tantas pessoas diferentes, e fazer com que todos celebrem juntos. A gente pode deixar tudo de lado, mas, no final das contas, estamos todos de branco.[21]

Shane Harris, repórter de política que escreveu sobre o Dîner en Blanc de Washington, DC, teceu uma observação parecida. Harris anunciou o evento como "livre de esnobismo" — uma raridade em uma cidade tão presunçosa, conhecida pela "ordem e agenda social rigorosa". Escreveu o seguinte:

> Pode até ser que estivéssemos todos vestidos de branco. Mas o maior número era de afro-americanos, seguidos por brancos, com vários asiáticos e latinos. Éramos idosos. Éramos jovens. Éramos gays. Éramos héteros.[22]
>
> Não sei dizer quem era rico ou pobre. Uma mulher que usava um vestido deslumbrante de seda poderia ser tanto a estagiária quanto a sócia de uma firma de advocacia.
>
> O que essas pessoas não eram, é o tipo que estou acostumado a aturar em muitos eventos sociais. Ninguém olhava por cima do ombro do vizinho para ver com quem deviam de fato estar conversando. Ninguém perguntou o que eu faço da vida. Foi uma ocasião deliciosa, sem babacas.

Nas elegantes festas de Washington que Harris estava habituado a frequentar, geralmente as roupas são de qualquer cor e as pessoas são quase sempre brancas. No Dîner en Blanc, as roupas eram brancas e as pessoas eram de todas as cores. Não creio que seja coincidência. Quando o código social é explicitado, quando vira um jogo de uma só noite, você não precisa saber de certas regras tácitas, ter sido criado de um jeito específico, estar imerso em certa cultura, ter recebido pistas sociais por décadas a fio. Só precisa saber das regras da noite. Essa é a barganha que um evento baseado em regras propicia: caso você aceite uma rigidez maior no esquema da festa, o organizador lhe dará uma liberdade diferente e bem mais saborosa — a de se reunir com todos os tipos de gente, apesar das tradições que ditam seus encontros.

Na grande noite de Ishihara, em Tóquio, 1600 festeiros vestidos de branco compareceram na hora marcada, no local marcado. Ishihara descreve o que sentiu durante o aceno com lenços que abriu o jantar: "Nós conquistamos este lugar". As pessoas ao redor eram desconhecidas da maioria dos outros participantes. Mas algo naquele cenário e nas regras esquisitas, taxativas, libertadoras, criou uma beleza e um assombro que uniu as pessoas, disse Ishihara: "Como seu coração já está aberto, você pode fazer amizade com qualquer um".

No final da festa, uma trombeta foi tocada para anunciar aos convidados que ela estava encerrada. "Lembra da Cinderela?", Ishihara indagou. "A Cinderela sabia que à meia-noite em ponto tinha que ir embora. E aqui também as pessoas sabem automaticamente que essa noite de verão acabou." Ela disse que teve vontade de perguntar: "Isso é sonho ou é realidade?", tamanha a energia de se fazer um encontro clara e ostensivamente regrado. Cria-se um outro universo. O prazo então vence e você recomeça do zero.

REGRAS × CELULARES

A etiqueta, conforme já vimos, é uma cola problemática na sociedade moderna, pois dificulta, em vez de facilitar, encontros que transpõem diferenças. Mas esse não é o único inconveniente. A etiqueta também é um escudo extremamente poroso contra a força mais potente da nossa época: a tecnologia viciante.

Qualquer um que se reúna hoje em dia, querendo ou não, tem que lidar com o fato de que muitas vezes as pessoas estão em outro lugar graças aos aparelhos tecnológicos. A distração incessante é uma maldição da vida moderna e sobretudo dos encontros modernos. Não raro, as pessoas estão ocupadas demais para se reunirem. Marcar encontros pode ser um pesadelo. Coordenar as pessoas é uma chatice. Quando, finalmente e, apesar de tudo, de fato nos juntamos, nossas cabeças estão em milhares de lugares diferentes.

Como conseguir que as pessoas estejam presentes no seu encontro? Como fazer não só com que saiam da frente das telas, mas também que não pensem nessas telas? Se as pessoas checam o celular cerca de 150 vezes por dia, como algumas pesquisas já revelaram, como garantir que cinquenta dessas olhadas não aconteçam no seu evento?[23] Você pode até reunir todo mundo em um ambiente, mas como fazer com que as pessoas *estejam lá* de verdade?

Há muito tempo, e em muitos contextos, baseamos nossa resposta a tais perguntas nos bons modos, nas normas tácitas — na etiqueta. Torcíamos para que não olhar o celular durante o jantar se tornasse tão normal quanto não enfiar a batatinha mordida no molho — algo que as pessoas sabem que não devem fazer mesmo que ninguém as avise. (Está claro que nem uma norma nem a outra funcionou.) Mas a etiqueta não está vencendo a tecnologia na era da distração. Se a etiqueta fracassa com grupos numerosos, plurais, por ser incutida e implícita, ela também fracassa contra a tecnologia por um motivo ainda mais simples. Uma tropa de algumas das pessoas mais inteligentes está trabalhando incessantemente para garantir que a etiqueta não tenha nenhuma chance contra as novas tecnologias, tão viciantes.

Em 2011, o Google adquiriu uma pequena empresa chamada Apture, além de contratar seu presidente, Tristan Harris. Ele trabalhou na equipe que criou o aplicativo do Gmail e se deu conta de algo que mais tarde diria publicamente: "Nunca na história as decisões de um punhado de designers (em sua maioria, homens brancos moradores de San Francisco, de 25-35 anos) que trabalham em três empresas"[24] — Google, Apple e Facebook — "tiveram um impacto tão gigantesco na forma como milhões de pessoas no mundo inteiro despendem sua atenção... Devíamos sentir uma enorme responsabilidade por fazer tudo certo". Harris acabou publicando essa sensação em uma apresentação de 144 slides intitulada "Um apelo à minimização das distrações e ao respeito à atenção dos usuários", voltada para os colegas do Google. É um pleito veemente ao cavalo de pau da responsabilidade e dos modos pessoais — da etiqueta — como resposta adequada às distrações. Transformar em dever individual não ser distraído, Harris explicou ao *Atlantic*, é "não reconhecer que existem milhares de pessoas do outro lado da tela cuja tarefa é destruir a responsabilidade que você possa ter". O Google o designou o "filósofo" da casa. Sua missão era ponderar sobre o impacto da tecnologia nas sociedades humanas.

Se a etiqueta não tem como fazer frente aos programadores do Vale do Silício, por que as regras teriam? Porque as regras são explícitas e se tornam um jogo experimental. É divertido tentar algo novo durante um tempo delimitado. O tipo de restrição que, se for permanente, pode ser opressivo, por outro lado pode ser fascinante e curioso, caso se aplique a alguns momentos, como parte de um esforço consciente para se criar aquele universo alternativo temporário.

DIAS DE "AQUI ESTOU EU"

Eu e meu marido criamos um evento desse estilo, mas foi de maneira espontânea. Estávamos para nos mudar para Nova York e loucos para desvendar a nova terra. Queríamos criar o hábito de explorar continuamente; não queríamos cair na rotina de frequentar sempre os mesmos bairros. A certa altura das nossas conversas, concordamos em reservar um dia inteiro, uma vez ou outra, para investigar os arredores que não conhecêssemos direito.

Pouco depois, tivemos nosso primeiro dia de exploração. Escolhemos o Harlem. Mencionamos a ideia à nossa amiga Nora Abousteit, aquela do exemplo de autoridade generosa. Sem ser convidada, ela anunciou: "Vou junto". O que começou como um plano romântico de dois recém-casados se transformou em um evento social — um encontro. Em seguida, Abousteit disse que levaria uma amiga (sim, ela quebrou a própria regra). Sem saber o que queríamos exatamente, concordamos. E assim nasceram os dias de "Aqui Estou Eu".

Tínhamos um amigo que era membro da Abyssinian Baptist Church, encabeçada pelo reverendo dr. Calvin O. Butts III. A igreja recebe milhares de visitantes por ano, muitos deles por conta do famoso coral gospel. No entanto, como éramos convidados de um membro, conseguimos nos sentar na parte de baixo, em um dos bancos principais, e não no andar de cima, com os que não são da igreja. Antes de iniciar o sermão, o reverendo Butts nos surpreendeu não só dizendo nossos nomes como lendo nossos currículos para a congregação. Todo mundo aplaudiu e nós coramos. Fomos recebidos e cumprimentados por dezenas de membros.

Arrebatados pela atmosfera da igreja, fomos almoçar em uma lanchonete ali perto. Na lanchonete, conversamos sobre nossas vivências em Nova York e o ritmo frenético da cidade. Agora que tínhamos passado algumas horas juntos, começamos a dividir nossos temores e angústias a respeito de morar ali; a compreensão quanto aos códigos sociais; as contas, para saber se conseguiríamos bancar nossa estadia. Sem pensar muito, percorremos quarenta quarteirões em direção ao sul da ilha. Parecia que naquele momento estávamos fazendo um reconhecimento da nossa cidade, e alguém sugeriu que não olhássemos apenas as grandes instituições e restaurantes, mas também as casas das pessoas, pois era onde estava a movimentação. Mas como faríamos para ver as casas?

De repente, Abousteit se lembrou de um amigo que morava por ali. No ímpeto, mandou uma mensagem perguntando se poderíamos aparecer para lhe dar um "oi". Para nossa surpresa, ele nos convidou para tomar um chá, e pudemos ver o interior de sua bela casa. Ficamos tão empolgados com aquela sorte que resolvemos seguir em frente, dessa vez andando na direção norte, rumo ao Museu da cidade de Nova York, onde aprendemos tudo sobre a construção da cidade de Nova York — que as terras foram aplainadas, que as fazendas foram pavimentadas, que os arranha-céus só podiam ser levantados em certos lugares. Na saída, ouvimos batidas altas vindas de um prédio próximo dali e descobrimos uma festa subterrânea às 16h de um domingo. Pegamos uma cerveja e caímos na pista de dança. Uma hora depois, suados, fomos embora e entramos no Central Park. Nos demos conta de que estávamos relaxados, tranquilos e cheios de energia, apesar da longa caminhada. E mal tínhamos olhado nossos celulares. Às 19h, encerramos nossa aventura. Fomos para casa revigorados pelas pessoas que tínhamos conhecido, os trajetos percorridos e as conversas que havíamos tido. Apenas três semanas depois de nos mudarmos para uma nova cidade, pensamos: talvez a gente consiga achar a nossa turma aqui. Quem sabe este lugar não possa vir a ser a nossa terra?

O que era a princípio uma vaga ideia apenas entre nós dois, virou um dos rituais mais significativos de nossos primeiros dias em Nova York. Primeiro éramos quatro, em outro dia éramos seis, e no próximo éramos oito ou dez. No início, não tínhamos regras: só ficávamos juntos o tempo inteiro. Passamos a nos reunir naqueles sábados ou domingos de um jeito diferente do nosso estilo normal de nos encontrarmos com outras pessoas. Escolhíamos um bairro e nos revezávamos na "curadoria" do dia — essencialmente, a função de decidir o que faríamos. A princípio, o encontro era relativamente improvisado, e a única regra de fato era que as pessoas aparecessem na hora marcada e ficassem até o fim. Minha intenção inicial não era ter regras. Elas surgiram organicamente.

Quase por acaso, eu e meu marido lançamos mão de um formato de encontro que criava uma magia sempre que o adotávamos. Os dias de "Aqui Estou Eu" viraram realidade a partir de uma ideia objetiva, mas a estrutura se desenvolveu naturalmente. Nossas limitações eram as mais básicas: escolher uma área que pudesse ser percorrida a pé; convidar um grupinho pequeno o bastante para caber em uma única mesa durante as refeições; levar o clima em consideração. Reparamos que os dias davam mais certo quando uma pessoa assumia o papel de curadora e fazia uma breve pesquisa com antecedência, para criar uma experiência específica e agradável para todo mundo — sabendo ou não alguma coisa sobre o bairro. Também descobrimos que os dias funcionavam melhor quando todo mundo concordava em se submeter à autoridade generosa do curador.

Nossa motivação inicial tinha mais a ver com a exploração e descoberta do que com a presença. Mas, à medida que os dias se transformaram de programa para duas pessoas em expedição para um grupo regular, e à medida que mais pessoas ficavam interessadas em participar, inclusive pessoas que não conhecíamos, me vi obrigada a sistematizar as praxes que haviam surgido. As pessoas precisavam saber onde estavam se metendo. Então peguei o que antes estava basicamente implícito, tornei explícito, e enviei as seguintes regras aos recém-chegados:

- Se for participar do dia de "Aqui Estou", você terá de ficar do início ao fim (todas as dez-doze horas que ele dura).
- Desligue a tecnologia (a não ser que esteja diretamente relacionada ao dia).
- Concorde em estar presente e engajado no grupo e no que está acontecendo.
- Apenas uma conversa deve acontecer durante as refeições.
- Esteja disposto a tudo.

Dentre essas regras, estava claro que as duas mais importantes eram que passássemos o dia inteiro juntos e não usássemos aparelhos tecnológicos. Eram regras potentes porque forçavam um grau de presença raro a Nova York e ao mundo moderno, tão dependente da tecnologia. As pessoas tinham que chegar na hora e ficar conosco o tempo inteiro — nada de sair e depois voltar. Como sabiam qual era a proposta, acabavam relaxando. Não podiam contar com o celular para lidar com a logística. Estavam abrindo mão da alternativa de achar uma opção melhor. Estavam presentes. E como estávamos todos inteiramente juntos, curtíamos ao máximo a companhia uns dos outros. Essas regras possibilitavam que pessoas ocupadas, estressadas e sempre distraídas se reunissem e desacelerassem. Os dias de "Aqui Estou Eu" davam certo porque as regras criavam uma sensação de que "bastava" simplesmente sair, porque ao estar "aqui", a pessoa estava em outro universo.

Nossa tendência é associar regras a formalidade e rigidez, mas, nos nossos dias de "Aqui Estou Eu", descobrimos que regras criavam intimidade. Nenhum de nós, por conta própria, estava à altura dos gênios da codificação do Google, Facebook e Snapchat. Mas depois que a presença foi canonizada como regra, o esforço de um só dia — temporário, modesto, inclusivo — superou a força das máquinas em nossos bolsos e a turbulência de nossos cérebros.

Descobrimos com essas experimentações que passarmos doze horas juntos, em grupo, é muito diferente de passarmos quatro horas juntos em três momentos distintos. Quanto mais tempo ficamos juntos, mais a realidade se instala. Só conseguimos manter a conversa fiada por um tempo. As pessoas (inclusive eu) ficam cansadas e irritadas; as fachadas começam a cair. Quando o fim de tarde chega, as pessoas começam a dividir histórias do passado, problemas financeiros, familiares, religiosos — assuntos que não costumam vir à tona. Essas eram as conversas, no entanto, que de fato interessavam e faziam com que me sentisse menos só. Com isso, pude perceber que havia outras pessoas na cidade que tinham saído de suas casas atrás de aventura, mas que, assim como eu, valorizavam muito suas famílias. Outros tinham sofrido reveses no trabalho e queriam falar deles, mas, também como eu, não queriam ficar sempre falando de trabalho. Outros ainda se preocupavam com dinheiro, contudo — e mais uma vez pude me identificar — não queriam que isso os impedisse de se arriscar. Além disso, havia simplesmente os "nova-iorquinos ocupados" que estavam não só dispostos, mas loucos para desacelerar e desfrutar de um tempo com os amigos e até com desconhecidos.

As regras de presença davam certo porque não eram despóticas. Eram apenas uma fórmula para aqueles dias esparsos. Quando seguíamos as regras, nosso comportamento mudava, assim como a forma com que as pessoas nos viam e interagiam com a gente. Ao caminharmos pelos bairros, um bando de pessoas juntas, os moradores sentados na frente de suas casas ficavam curiosos com aquele estranho grupo de nômades que parecia funcionar segundo uma série de regras diferentes das que guiavam todo mundo. Conversávamos com estranhos e parávamos para bater papo com os donos de bares. Parávamos um tempo para acompanhar uma equipe de televisão que esperava uma matéria entrar no ar. Debatemos durante algumas horas sobre homossexualidade com judeus extremamente ortodoxos em uma sinagoga e leram nossa sorte em um dos últimos templos taoístas de Chinatown. Em uma noite mágica na ilha de Roosevelt — situada no rio East, entre Manhattan e o Queens — fomos convidados a subir ao apartamento de um dono de bar para ver a planta que uma avó chinesa dera ao neto morador de Nova York, a *Epiphyllum oxypetalum*, que floresce uma noite por ano. (Coincidiu de ser bem a noite em que estávamos lá.) Enquanto tomávamos vinho olhando para a Ponte Williamsburg, o dono do bar pegou o álbum da família e mostrou fotos de sua avó. Ao ficarmos lá, escutando, testemunhamos um momento de beleza.

Por que nos sentíamos tão livres ao nos impor aquelas regras? Meu amigo Baratunde Thurston, comediante e participante veterano dos dias de "Aqui Estou Eu", responde da seguinte forma:

É raro que grupos de pessoas façam coisas junto durante um bom intervalo de tempo. Todos carregamos a capacidade técnica de estar em qualquer lugar que seja, de nos afastarmos do tempo e do espaço atuais. O que significa que poderíamos estar fazendo qualquer coisa. Então a escolha ativa de fazer UMA coisa e fazê--la com um grupo fixo de pessoas é substancial. Às vezes eu ficava nervoso com as regras. Queria mandar uma mensagem a alguém ou procurar informações ou mexer no Instagram porque o Instagram me adestrou a tratar o tempo vago como uma oportunidade de acessá-lo.

O que o dia de "Aqui Estou" propiciava era um jeito diferente de ocupar o tempo. Por conta das regras, eu podia mergulhar mais fundo na experiência. Podia observar algo ao redor que o celular me faria perder. Podia interagir com a pessoa ao lado em vez de falar com alguém a milhares de quilômetros de distância. E com a ideia de que passaria o dia inteiro com um determinado grupo, conseguia largar a ansiedade de ter de saber a todo momento o que aconteceria no instante seguinte. Não importava o que mais estava acontecendo. Não me interessava onde precisava estar depois. Porque tinha decidido estar AQUI.

Essa é a questão e a magia. Em um mundo de opções infinitas, escolher apenas uma coisa é uma atitude revolucionária. Impor essa restrição é libertador.

FLEXÕES!

O diamante é eterno, mas as leis para o garimpo são passageiras. A força está aí. Uma pessoa como Thurston pode ficar tranquila, em vez de aflita, porque é algo momentâneo, modesto e inclusivo. Cria um universo que inicia quando o encontro começa e termina com o seu fim. A fugacidade das regras dos encontros permite ao participante ser criativo ao estabelecê-las. Ao declará-las, você não estará fixando como serão todos os outros encontros. Um encontro ditado por regras é como Las Vegas — o que acontece, fica lá. As regras, portanto, dão um tom experimental à reunião, enquanto a etiqueta é sua inimiga.

Pelo menos foi o que disse a mim mesma depois de obrigar vários altos executivos tailandeses a pagar flexões diante dos colegas. Eu estava promovendo um retiro de dois dias para um grupo de vinte consultores pertinho de Bangcoc. Na Tailândia, e sobretudo nessa empresa, havia a forte cultura entre os consultores de que a prioridade era sempre o cliente. Sendo assim, estava subentendido que atenderiam o telefone a qualquer hora do dia ou da noite, largando jantares em família, saindo de casamentos para responder a mensagens e embarcariam de última hora, se necessário. A regra ajudara a firma a obter um sucesso extraordinário. No entanto, colocava em risco o sucesso daquela reunião: um retiro feito para aumentar a confiança entre os consultores. Organizei uma programação de oito horas por dia, estava tudo planejado minuciosamente. Cada sessão de duas horas seria intensa, com os consultores se concentrando uns nos outros, tendo conversas fortes e sinceras, dizendo coisas que vinham guardando. Até que veio o primeiro intervalo. Alguns consultores tinham agendado ligações com os clientes nos intervalos. Não é de surpreender que, após quinze minutos, achavam difícil desligar o telefone. Recomeçamos a sessão, mas quatro consultores haviam sumido. O atraso deles, mesmo em prol da boa atuação profissional, repercutia mal no grupo e enfurecia quem estava no salão. Era como uma quebra de confiança, que anulava todo o trabalho feito nas últimas duas horas, pois os colegas dos retardatários se sentiam desrespeitados. Comecei a me dar conta de que a regra que ditava que o cliente era sempre prioridade era tão forte que precisaria combatê-la com uma outra regra explícita, temporária.

Enquanto os atrasados voltavam, um por um, com expressões encabuladas no rosto, um dos consultores deu uma sugestão. Foi quase uma piada: "Flexões!". Todo mundo riu. Aproveitei a deixa e resolvi que aquela seria a regra. Os quatro retardatários, de terno e gravata, sapatos de couro de bico arredondado, me encararam como se eu estivesse louca. Os consultores que tinham voltado na hora sorriram e bateram palmas. Quando dei por mim, os quatro consultores estavam no chão, pagando dez flexões cada um.

Isso aliviou a tensão no ambiente e criou uma nova regra: quem estivesse atrasado poderia entrar, mas primeiro teria que fazer dez flexões. Tivemos mais três intervalos naquele dia, e no terceiro as pessoas já estavam literalmente correndo para chegar na hora certa. Depois de cada pausa, as pessoas fechavam a porta principal do salão pontualmente, com grande solenidade. Se alguém estivesse atrasado, mesmo que por segundos, todo mundo começava a bater palmas, e os condenados se abaixavam no chão e faziam dez flexões. Coletivamente, o grupo improvisou uma regra nova que prevalecia, por um tempo, sobre a de sempre. Ao tornar a ideia divertida e inofensiva, ainda que um pouco constrangedora, criaram um contrato social efêmero a que todo mundo aderiu. O fato de a regra ser de cunho físico e ser engraçada também deu uma leveza muito necessária ao grupo.

Nesse caso, a regra de que o cliente vinha em primeiro lugar podia até ser boa para a empresa de modo geral, mas era ruim para o encontro. A regra das flexões ajudava a contrabalançar esse forte princípio ético enquanto durasse a realidade alternativa da nossa reunião, um intervalo que precisava de uma regra própria e improvisada. A regra, como disse anteriormente, pode servir a um objetivo: preservar a cordialidade, a educação e o bom comportamento. Mas, às vezes, quando um código específico fica arraigado em uma cultura, ele impossibilita outras formas de conduta que poderiam ser mais convenientes para determinados momentos. A ênfase dos consultores no cliente era uma boa "etiqueta" na maioria dos casos, mas não era uma etiqueta que abria espaço para a ética igualmente relevante do cuidado com os colegas. Estabelecer uma regra para a reunião nos permitiu criar tal espaço.

Harrison Owen, consultor institucional, descobriu esse fato à sua própria maneira, percebendo as limitações das normas de etiqueta que criou em conferências. A educação e a demonstração de interesse no trabalho alheio eram valores tão fortes que anulavam o princípio, não menos importante, do aprendizado. Owen não era um engenheiro social, e não ia reprogramar os diferentes usuários de seu networking apenas para que um não se importasse com o outro ou porque poderiam não gostar de estar ali — sobretudo pessoas de quem um dia poderia precisar! Não havia chance nenhuma de mudar a etiqueta. Só lhe restava sobrepujá-la por um tempo. Criou assim uma metodologia temporária, chamada de Open Space Technology, a Tecnologia de Espaço Aberto, na qual incutiu, entre outras coisas, uma regra que ajudava a contrabalançar uma norma implícita de educação. Era chamada de Lei dos Dois Pés, que estipulava o seguinte: "Se em algum momento do tempo que passarmos juntos você perceber que não está nem aprendendo nem contribuindo, use os dois pés para ir para outro lugar".[25]

Ao criar essa regra, Owen inspirou um experimento: o que acontece em uma conferência quando as pessoas são livres, e até mesmo estimuladas a abandonar uma apresentação que não lhes ensina nada? As mesmas ideias de ofensa se impõem? Os palestrantes entendem? Isso muda a forma como as pessoas se apresentam? Owen depois escreveu que o objetivo dessa regra era "meramente eliminar a culpa.[26] Afinal, as pessoas vão aplicar a lei dos dois pés, se não física, mentalmente, mas agora sem precisar se sentirem mal". Assim como na oficina que orientei na Tailândia, a regra contrabalançava uma etiqueta que em muitos casos é providencial mas, para esse encontro específico, não devia valer mais que todas as outras necessidades.

Quando o organizador quer que as pessoas estabeleçam vínculos de uma forma que seria desencorajada pelas normas sociais comuns, uma regra pode ser útil. A Latitude Society, por exemplo, é uma polêmica sociedade secreta de San Francisco que deixou de ser coesa, mas elaborava várias regras em suas reuniões para criar uma sensação de pertencimento. Uma das minhas prediletas, da qual eu soube por um de seus talentosos facilitadores de "práxis", Anthony Rocco, era que a pessoa não podia servir um drinque a si mesma: uma pessoa tinha que servir a outra. Essa regra simples forçava (de um jeito divertido) as pessoas a interagirem. A regra se referia a algo que a maioria queria (um drinque) e o vinculava a outro que, de início, pode parecer meio esquisito: abordar um desconhecido. Sabiam que a velha etiqueta de preparar os drinques alheios antes da própria bebida havia definhado a ponto de ser impossível esperar que estranhos a seguissem em reuniões. Portanto a transformaram em uma nova regra.

O uso adequado das regras pode ajudá-lo a aproveitar bem mais um encontro porque possibilita que se mude o comportamento por um tempo. Pense no caso de Paul Laudicina, que percebeu que um mau hábito havia se criado no conselho diretor que encabeçava na A. T. Kearney, uma firma global de consultoria empresarial. Os membros estavam sempre pedindo mais informações e com isso impediam as conversas que ajudariam o conselho a chegar a decisões essenciais. A certa altura, quando as negociações entre os conselheiros eram analisadas e os pavios estavam curtos, Laudicina percebeu que as pessoas faziam perguntas a fim de evitar decisões difíceis. A curiosidade era boa, de modo geral, mas não era um dado útil ao objetivo da reunião. Como presidente do conselho, ele apresentou uma nova regra: os conselheiros só poderiam fazer perguntas que não fossem pedidos de mais informações — ou seja, que partiam das informações que existiam. Por exemplo: "O que nos impede de botar isso em prática?", "Quem tem problema com isso?", "O que é preciso para chegarmos a um acordo quanto a essa questão?". Em vez de: "Me diz os números do quarto trimestre do ano passado?".

Laudicina garantiu que todos os conselheiros tivessem as informações necessárias e bastante tempo antes dos encontros para fazer perguntas que elucidassem as questões. Ao proibir as perguntas feitas para se reunir informações, obrigou os conselheiros a terem as conversas complicadas, mas produtivas, que os levariam a defender suas posições mais explicitamente e a tomar decisões. Como membro do conselho, Laudicina tinha legitimidade para incluir a regra. Mas o brilhantismo dela estava em mudar a linguagem do conselho. Ao limitar e reorientar a linguagem, ele criou um universo alternativo temporário em que não poderiam pedir mais informações. Isso os forçava a criar um universo em que cada pergunta acrescentava, onde não eram imobilizados nem mesmo prejudicados pelas questões.

Laudicina não precisava criar um universo inteiro de regras para mudar temporariamente o mundo criado para a reunião do conselho. Ele conseguiu identificar a atitude que acreditava estagnar os avanços e estabeleceu uma regra efêmera para derrotá-la.

5. Nunca comece um funeral pela logística

Até aqui, vimos como estabelecer um objetivo para o seu encontro e como tomar decisões com base nele. Refletimos sobre a escolha dos convidados e do lugar, bem como da necessidade de se encontrar uma voz como anfitrião, tudo para manter o encontro condizente com o objetivo. Abordamos formatos e regras que podem dar um novo sabor às coisas.

Finalmente, a certa altura, o grande dia chegará, e nossos pensamentos terão que se voltar dos preparativos para a operação em si. O que você realmente quer fazer com as pessoas?

PREPARAÇÃO

Seu evento começa antes de começar

A reunião começa no momento em que os convidados ficam sabendo dela. Pode até parecer óbvio, mas não é. Se fosse óbvio, não seria tão frequente os anfitriões deixarem os convidados fora dos preparativos. Na minha experiência, os anfitriões geralmente acham que a reunião começa quando o evento é aberto, os convidados se acomodam em suas cadeiras para o casamento ou chegam ao jantar. Em todos esses casos, os convidados foram se preparando, pensando e criando expectativas para o encontro muito antes de ele acontecer. Estão vivenciando o encontro desde o que chamo de o "momento da descoberta". O anfitrião da reunião começa a receber os convidados não a partir do início formal do evento, e sim do momento da descoberta.

Esse intervalo de tempo entre a descoberta e o início formal é uma oportunidade de preparar seus convidados. É uma chance de delinear o percurso que vão fazer rumo ao encontro. Se esse momento for desperdiçado, a logística pode aniquilar o imperativo humano de se extrair o melhor dos convidados e lhes proporcionar o melhor que um encontro é capaz de oferecer. Além do mais, quanto menos preparo for feito nesse intervalo de aquecimento, mais trabalho você terá durante o encontro.

Como muitas orientações a respeito de encontros vêm de especialistas em alimentação e decoração, e não de facilitadores, os conselhos quase sempre são centrados no preparo das coisas e não das pessoas. Esses conselhos transformam o intervalo de aquecimento em um momento de ajustes de ambientação e não de iniciação humana, em algo voltado para o espaço do encontro e não seus ocupantes: as pessoas.

Martha Stewart, por exemplo, lançou em seu website um "Guia para planejar festas".[1] Contém uma lista de 29 pontos para os aspirantes a anfitriões. Stewart inclui o que deve ser feito com semanas de antecedência ("Escolha o tipo de festa que você quer dar") e o que deve ser feito horas antes do evento ("Arrume o bar, caso ele ainda não esteja pronto"). O que me impressiona, entretanto, é que só três dos passos de Stewart envolvem a comunicação com os convidados, e todos são de teor logístico: enviar os convites por correios ou por e-mail; avisar aos convidados o que levar no caso de festas em que cada um contribui com um prato; correr atrás dos convidados que ainda não confirmaram presença.

Segundo essa perspectiva, as pessoas têm que ser cercadas, e não preparadas. Compare essa falta de preparo humano ao tipo de preparo que Stewart sugere para os objetos: "Um dia antes: lave e prepare as folhas de salada e outras hortaliças, e branqueie as hortaliças dos aperitivos (enrole-as em papel toalha). Refrigere-as separadamente, em vasilhas herméticas". Isso sintetiza a abordagem predominante que espero mudar nos encontros: esquentamos a cabeça com os aperitivos e torcemos para que tudo corra bem com os seres humanos. Merecemos coisa melhor.

Recomendações parecidas são feitas por Rashelle Isip, blogueira, consultora e autora de *How to Plan a Great Event in 60 Days* [Como planejar um grande evento em 60 dias]. Ela divide a criação de um encontro em "Dez listas que você precisa fazer para planejar um grande evento ou uma festa".[2] Existe a "Lista temática", a "Lista orçamentária", a "Lista de decoração", a "Lista musical" e assim por diante. As dicas são úteis, mas as dez são focadas na logística das coisas e das pessoas, não no preparo dos convidados. Não que a logística não tenha importância. Ela importa, sim. Mas é incrível como em guias como esse há pouco espaço para a preparação dos convidados.

Compare essa abordagem com o que acontece quando o anfitrião, durante o intervalo que chamamos de "aquecimento" — entre o convite e o evento —, se concentra em preparar os seres humanos e não os aperitivos.

Quatro meses depois de noivar, Felix Barrett, um importante diretor teatral de Londres, recebeu uma chave em sua caixa postal, em um envelope em que se lia: "Terá continuidade". Passou meses sem receber mais nada. "Foi uma tortura deliciosa", ele declarou depois, "o mundo inteiro, de repente, adquiriu aquela intensidade hiper-real, e tudo ficou envolto em mistério."[3]

Barrett era acostumado a experiências enigmáticas, mas era ele que as guiava quando aconteciam. Diretor artístico da Punchdrunk, uma companhia de teatro imersivo na Grã-Bretanha, Barrett sacudiu o setor com a encenação de peças interativas ousadas. Na sua versão nova-iorquina de *Macbeth*, de Shakespeare, intitulada *Sleep No More* [Não durma mais], os pertences da plateia lhes eram tirados na entrada, os espectadores eram separados de seus grupos, recebiam uma máscara branca para usar durante o espetáculo, uma dose de bebida e o convite para explorar os cinco andares de um armazém abandonado do Chelsea.

Agora a situação tinha se invertido para Barrett. Depois de receber o primeiro envelope, ele aguardou. Passado algum tempo, outra carta chegou: "Agora podemos começar". Uma mala lhe foi entregue no trabalho. Dentro dela, segundo contou depois ao *New York Times*, havia um calendário de marés, um mapa com coordenadas e uma pá pequena. Ele seguiu as coordenadas e foi parar à margem do rio Tâmisa. Ali desenterrou uma caixa cheia de fotografias de palavras em uma tela de computador. As fotos lhe diziam que, se completasse uma série de desafios, ele seria incluído em uma sociedade secreta.

Até que um dia vendaram seus olhos, ele foi raptado e levado a uma mansão antiga onde foi saudado por trinta homens de toga com capuz. Eram seus melhores amigos. Estava na melhor despedida de solteiro de sua vida — a dele mesmo.

Os amigos de Barrett compreenderam bem duas coisas ao organizar a despedida de solteiro. Primeiro, que o encontro começa muito antes de os convidados entrarem pela porta. A largada de uma reunião tem início, por assim dizer, no instante em que o convidado fica sabendo de sua existência. Para Barrett, o momento em que ele recebeu a chave dentro do envelope deu início à jornada até o encontro. Daquele momento em diante, os amigos sabiam que seriam os anfitriões de Barrett até o encontro de fato e que a atuação deles como anfitriões moldaria como ele iria ao encontro.

A regra dos 90%

Uma colega da área de resolução de conflitos me ensinou um princípio de que nunca me esqueci: 90% do que faz um encontro dar certo é realizado de antemão.

Randa Slim é diretora do Initiative for Track II Dialogues no Middle East Institute, em Washington, DC. Criada em meio aos traumas da guerra civil libanesa, ela emigrou para os Estados Unidos para fazer o doutorado em psicologia social na Universidade da Carolina do Norte, em Charlotte. Desde então, tornou-se uma das principais praticantes da diplomacia em que oficiais atuais e antigos, além de cidadãos influentes de vários lados de um conflito, travam um diálogo como civis para complementar a diplomacia oficial — em geral, mantendo trocas mais francas do que aquelas possíveis nas negociações oficiais. Nos últimos vinte anos, Slim vem gerindo um dos diálogos coletivos mais ambiciosos do Oriente Médio.

Um de seus projetos foi uma série de conversas em que reuniu líderes dos Estados Unidos e da Europa com líderes islamitas árabes e líderes de oposição secular. Eles se reuniam três vezes por ano, sempre por três dias, no decorrer de três anos, para estabelecer confiança e criar alicerces para novas relações entre os respectivos países. O grupo era formado por vinte cidadãos influentes que realizavam escutas como representantes de seus governos, mas tinham a liberdade de falar como indivíduos.

Antes de conseguir os vistos, elaborar a programação, de alguém embarcar no avião, Slim passou dois anos voando de um lado para o outro do Oriente Médio, usando seus próprios contatos, extrema credibilidade e árabe fluente para selecionar os convidados certos e prepará-los para o diálogo. Em alguns casos, construiu uma relação de confiança com possíveis participantes passando horas sentada tomando chá com suas famílias. Em outros, precisou convencer líderes partidários a derrubar normas que proibiam encontros com antigas autoridades dos Estados Unidos. Fez longas viagens a territórios em disputa para demonstrar boa vontade e provar que estava disposta a correr riscos, assim como pedia aos convidados que corressem. Durante dois anos, Slim se concentrou em conseguir permissão política para os participantes e preparar os convidados para o diálogo. Sabia que seria vital que os convidados confiassem nela. Você "precisa desde o princípio reforçar a crença dos interlocutores de que você jamais os enrolará; jamais prometerá algo que não possa cumprir; sempre será franca com eles e de que não possui segundas intenções", disse. É a isso que se refere quando afirma que 90% do sucesso de um encontro é determinado antes da reunião. Ela chama essa etapa de "fase do diálogo pré-diálogo".

Pois bem, nem todo mundo vai passar dois anos viajando pelo Oriente Médio para aquecer o encontro. O que conto sobre Slim não é para sugerir que se copie os métodos dela, mas porque podemos tirar lições da filosofia que fundamenta sua conduta.

Uma dessas lições tem a ver com o tamanho da solicitação e do preparo. Quanto maior a solicitação — digamos que você peça aos convidados que façam uma longa viagem para comparecer ao encontro que está promovendo —, mais cuidado, atenção e detalhismo é preciso ter com a fase de aquecimento. Nesse período, o grau de atenção que você dá aos convidados deve ser proporcional ao grau de risco e empenho que exige deles.

Outra lição é que o aquecimento deve semear nos convidados condutas especiais que você queira que floresçam. Caso planeje uma sessão de debate de ideias na empresa e esteja contando com a imaginação dos funcionários, pense em como prepará-los para serem audaciosos e criativos desde o início. Talvez lhes enviando uma matéria contando como soltar suas ideias mais loucas alguns dias antes. Caso, por exemplo, esteja planejando uma sessão de mentoria na firma, e precise que as pessoas cheguem desarmadas, mande antes um e-mail com testemunhos reais e sinceros de três líderes veteranos compartilhando exemplos pessoais do poder transformador que um mentor teve sobre eles. No caso de Slim, ela sabia que precisaria que os participantes se comportassem com um nível quase irracional de confiança. Teriam que confiar no processo, confiar nela, confiar na seleção de interlocutores do lado oposto, confiar que nada terrível lhes aconteceria quando voltassem para casa. Slim não podia se dar ao luxo de querer cultivar a confiança deles somente quando chegassem ao encontro. Como essa confiança seria importante desde o começo, ela a fomentou durante o aquecimento.

Uma outra lição é de que, seja em conversas sobre a paz no Oriente Médio ou em festas de fim de semana, todo encontro é beneficiado ou prejudicado pelas expectativas e energia com que os convidados chegam. É complicado começar uma festa com dança, por exemplo, quando as pessoas chegam desanimadas ou a fim de conversas tranquilas. Se estiver organizando uma reunião de trabalho ou esperando uma conversa sincera em que os funcionários possam dividir o que estão sentindo de fato, a concretização de suas expectativas será mais difícil se eles aparecerem com ceticismo ou na defensiva. Claro, você pode tentar mudar o estado de espírito deles quando chegarem, mas o anfitrião precisará de mais energia e sofisticação e o processo reduzirá o tempo do encontro. É preferível fazer o aquecimento.

A preparação não é difícil

Para você não achar que tem de se tornar um negociador da paz para organizar boas reuniões, vou logo dizendo que um e-mail cuidadoso pode suprir sua necessidade de aquecer os convidados. A preparação pode ser um simples convite ligeiramente interessante, algo tão objetivo quanto pedir aos convidados que *façam* algo em vez de *levar* alguma coisa.

Pense no caso de Michel Laprise, redator e diretor do Cirque du Soleil, colaborador da turnê MDNA, da Madonna, e do show do intervalo do Super Bowl. Em um inverno, Laprise resolveu realizar um encontro de fim de ano em sua casa depois de uma temporada de intensas turnês. O problema era que não tinha tido tempo nem de decorar a árvore de Natal. Mandou então um e-mail rápido para os convidados pedindo que lhe enviassem duas fotos de momentos felizes do ano anterior.

Quando os convidados entraram na casa dele, naquela noite, se depararam com a árvore de Natal decorada com vinte e quatro fotos impressas, cortadas em círculos pequenos, com seus momentos mais alegres: um amigo mergulhando, outro na frente de uma casa segurando a placa de "vendido", outro ainda com apetrechos de acrobata antes de uma apresentação. Fizeram um coquetel em torno da árvore, maravilhados com os momentos uns dos outros. "De repente não eram estranhos ou colegas, porque a parte pessoal estava ali, e assim o jantar começou de uma forma bem legal", Laprise relembrou.

"Acho que as pessoas se sentiram bem-vindas do jeito que eram, e foi importante para mim e para os outros ouvir o que é a felicidade para cada um", Laprise explicou. Ele não anunciou explicitamente o tema do jantar ou da noite, mas "só a atitude de mostrar algo que representasse a felicidade" acabou "sendo o ponto de partida para aquela noite", ele disse.

Ao mandar um e-mail de última hora e conseguir que os convidados enviassem suas fotografias, Laprise se tornou o anfitrião deles durante o aquecimento, e não somente no início formal da noite. Ao pedir que desenterrassem fotos do ano anterior, ele fez com que refletissem sobre o período. Estava preparando-os para celebrar o ano, solicitando que o revirassem antes de ir para a festa. Estava colocando-os no estado de espírito que esperava ao adentrarem a porta.

A decoração da árvore acabou instigando várias conversas, e embora não fosse essa a intenção de Laprise, os convidados continuaram falando dos pontos altos do ano ao longo do jantar. "Foi o Natal da felicidade", disse ele.

Laprise entendeu o que passa despercebido para muitos: pedir aos convidados que colaborem com o encontro antes que ele aconteça altera a percepção que se tem sobre ele. Tem muita gente que não vê problema em pedir aos convidados que levem uma garrafa de vinho ou um prato, mas raramente pensamos no que mais podemos pedir a eles de antemão. É raro seguirmos o exemplo de Laprise, de pedir aos convidados que realizem uma tarefa que não é bem uma tarefa, mas sim uma tentativa de animá-los para a festa.

No meu trabalho como organizadora de eventos, quase sempre envio um "livro de exercícios" digital para que os participantes preencham e me devolvam antes do encontro. Crio cada livro de exercícios com base no objetivo da reunião e no que espero que os convidados pensem antes do evento. O livro é formado por seis a dez questões que os participantes devem responder. Para um encontro sobre o futuro da educação em uma universidade, fiz perguntas como: "Diga um momento ou experiência que você teve antes dos vinte anos que o impactou quanto à forma como você enxerga o mundo" e "Quais instituições dos Estados Unidos e do exterior estão adotando um método audacioso e eficaz de educar a próxima geração para solucionar os problemas globais? O que podemos aprender com elas?". No caso de uma reunião sobre a reformulação de um programa nacional de enfrentamento à pobreza, fiz perguntas como: "Qual é sua lembrança mais remota de enfrentamento da pobreza ou de contato com ela?" e "Em que aspectos nossos princípios fundamentais são iguais ou diferentes de quando começamos há cinquenta anos?". No caso do encontro da equipe executiva de uma empresa de tecnologia, após uma fusão, fiz perguntas como: "Por que você se associou a esta empresa?" e "Quais são as questões mais urgentes que você acha que a equipe deve abordar?".

Tento incorporar dois elementos às perguntas do livro de exercícios: algo que ajude os convidados a se conectar e se lembrar de seus próprios objetivos no que se refere ao encontro, além de algo que os instigue a compartilhar com sinceridade a natureza do desafio que estão tentando enfrentar. Nesse sentido, os livros de exercícios não são muito diferentes de uma candidatura a uma vaga na universidade: claro, eles dão uma impressão da pessoa e da dinâmica do grupo, mas também ajudam a pessoa a refletir sobre as coisas que valoriza antes de chegarem. Em seguida, programo o dia de acordo com o que vejo nas respostas. Também uso citações das respostas dos livros de exercícios na abertura do encontro.

Os livros de exercícios servem para mais uma coisa: sem querer, criam um vínculo entre mim e cada um dos participantes muito antes de estarmos juntos, o que facilita bastante o meu trabalho quando entramos na sala do evento. Ao elaborar os livros de exercícios e enviá-los, estou mandando aos participantes um convite para que se envolvam. Ao preenchê-los e mandá-los de volta para mim, eles estão aceitando o convite. A relação, o compartilhamento de segredos, começa bem antes do encontro.

A reunião é um contrato social

Preparar as coisas antes do encontro é um contrato social, e é no intervalo de aquecimento que esse contrato é esboçado e torna-se alvo de um acordo implícito.

Por que um encontro é um contrato social? Porque parte de um entendimento entre o anfitrião e o convidado, às vezes declarado e às vezes velado, do que cada um está disposto a dar para torná-lo um sucesso. Outro jeito de dizer isso é que todos os encontros vêm com expectativas. Existem as expectativas do anfitrião — de que a programação será seguida ou a comida será servida — e a dos convidados — de que vão fazer o dever de casa e ir munidos de ideias; de que não levarão três primos; de que vão dançar até não aguentar mais e estimular os outros a também dançarem. Essas expectativas estão presentes sempre que as pessoas se reúnem, e a compreensão prevalecente de quais são elas constitui o contrato social do encontro.

Assim como acontece com o objetivo, geralmente é por meio do conflito e do descontentamento que suposições latentes a respeito do contrato social de um encontro se revelam. Certa vez, durante uma conferência em Aspen, amigos meus voltaram irritados de um jantar devido à violação do que imaginavam ser o contrato social do evento. O que tinha sido anunciado como um jantar grande mas exclusivo na casa de alguém se transformou, no meio da noite, em uma sessão de debate de ideias para o projeto profissional dos anfitriões. Esperava-se que os convidados, muitos dos quais não eram especialistas no setor nem tinham muito interesse em "trabalhar" no final de um longo dia, virassem conselheiros. Meus amigos, que estavam entre os convidados não especialistas, de repente se deram conta de que o convite para jantar era uma isca: haviam sido fisgados para ajudar os anfitriões a tomarem decisões profissionais. Embora os anfitriões estivessem pagando o jantar, os convidados se sentiram usados. Ninguém quer que os convidados pensem: "Ei! Não foi para isso que eu vim".

O contrato social de um encontro, via de regra, nos é invisível, mesmo quando executamos suas ordens. Você pode até achar, por exemplo, que o último jantar a que foi não tinha um contrato social, mas o que significa levar uma garrafa de vinho, umas latinhas de cerveja ou uma sobremesa? Se levou, por que fez isso? Por causa de um contrato social implícito que poderia parecer grosseiro demais para ser expresso em voz alta: lhe prepararam o jantar e você está ajudando a reembolsar o custo da recepção. Ao mesmo tempo, o contrato social de um evento de networking pode ser mais ou menos o seguinte: estou pagando 45 dólares para comparecer; em troca, você garante que as pessoas aqui sejam melhores do que aquelas que eu conheceria no bar. O contrato social de uma reunião responde à seguinte questão: o que estou disposto a oferecer — física, psicológica, emocionalmente — em troca do que espero receber?

Dentre os encargos de servir de anfitrião está a redação desse contrato social, a começar pelo momento da descoberta. Em primeiro lugar, o organizador tem a oportunidade de planejar o evento. É nesse ponto que seu objetivo específico, singular, entra em jogo. No caso de um funeral, estamos nos reunindo para "celebrar e relembrar" ou para "lamentar e marcar"? Esses diferentes objetivos implicam tipos diferentes de funerais e atmosferas e comportamentos diferentes por parte dos convidados. Desde as primeiras linhas do convite, você tem a oportunidade de preparar os convidados para o estado de espírito a que gostaria que chegassem.

O anfitrião também pode estabelecer o contexto do encontro. Quando fui convidada para o 16º #Agrapalooza, que dava continuidade à tradição anual de jogos inventados e a uma competição de talentos entre bêbados que ocorria na casa dos pais de uns amigos meus, levando adiante os rituais e as lembranças de todas as reuniões que já tinham acontecido, eu estava sendo convidada para um mundo, não para um mero evento. Quando fui convidada a um seder de Pessach, há alguns anos, e a anfitriã mencionou que seria uma ocasião única para ela, uma vez que seria o primeiro Pessach sem a mãe, estava sendo preparada, desde o instante da descoberta, para entender o redemoinho emocional do encontro. Na verdade, foi nesse ambiente que o Princípio do Pessach — saber por que aquela noite era diferente de todas as outras — teve sua primeira chance de ser explicado aos convidados.

O anfitrião pode, ao elaborar o contrato, começar a jogar luz no trato fundamental que está no cerne de inúmeros encontros, queiramos ou não pensar nele sob esses termos. Não estou de jeito nenhum defendendo que nossos encontros sejam transacionais. Estou, sim, sugerindo que é impossível que as pessoas se reúnam sem um acordo implícito. Quando o acordo não é redigido com cuidado, e quando as expectativas das pessoas em relação às outras estão em descompasso com o que estão dispostas a oferecer, os problemas surgem — assim como naquela noite, em Aspen. Se não preparar as pessoas para lhe pedir conselhos sobre a empresa; não lhes disser que elas ficarão o dia inteiro sem acesso ao celular; não avisar que uma pergunta as instigará a dividir uma história pessoal, você enfrentará resistência ou algo ainda pior. Confie em mim. Parte da missão do aquecimento é achar formas, implícitas e explícitas, de comunicar a seus convidados com o que estão concordando ao aceitar o convite.

Quando às vezes falo com clientes e amigos sobre a ideia do contrato social de um encontro, eles disparam: mistério e surpresa? Você quer que eu explique tudo nos mínimos detalhes? Só que você não precisa explicar nada nos mínimos detalhes para preparar os convidados. É óbvio que os amigos de Barrett não lhe mandaram um contrato informando que ele seria raptado. No entanto, a cada passo, ele tinha um gostinho do que estava por vir e lhe davam a oportunidade de escolher se seguiria ou não em frente.

Nomear é preparar

Como usar esse intervalo de aquecimento para elaborar o contrato social e ditar as expectativas dos convidados? A chance surge naquele momento de descoberta que mencionei anteriormente: o momento do convite.

Quando convidamos as pessoas para nossos encontros, é comum passarmos tempo demais concentrados nos detalhes errados do convite: impressão ou gravação; e-mail ou convite on-line; preto e branco ou azul e branco. Tal abordagem pode ser vista como a de Martha Stewart, que coloca a preparação das coisas acima da preparação das pessoas.

A parte mais importante do seu convite, no entanto, é o que indica para os convidados a respeito da reunião e o que pede deles. Um jeito de mandar um sinal para os convidados é dar um nome ao encontro.

Batizar um encontro afeta a forma como ele é percebido. O nome indica qual é seu objetivo e também prepara as pessoas para suas funções e o grau de participação esperada. Se estiver organizando um encontro que dure metade do dia para que sua equipe discuta uma nova estratégia, é melhor chamá-lo de "reunião", "oficina", "sessão de debate de ideias" ou "laboratório de ideias"? Desses nomes, a "sessão de debate de ideias" implica um grau mais elevado de participação do que "reunião". Nossos dias de "Aqui estou", compreendi posteriormente, funcionaram, em certa medida, porque havíamos batizado com um nome que preparava as pessoas para nos dar o que mais precisávamos que nos dessem: sua presença.

Rachel Greenberger, administradora do Babson College, em Massachusetts, fazia um encontro semanal de estudantes. Não queria chamar esse momento de "orientação", pois soava como uma obrigação, bem como um acordo unilateral: o estudante procura o professor em busca de ajuda e orientação. Mas Greenberger estava gerenciando um programa de alimentação e queria auxiliar os estudantes a criarem vínculos entre si, não somente com ela, e, portanto, resolveu chamar a hora semanal de Mesa Comunitária. Com o tempo, a reunião se transformou no que dizia seu nome: além dos cadernos, os alunos também apareciam com bolos. Embora não tenha planejado, a ideia da Mesa Comunitária se expandiu para Nova York, onde todo mês empresários, acadêmicos, ativistas e estudantes interessados em comida se reúnem ao redor de uma mesa, dando e trocando ideias e formando uma comunidade.

No meu trabalho, não chamo as sessões de "oficinas". Eu as chamo de Laboratórios de Visualização. "Visualização" porque ajuda as pessoas a entender a visão que têm do trabalho, da empresa ou da vida. E "Laboratório" porque significa experimentação e possibilidades, ambas cruciais ao processo. Simplesmente devido ao nome, reparei que as pessoas chegavam ao evento de outro jeito. Vinham mais abertas, visto que não sabiam exatamente o que esperar do Laboratório de Visualização, e estavam curiosas. Essas são algumas das atitudes que preciso delas a fim de lhes dar um apoio mais significativo.

Os nomes ajudam os convidados a decidir se eles se enquadram no universo que você está criando. Eve Biddle, cofundadora de uma comunidade criativa chamada Wassaic Project, no norte do estado de Nova York, aprendeu essa lição ao denominar como "Mix de Artistas" um programa de residência que estava realizando. Como as pessoas não estavam comparecendo, ela perguntou a alguns artistas o porquê. O evento, eles explicaram, soava "nerd demais". Eles eram artistas, tinham espíritos livres. A palavra "mix" parecia a alguns algo que evitavam em suas vidas, soava como "qualquer um". Ela escutou e rebatizou o evento de "Happy Hour". O número de presentes cresceu depressa. A simples mudança do nome alterou a impressão das pessoas quanto a quem a organizadora achava que eram e o que esperava deles.

Além do nome, o convite é repleto de oportunidades do que considero uma linguagem preparatória. Essa linguagem não precisa se restringir ao texto; pode consistir em imagens e vídeos, ou ser reforçada por eles. Seja qual for o veículo, o objetivo da preparação é indicar às pessoas o tom e o clima que você pretende dar ao encontro. Quando a Walt Disney mandou convites para a pré-estreia de *Star Wars: O despertar da força*, a empresa garantiu aos convidados que "será oferecido estacionamento para o seu Landspeeder, Sandcrawler ou qualquer outro meio de transporte".[4] É simples: o encontro será divertido, e é voltado para grandes fãs, que amam *Star Wars*.

Em consonância com um dos capítulos anteriores, em que lhe foi dito para ser excludente quando necessário, ser explícito com os convidados antes do evento sobre o que/quem está dentro e o que/quem está fora pode ajudá-los a se preparar para o que está por vir. Pense, por exemplo, no texto de um convite para uma festa no Brooklyn, em Nova York, cuja proposta é de que se dance a noite inteira: "Traga os amigos solteiros e sexy e deixe os carrinhos de bebê em casa. Isso aqui não é Park Slope" — referência essa a um dos bairros mais familiares da cidade. Nesse caso, um pouquinho de informação que parece banal é algo a mais: o detalhamento serve também para preparar os convidados para que saibam como comparecer à festa. Até o convidado que não tem filhos entende o recado: a noite vai ser animada.

Depois da fogueira, a leitura no Kindle

O convite é apenas o começo. Após o momento de descoberta, seria um equívoco não cultivar a empolgação. Depois que o convite faz seu papel, você tem muitas chances ao longo do caminho de contatar os convidados e levar a preparação adiante. Um anfitrião sensato está atento a esses momentos e os usa para dar o tom do encontro e orientar os participantes a cumprir a parte do acordo que lhes cabe.

Em 2009, pude ver esse preparo ser feito de forma criativa em uma conferência cuja missão era complicada: atrair autoridades governamentais de alto escalão a Detroit e prepará-las por meio de uma grande quantidade de leituras. Em um dia comum de trabalho, minha chefe no Escritório de Inovação Social e Participação Cívica da Casa Branca recebeu um embrulho pelos correios. Os organizadores da conferência tinham enviado todos os textos que ela precisava ler em um Kindle novíssimo em folha, totalmente carregado. O Kindle ainda era um produto relativamente novo, e não sei se ela já tinha pegado um na mão. Essa chefe, que recebia centenas de correspondências e milhares de e--mails por semana, assim como, volta e meia, só ia embora do escritório depois das 22h, tinha, mesmo antes de se inscrever na conferência, um caminhão de leituras atrasadas. Quando o embrulho chegou, no entanto, com mais textos ainda para acrescentar ao caminhão, ela olhou para o Kindle e sorriu. Sim, os organizadores estavam pedindo que ela cumprisse sua parte no acordo fazendo leituras. Mas a solução de enviá-las em um Kindle conseguiu chamar a atenção de uma mulher ocupadíssima e sinalizar: "Essa conferência vai ser diferente".

Esse tipo de preparação é importante sobretudo quando o anfitrião está pedindo demais ou quando o convidado faz o estilo mais relutante. Sarah Lyall, uma repórter do *New York Times* que escreveu sobre sua experiência em peças teatrais participativas em Nova York, se descreve da seguinte forma:

> Todos nós temos uma lista das coisas que não queremos fazer antes de morrer, e a minha inclui qualquer atividade que exija uma participação pública possivelmente constrangedora. Usar uma fantasia, declamar diante da plateia, brincar de verdade ou desafio, acompanhar batendo palmas a canção animada de um musical, marchar, cantar, falar espontaneamente ao microfone, ceder o livre-arbítrio a uma força maior, dizer abracadabra e dar meia-volta — evitar essas coisas virou minha profissão.[5]

O tipo de encontro que me especializei em criar deve ser aterrorizante para quem compartilha desses horrores. Isso não significa que esses encontros sejam proibidos, ou que pessoas com essas tendências devam pegar ou largar, ou que não devam ser convidadas. Significa que alguns dos convidados terão as mesmas aversões que ela, e se for pedir alguma coisa a eles, você precisará ser explícito quanto ao que tem em mente, e terá que apoiá-los desde o momento em que forem informados sobre seu encontro/grande-oportunidade-de-um-ataque-de-pânico.

CONDUÇÃO

Entre a preparação e o início do evento existe outra etapa que geralmente é negligenciada: a condução. Em muitos encontros, é benéfico ajudar os convidados a atravessarem o proverbial limiar da porta, deixando o mundo como um todo e entrando em seu pequeno reino.

Não estou sugerindo que você carregue seus funcionários até a próxima reunião de análise trimestral. (Seria incômodo e provavelmente ilegal.) Ajudar os convidados a atravessarem o limiar da porta parece um ato íntimo e sério, mas, na verdade, estou dizendo que é preciso conduzir os convidados para que cheguem ao encontro que você se deu ao trabalho de organizar. Via de regra, os anfitriões não se dão conta da existência de um tempo ocioso, mal aproveitado, entre a chegada dos convidados e o toque do sino, a batidinha entre as taças ou qualquer outra forma escolhida para a abertura do evento. Aproveite bem essa terra de ninguém.

Comandar essa chegada é importante porque ninguém vai a lugar nenhum como um papel em branco. Você tem sete encontros seguidos, o quarto deles vai mal, no quinto você já está distraído e exausto. Encontra seu grupinho da igreja depois de enfrentar o trânsito para deixar a filha pontualmente no treino de basquete. Logo antes de entrar em um bar mitzvah, você recebe uma mensagem do patrão dizendo que sua matéria foi abortada. Se como anfitrião você não criar uma transição para convidados como esses, eles vão estar com a cabeça em outro lugar no momento mais crucial do encontro: o começo.

Passagens e portas

Uma forma de ajudar as pessoas a deixarem os seus próprios mundos para trás para entrarem no seu mundo é fazê-las atravessar uma passagem, seja verdadeira ou metafórica.

O mundo do teatro imersivo e participativo, ciente de que muita gente tem pavor da participação do público, acabou criando boas estratégias na construção dessas passagens. O que ele pode nos ensinar sobre nossos jantares, reuniões e pequenos encontros?

O Third Rail Projects é uma companhia teatral nova-iorquina especializada nisso. Compareci a dois de seus espetáculos para entender como fazem para levar os espectadores a universos alternativos de modo tão rápido. Pelo menos nas duas peças a que fui, *The Grand Paradise* e *Then She Fell*, os diretores criaram passagens de verdade, onde os membros da plateia passavam o tempo antes da apresentação "começar" de fato. Em *The Grand Paradise* — que fala de um resort tropical decadente no final dos anos 1970 e dos valores culturais dessa época —, antes que fôssemos levados ao "resort", éramos saudados por um diretor de atividades exageradamente empolgado e recebíamos um colar havaiano e um drinque tropical. Depois éramos espremidos em uma salinha fechada projetada para lembrar um avião. Nela, ouvíamos instruções do comissário e nas telas dos televisores acima líamos o que podíamos e não podíamos fazer e quando entraríamos no "paraíso". Em *Then She Fell*, uma peça imersiva inspirada nos escritos de Lewis Carroll e encenada em um armazém abandonado, a plateia de quinze pessoas primeiro se sentava em uma sala de recepção com um personagem médico, recebia um "elixir" que parecia Jägermeister e um molho de chaves amarrado por um fio preto. Éramos recebidos pelo médico, que explicava que a sala era um "limiar" e estávamos prestes a entrar em outro mundo.

Em ambas as peças, esse feitiço da condução é claramente distinto do espetáculo em si. O espetáculo, na nossa cabeça, ainda não começou. Mas os criadores entendem que há interesse na moldagem da experiência como um todo, e entendem que muitas vezes as coisas começam antes do início formal. Com essa mesma percepção, uma das maiores artistas performáticas do mundo, Marina Abramović, criou uma metodologia reprodutível que usa para levar seu público do mundo externo às suas performances.

A arte performática é definida pelo Museu de Arte Moderna como um evento ao vivo em que "o veículo do artista é o corpo, e os atos que realiza ao vivo são a obra de arte".[6] Essa forma de arte, mais do que as outras, diz respeito à relação entre o público e o artista. Abramović ficou famosa por performances como *Rhythm 0* [Ritmo 0], de 1974, em que colocava 72 objetos em cima de uma mesa, inclusive uma arma com apenas uma bala, para que a plateia fizesse com seu corpo o que bem entendesse. Mais recentemente, na obra *A artista está presente*, ela ficou 736 horas e meia sentada numa cadeira enquanto grupos de visitantes se revezavam, sentando-se na cadeira da frente e olhando nos olhos dela. Em todas as obras, ela fica, como qualquer boa anfitriã, extremamente atenta à capacidade dos espectadores de dar forma ao encontro.

Ao longo dos anos, ela desenvolveu o chamado "Abramović Method for Music", que inclui um modo de preparar o público para essas performances. Quando os espectadores chegam, têm que deixar seus pertences (inclusive os celulares) em um armário antes de entrar na sala. Em seguida, sentam-se em silêncio, usando fones com cancelamento de ruídos durante trinta minutos para bloquear qualquer distração que os impeça de estar presentes de verdade. Ela considera esse um período de limpeza do paladar. "O silêncio é algo que os prepara para a experiência", ela explicou.

Em uma apresentação no Park Avenue Armory, um enorme espaço cultural de Nova York, a plateia assistiu, sentada em silêncio, ao pianista Igor Levit deslizar até o meio do palco com o instrumento, em cima de uma plataforma. Trinta minutos depois, um gongo soou, indicando que o público poderia tirar os fones de ouvido. Só então Levit tocou a primeira nota. Um espectador me relatou que os trinta minutos de silêncio poderiam ser divididos em várias fases: primeiro, havia bastante agitação e movimentação coletiva, enquanto as pessoas se aquietavam e se acostumavam a ficar paradas. Depois vieram a calmaria e o silêncio generalizados. Por volta da metade do tempo, entretanto, já se sentia a expectativa e ansiedade pela performance. Após aquele tempo todo de espera, um crítico descreveu a primeira nota da ária como um momento de "encanto hipnótico".[7] Sem dúvida tinha algo a ver com o fato de que estivera desplugado do restante do mundo nos últimos trinta minutos, preparado para escutar de outro modo.

No aniversário de setenta anos de Abramović, ela convidou centenas de amigos e colegas para celebrarem no Museu Guggenheim. Quando o convidado entrava, era recebido por uma fila de mulheres de jaleco branco de laboratório com espelhos no bolso e folhas de ouro, mulheres atentas, mas caladas. Fui conduzida até as mulheres, uma delas me deu uma folha de ouro e apontou para os meus lábios. Olhei ao redor e entendi que outros convidados estavam com a boca tampada pelas tiras retangulares de ouro. Peguei a tira, usei o espelhinho de bolso que erguia para mim e cobri minha boca. Em seguida, a mulher me orientou, em silêncio, a me sentar em uma cadeira e usar meus fones de ouvido. Não entendi o sentido daquilo tudo, mas de certo modo não precisava. Abramović tinha aproveitado aqueles instantes antes do agito, em que as pessoas geralmente ficam andando sem rumo, e criou um ritual de abertura para os convidados. De boca dourada e de fones de ouvido, me sentia empossada em uma sociedade secreta. Apesar de intimidada por estar ali, eu usava símbolos de quem estava no lugar que lhe cabia.

Quando perguntei a Abramović sobre essas passagens que cria, ela disse apenas: "Quero tirar as pessoas da zona de conforto e levá-las a uma nova experiência". Para ela, as pessoas ficam mais abertas a novas experiências quando o antigo é tirado do caminho e um espaço é aberto para o novo.

Entendo, sim, que talvez você hesite em obrigar os convidados a entrar em um túnel de silêncio ou tampar a boca com uma folha de ouro. Mas existem diversas maneiras menos grandiosas de se criar um limiar, uma pausa, antes de você e seus convidados cruzarem a linha de partida. Não é preciso ser um produtor teatral premiado para isso. A ideia de ajudar as pessoas a passarem de um estado a outro está embutida em muitos rituais de povos ancestrais. Equivale a uma médica tirar o casaco e vestir o jaleco ao entrar no consultório; é como lavar as mãos e os pés antes da prece, tal qual fazem os muçulmanos. Pode ser ainda o ato de tirar os sapatos antes da cerimônia do chá japonesa. A única diferença no que diz respeito aos encontros modernos é que a passagem não é prescrita, você terá de criá-la. Um dos lugares mais fáceis, mais naturais, de se criar uma passagem é no limiar com a porta.

Arianna Huffington é uma mulher fascinante e polêmica, graças a seu trabalho na política, na imprensa e no setor de bem-estar. Também é uma organizadora de eventos graciosa e talentosa. Em 2013, promoveu uma conferência para investigar as ideias de bem-estar que acabariam constituindo sua nova empresa, a Thrive. Optou por promovê-la na sala de estar de sua casa, no SoHo, em Manhattan. Era basicamente uma conferência empresarial, a maioria dos participantes não se conhecia e, no entanto, Huffington resolveu recebê-los como se estivessem chegando a um casamento. Ficou na porta mais ou menos uma hora, logo no comecinho da manhã, e cumprimentou uma a uma as pessoas que chegavam. Não pediu à sua equipe que o fizesse, nem a suas filhas. Ela o fez pessoalmente. Assim, deu o tom do resto do dia. Era como se declarasse, sim, estamos em uma conferência, mas não precisamos agir de acordo. Esta é a minha casa e vocês são meus convidados.

Quando minha cunhada ia se casar, a família do então noivo, que era escocesa, viajou para participar das comemorações. Na noite da sexta-feira anterior ao casamento, o clã escocês inteiro foi convidado para uma festa na casa dos meus sogros. Quando o ônibus parou na frente da casa e os escoceses todos desceram, muito elegantes, meu marido e eu espontaneamente nos unimos ao meu sogro na porta de casa e cumprimentamos cada um dos convidados — eram dezenas. Com essa breve acolhida, criou-se o momento para que praticamente todo mundo da família do noivo conhecesse a família da noiva, o que ocorreu não no final da cerimônia ou durante a recepção, mas desde o início. Essa atitude proporcionou uma sensação de intimidade e de licença para que uns se aproximassem dos outros ao longo do fim de semana, o que ocorreu bastante. Foi um primeiro passo para a integração do grupo, e aconteceu às raias do encontro.

O limiar psicológico

Às vezes não existe antessala de verdade, como é o caso das peças teatrais nova-iorquinas que mencionei. Em certos momentos não é factível ficar na porta para cumprimentar todo mundo. Tem vezes em que a condução tem de ser psicológica e não física. Quem fez isso com brilhantismo foi Baratunde Thurston, um amigo comediante.

Ele tinha sido chamado para apresentar um espetáculo de comédia que era um pouco arrecadação de fundos, um pouco festa. O local era a cervejaria Brooklyn. Na noite em questão, o local estava cavernoso, turbulento, barulhento e cheio de gente que tinha tomado muita cerveja. Dava para perceber que ele tinha se metido numa situação complicada. Na verdade, não havia palco, tampouco uma plataforma elevada. Fazia um tempo que o público estava comendo e bebendo: as pessoas estavam com os amigos e pareciam não querer interrupções. Nem a música era páreo para a altura das conversas. Para piorar as coisas, a maioria não fazia ideia de quem era Baratunde Thurston e, embora ele tivesse acabado de receber um microfone, as pessoas não estavam a fim de encerrar a diversão para escutar as piadas de um cara qualquer.

Em vez de berrar mais alto que o público ou começar seu monólogo mesmo assim, torcendo para que alguém se compadecesse e prestasse atenção, instintivamente Thurston entrou em modo de condução. Como ele não age sempre assim, imagino que a barulheira da plateia o tenha levado a inferir que precisava de algum tipo de transição. Ele pegou o microfone, seu único instrumento identificável de poder e autoridade, foi até a pessoa mais animada de um grupinho e pediu que dissesse o nome dos amigos. Depois que se apresentaram, Thurston convidou todas as outras pessoas do salão a cumprimentá-los e bater palmas. Depois se dirigiu ao grupo seguinte, e ao seguinte, para fazer a mesma coisa, desarmando cinco ou seis das pessoas mais ruidosas e bagunceiras do ambiente, brincando com elas, fazendo piadas e, depois, basicamente, convidando-as a apoiá-lo em sua missão de transformar a multidão em plateia. Em noventa segundos tinha obtido a atenção de todo mundo. Voltou então para o meio do salão e começou a apresentação.

Independentemente do ambiente que tenha como anfitrião, você deveria se perguntar como criar uma transição desse tipo — uma passagem que desliga a realidade anterior e capta a atenção e a imaginação das pessoas. Ao fazer isso, você cria uma linha de partida e, mais importante ainda, ajuda seus convidados a fazerem a travessia juntos.

No caso da despedida de solteiro de Felix Barrett, os amigos dele se saíram muito bem na preparação e na condução. Eles o prepararam com bilhetes e tarefas para que estivesse sempre esperando o passo seguinte — e cada vez mais na expectativa e no espírito do que estava por vir. Depois de prepará-lo, eles o conduziram para que pudessem raptá-lo e levá-lo ao espaço escolhido. Apesar de não estar (necessariamente) sugerindo que você rapte seus convidados, sugiro que, assim como os organizadores da despedida de solteiro, você esteja preparado para todos os momentos que antecedem o início do encontro. Um erro que muitos cometem ao pensar nesse período intermediário é acreditar que ele "não conta". Mas sim, ele conta.

Nos encontros cotidianos, pode-se fazer algo simples, como acender uma vela, fazer um discurso de boas-vindas ou servir a todos os convidados um drinque especial. Mas a transição final entre a chegada dos convidados e o início do evento é o momento do limiar. A expectativa cresce entre o primeiro trovão e as primeiras gotas de chuva; a esperança e a ansiedade se misturam. Quando então o momento inicial finalmente chega, está na hora de você dar o recado: existe um reino mágico e vocês estão convidados a entrar nele.

Oportunidades desperdiçadas

Quando não se faz esse tipo de condução, os encontros geralmente desperdiçam o potencial que têm. Pense no caso de um comício político agitadíssimo que poderia ter sido algo bem maior.

Em 6 de abril de 2016, Bernie Sanders, senador de Vermont e candidato à indicação do Partido Democrata americano à eleição presidencial, fez um comício gigantesco na Filadélfia. A fila para se entrar no comício "Future to Believe In" [Um futuro no qual acreditar] dava a volta no quarteirão. Por questões de segurança, muita gente ficou no estádio por quase três horas antes de o candidato aparecer. Quando soube disso, eu pensei: que oportunidade incrível — três horas de condução que poderiam ter sido usadas não só para empolgar as pessoas para o comício, mas também para fortalecer o movimento em prol de Bernie Sanders. Mas não foi assim.

Na verdade, milhares de pessoas se sentaram na arena de 10 200 assentos e esperaram. Havia um mundo anterior lá fora, e dali a algumas horas o espetáculo oficial começaria. Havia pouca separação entre uma coisa e outra, mesmo para a plateia cativa e obstinada que teria topado qualquer coisa. Como trabalhei com organizadores, imagino direitinho por que eles deixaram esse tempo vago: na cabeça deles, o evento ainda não tinha começado. Esse período provavelmente não estava na "programação do show". Era um intervalo delegado ao pessoal da segurança, não aos anfitriões.

Vamos imaginar o que poderiam ter feito nesse tempo em que havia ali alguns milhares de fãs de Bernie Sanders, algumas horas e candidato nenhum no local. Poderiam ter pedido a voluntários que trabalhassem como facilitadores e organizassem que as pessoas formassem grupos, ou se virassem para um estranho e dissessem por que estavam ali, qual acreditavam ser a maior necessidade do país e por que achavam que Sanders era a resposta. Podiam ter feito grupinhos de oito pessoas e pedido que compartilhassem suas experiências do lado errado da divisa econômica dos Estados Unidos, ou ainda ter usado esse tempo para criar um movimento. Teriam a atenção total de milhares de pessoas, mas como aquele período estava mentalmente agendado como "espera", não o empregaram para nada. Não entenderam que já estavam no papel de anfitriões.

INAUGURAÇÃO

A esta altura, você preparou as pessoas antes do evento e as conduziu limiar adentro quando chegaram. Mas o que fazer no início do encontro? Como inaugurá-lo bem?

A abertura é um grande momento de desperdício em reuniões. Em geral, nos causam pouca impressão, e não precisa ser assim. Afinal, o início dá o tom do encontro. Conheci o compositor sul-africano Neo Muyanga, que contou ser capaz de ouvir os primeiros dezesseis compassos de qualquer ópera e saber o formato e a estrutura do restante — e, portanto, se vai gostar da apresentação. "Os compassos iniciais sempre definem o paradigma usando elementos como volume, ritmo e progressão para convidar o ouvinte a fugir da rotina mundana por um tempo, cair na toca do coelho e entrar em um universo alternativo", ele disse. Enquanto ele falava, fui me dando conta de que encontros funcionam quase do mesmo jeito. O início, seja isso proposital ou não, indica aos convidados o que esperar da experiência.

Nos primeiros momentos de um evento, somos todos Neo Muyanga, interpretando os sinais e nos perguntando: o que acho desse encontro? Estou em boas mãos? O anfitrião está ansioso? Eu deveria estar ansioso? O que vai acontecer aqui? Vale o meu tempo? Estou me sentindo no lugar certo? Quero me sentir? A abertura, portanto, é uma oportunidade interessante para confirmar a legitimidade de sua reunião.

A atenção no início está no auge. Devido ao que os cientistas chamam de "limites de processamento cognitivo", não conseguimos nos lembrar de todos os instantes de uma experiência. Nosso cérebro escolhe o que vamos lembrar mais tarde. Pesquisas mostram que as plateias se lembram, em imensa medida, dos primeiros 5%, dos últimos 5% e de algum momento culminante de uma palestra.[8] Acredito que reuniões funcionem basicamente da mesma forma. No entanto, damos pouca atenção a como as iniciamos e encerramos, tratando esses elementos como algo irrelevante.

Não mate a atenção dos enlutados

A primeira mudança que é preciso fazer caso você queira uma boa inauguração é parar de começar pela logística.

Uma vez, fui ao funeral de um amigo querido. A igreja estava abarrotada. Centenas de parentes, amigos e ex-colegas se reuniram em um belo salão para homenagear um homem de destaque em sua profissão e que havia ajudado muita gente. À medida que as pessoas encontravam espaço nos bancos da igreja, iam se cumprimentando. Muitos tinham tido relações estreitas por causa desse amigo em algum momento da vida, mas não se viam fazia anos. A tristeza pairava no ar, e muitos estavam chorando. O pastor então se levantou e foi ao púlpito.

O momento era de expectativa. Todos nos inclinamos na direção dele, ávidos por palavras reconfortantes. Ele respirou fundo, olhou para nós e começou. "É preciso que todos saibam, a família nos convidou para a recepção, que vai ser nesta mesma rua, no centro recreativo", ele disse (pelo que me lembro). "Mas, infelizmente, não há vagas suficientes no local. É uma caminhada curtinha, e eu os incentivo a deixarem o carro aqui e depois voltarem a pé." Em segundos, a energia latente ao momento se dissipou. Estávamos todos loucos por consolação e união. O momento era propício, e o pastor tinha a nossa atenção. Porém, talvez porque não quisesse correr o risco de se esquecer do anúncio, usou seu instante de inauguração para discutir o estacionamento. O pastor havia desperdiçado o que poderia ser um começo inesquecível para criar uma conexão entre os participantes do grupo que haviam se reunido em torno de um homem. Ele preferiu começar pela logística.

O pastor não está sozinho nesse hábito. Como achamos que os momentos anteriores ao início não interessam, muitos encontros começam com um pigarreio. São conferências iniciadas com "Antes de a gente começar, tem um Camaro branco com os faróis acesos no estacionamento, placa TXW 4628". Reuniões comunitárias que começam com avisos. Bailes de gala, repletos de pessoas no auge da elegância, que começam com uma longa série de agradecimentos aos patrocinadores do evento. Estou falando, em suma, de todos os encontros cujas aberturas são governadas pelo seguinte pensamento: "Vamos primeiro tirar as burocracias do caminho". Pode parecer que eu esteja vendo pelo em ovo, mas o que proponho é extremamente vital para que façamos reuniões melhores.

A política do início

Creio que muitas pessoas, ainda que a contragosto, vão concordar comigo a respeito de eventos como funerais. Em tese, ninguém acredita que se deva começar um funeral (ou qualquer outro encontro mais pessoal e mais intimista) pela logística. É uma incapacidade de fazer jus ao que imaginamos ser melhor. Mas quanto a outros encontros, em que há patrocinadores e pessoas que merecem agradecimentos, sei o que muitos organizadores vão dizer: não tenho alternativa. Não tenho como não começar pela logística.

Discordo. O que digo aos organizadores com os quais trabalho é o seguinte: embora pareça vital começar pela burocracia, você estará desperdiçando a oportunidade de fixar o objetivo da sua reunião na cabeça dos convidados. De fato, às vezes, você solapa o objetivo ao revelar aos convidados que, a bem da verdade, não se importa tanto assim com as coisas que alega se importar.

O Personal Democracy Forum promove uma conferência anual na cidade de Nova York. Ele reúne centenas de grandes ativistas civis, tecnólogos, organizadores comunitários, servidores públicos e outros interessados no estado da democracia. Em 2015, o tema da conferência foi "Imagine todas as pessoas: o futuro da tecnologia cívica". Os organizadores escolheram esse tema porque, segundo explicaram, "queremos levá-los a um futuro de que todo mundo participe, um futuro que construiremos juntos usando a tecnologia da forma certa, dando força a soluções para problemas cívicos que partilhamos".[9]

Foi meio desagradável, portanto, quando, na primeira sessão daquele ano, o Personal Democracy Forum começou com um de seus fundadores, Andrew Rasiej, oferecendo o palco para que um representante do "patrocinador corrente", um executivo da Microsoft, fosse o primeiro a falar.

Qual é o problema?, você me pergunta. O problema é o seguinte: nos primeiros momentos, as pessoas estão mais predispostas a se inspirarem. Estão se perguntando: qual é o ponto disso aqui? Quem manda no negócio? As pessoas apareceram, supõe-se, atraídas pelo tema do fórum: a ideia de que a democracia pode ser ativada e de que as pessoas sempre podem participar dela, não somente os poderosos e bem-relacionados. Os organizadores, nos primeiros instantes, acabaram replicando justamente o que atrapalha a democracia e a participação popular — o acesso especial comprado com dinheiro. Ao começar pelos comentários de uma empresa patrocinadora — em vez, digamos, de convidar vários líderes comunitários locais para subirem ao palco para falarem um pouco —, eles corporificaram o problema que queriam abordar.

Patrocinadores existem para amplificar o que você pode fazer com o evento. No entanto, quando o organizador não é também o financiador, o encontro serve a dois senhores: o organizador e o patrocinador. Os interesses de ambos nem sempre estão alinhados. O desajuste pode surgir no decorrer do encontro, mas geralmente fica mais nítido na abertura e no encerramento. Portanto, o organizador precisa estar ciente do fato de que entregar um bem precioso aos patrocinadores nunca é uma atitude sem custo ou neutra. Como no caso do Personal Democracy Forum, o ato pode até gerar dúvidas quanto à premissa do evento.

Caso precise de inspiração para enfrentar os patrocinadores, pense no exemplo de George Lucas. Quando estava filmando o *Star Wars* original, ele queria uma estreia audaciosa para o filme. O Sindicato dos Diretores dos Estados Unidos protestou. A maioria dos filmes da época começava com o nome do roteirista e do diretor na sequência de abertura — nesse caso, agradecendo aos criadores do filme em vez dos financiadores. Apesar das objeções do Sindicato de Diretores, Lucas decidiu renunciar totalmente aos créditos de abertura. O resultado foi um dos inícios mais inesquecíveis da história do cinema. Ele pagou, no entanto, por isso — o Sindicato aplicou uma multa de 250 mil dólares pela ousadia. A obrigação dele era com a experiência do público e estava disposto a se sacrificar por ela. Você deveria fazer o mesmo.

Abertura a frio

Criadores de programas de televisão volta e meia se veem na mesma situação em que Lucas esteve, e alguns recorreram a uma solução facilmente aplicável a encontros: a abertura a frio.

A abertura a frio é o método de começar um programa com uma cena em vez dos créditos de abertura. Na década de 1950, diretores começaram a fazer experimentações com aberturas a frio na tentativa de manter a atenção do público depois do encerramento do programa anterior e impedir que as pessoas mudassem de canal. Quando o *Saturday Night Live* começa com um esquete de alguns minutos que parece, às vezes, fazer parte de um noticiário ou de um outro programa, e só se revela depois, quando os atores gritam "Ao vivo de Nova York, é o *Saturday Night!*", é a abertura a frio em sua melhor forma em ação. O programa entende que na televisão atenção é tudo, e, depois de captá-la, pode-se falar das burocracias, fazer agradecimentos, dar avisos.

É claro que todo evento tem suas necessidades logísticas. As pessoas precisam saber onde ficam os banheiros, onde almoçar. É normal haver mudanças de última hora que tenham de ser anunciadas. Mas as pessoas não precisam dessas informações no primeiro instante do encontro. Não que você não precise de tempo para logística e afins. Só não comece por elas. Abra a frio.

Reverencie e surpreenda os convidados

Depois de barrar a burocracia da abertura, por onde você deve começar? Minha resposta é simples: a abertura precisa causar um choque agradável. Precisa segurar as pessoas. Ao segurá-las, deve ao mesmo tempo reverenciá-las e surpreendê-las. Deve plantar nelas a sensação paradoxal de serem totalmente bem-vindas e estarem profundamente gratas por estarem ali.

Essa noção de reverenciar e surpreender é, de certo modo, mais praticada fora dos encontros do que neles. Pessoas que realizam tarefas tão distantes quanto escrever romances e decorar saguões de hotel tendem a ser craques nesse esforço simultâneo de fazer o público se sentir lisonjeado e indigno. Qualquer autora é capaz de nos deleitar com histórias bem detalhadas sobre o tempo que passa burilando as primeiras frases de uma obra. Pergunte a hoteleiros sobre a teoria por trás da prática do design de saguões, e eles contarão a diferença que alguns retoques fazem. São âmbitos profissionais completamente diferentes. O que me intriga é o que a postura deles tem em comum. Quando Melville abre *Moby-Dick* com "Trate-me por Ishmael", e quando o saguão do Four Seasons nos recebe com flores gigantescas, acredito que ambos reverenciem e surpreendam.

Em cada uma dessas aberturas, nos sentimos um pouquinho aturdidos, mas também bem recebidos; nossa atenção é cativada ao mesmo tempo que os nervos são apaziguados. Quando Melville se dirige ao leitor, com segurança e sem rodeios, ele está supondo uma familiaridade, há confiança. Ele não está explicando o mundo inteiro. Está simplesmente lhe dando as boas-vindas a um mundo. As flores do Four Seasons são deslumbrantes e talvez sejam mais altas que você, e isso o impressiona, intimida, faz com que se lembre de que não vive assim na sua casa. Mas é claro que as flores estão ali por você, para reverenciá-lo.

São poucas as pessoas que entendem a arte da reverência e da surpresa tão bem quanto Dario Cecchini, da oitava geração de açougueiros toscanos do vilarejo de Panzano, em Chianti, na Itália. Ao entrar na Macelleria Cecchini, a lojinha que atrai a peregrinação de grandes chefs do mundo inteiro, vê-se o domínio que Cecchini tem sobre a abertura. Ele abraça quase todo mundo que chega, sejam amigos ou desconhecidos. Serve ao perplexo recém-chegado, assim que pisa dentro do açougue, uma taça de vinho ou um pedaço de pão com banha. Na maioria das noites, depois do expediente, logo acima do açougue, ele acomoda trinta estranhos a uma mesa comprida de madeira, diante de uma grelha barulhenta. Antes de todo mundo provar suas comidas, ele ergue duas bistecas fiorentinas sangrentas e vocifera: "Comer ou não comer, eis a questão!".

Os convidados — alguns amigos de longa data, outros que estavam passando pela rua e entraram no açougue — estão surpresos e encantados. Em seguida, apesar de todos os funcionários que o rodeiam, Cecchini põe a carne grelhada no prato dos presentes, torna-se um garçom prestativo ao mesmo tempo que também é uma celebridade italiana. Está reverenciando os convidados ao se encarregar deles, embora talvez não tenham nenhum idioma em comum. Ele dá a volta na mesa, visitando cada um, apertando mãos, parando para ouvir histórias, beliscando bochechas, gargalhando com prazer. Cecchini se sente vivo no açougue, e faz também os outros se sentirem vivos. Cecchini é o homem no palco, mas também é o anfitrião, o guia, o amigo. Dando exemplo de sensibilidade e paixão, ele abre espaço para que você aja do mesmo jeito. De repente, você se pega conversando com estranhos, correndo riscos, fazendo perguntas inesperadas, se comportando como não se comportaria num restaurante típico.

Quando você quer surpreender no papel de anfitrião, em certo sentido está se colocando — e colocando seu encontro — acima do convidado. Quando quer reverenciar, está colocando o convidado acima de você. Ao fazer as duas coisas ao mesmo tempo, como Cecchini faz, você acaba — tirando o chapéu para Groucho Marx — fazendo seus convidados se sentirem membros valorosos de um clube do qual não fariam parte.

São inúmeras as formas de se obter essa reverência e surpresa. Tive um professor chamado Sugata Roychowdhury que, no primeiro dia da aula de contabilidade, fez a chamada de um jeito memorável. Em vez de se debruçar sobre a lista e enunciar os nomes, ele circulou pela sala, fazendo contato visual com os cerca de setenta alunos presentes no auditório e, um por um, apontou para os estudantes e pronunciou seus nomes e sobrenomes (às vezes bem difíceis). Os alunos nunca tinham visto o professor e vice-versa. Ele tinha decorado a classe inteira. Ficamos perplexos. Devia ter estudado nossas fotos e treinado nossos nomes por horas a fio. É um exemplo de um elemento banal do encontro — a chamada — sendo transformado, com algumas horas de labuta, em uma abertura excepcional.

O professor Roychowdhury criou um momento inesquecível que mandou dois sinais relevantes: de que se importava muito com o ensino e de que tinha um brilhantismo que poderia nos contagiar se nos esforçássemos para aprender.

Não quero que você ache que é preciso ser um açougueiro italiano famoso ou um professor de contabilidade brilhante, capaz de decorar setenta nomes e rostos para reverenciar e surpreender seus convidados. Por isso, vou contar mais uma história de reverência e surpresa, aplicada ao mais simples dos contextos.

Convidei minha meia-irmã e o marido dela para almoçar. Eles moram em Washington, DC, e eu e meu marido não os vemos com frequência, mas nesse fim de semana eles estavam visitando parentes de New Jersey.

Dez minutos antes do horário em que eles chegariam, meu marido apareceu na sala de estar confuso porque eu não tinha posto a mesa. Na minha cabeça, era "só a Lauren" — um almoço casual com alguém íntimo o bastante para eu não precisar de formalidades. Parte do intimismo de recebê-la, pensei, seria arrumarmos a mesa juntas quando ela chegasse. Mas meu marido achava que devíamos fazer com que se sentisse especial e insistiu que puséssemos a mesa antes. Um minuto depois de terminarmos, a campainha tocou. Haviam chegado. Depois de abraços na entrada, Lauren foi à sala de jantar e uma expressão de surpresa tomou seu rosto.

"Quem está vindo?", ela indagou.

"Vocês!" Anand e eu dissemos, aos risos. Lauren nem acreditou que eu tinha arrumado a mesa para ela, e ficou nitidamente comovida. Acho que se sentiu reverenciada por termos nos esforçado por ela, e ficou surpresa por termos arrumado a mesa de um jeito tão bonito.

Misture seus convidados

Depois do primeiro impacto de reverência e surpresa, você tem a atenção dos convidados. Eles querem estar onde estão. Consideram uma sorte estar onde estão. Talvez estejam cogitando dar o melhor de si mesmos ao encontro. Sua próxima missão é misturar as pessoas, transformar a coleção multicolorida de convidados em um grupo. O organizador talentoso não torce para que pessoas diversas formem um grupo, ele as transforma num grupo.

Aos finais de semana, a organização Tough Mudder cria pistas de obstáculos para o tipo de gente que gosta de desafios.[10] Durante esses suplícios, os participantes podem percorrer uma área com fios elétricos, nadar em uma caçamba com 35 toneladas de gelo e assim por diante. Embora o Tough Mudder seja basicamente uma maratona, seus rituais de abertura são muito diferentes dos rituais que vemos em maratonas tradicionais, que são por natureza individuais, com corredores concentrados quase exclusivamente no próprio desempenho.

Na linha de partida do Tough Mudder, os participantes têm que levantar a mão direita e repetir em uníssono a seguinte promessa:

Como participante do Tough Mudder, eu juro

- Entender que o Tough Mudder não é uma competição, e sim um desafio.
- Priorizar o trabalho em equipe e a camaradagem em detrimento do próprio tempo de percurso.
- Não ficar se lamentando — quem faz isso é criança.
- Ajudar meus companheiros a completarem o percurso.
- Superar todos os medos.

Ao contrário de uma maratona, um desafio físico coletivo que é sobretudo uma experiência individual, o Tough Mudder foi elaborado como um desafio físico coletivo que é uma experiência conjunta. As promessas preparam os participantes para que eles se ajudem do ponto de vista físico e emocional, ainda que isso lhes custe o sucesso pessoal. Will Dean, o fundador do Tough Mudder, disse à *Forbes*:

> O Tough Mudder foi construído sob o princípio de que o verdadeiro prêmio é as pessoas cruzarem juntas a linha de chegada. É quase impossível que alguém consiga terminar sozinho muitos dos nossos obstáculos, e isso força os participantes a pedirem ajuda uns aos outros. A interdependência que surge daí fomenta um senso incrível de comunidade e cria um investimento no êxito dos outros, não só no seu.[11]

Dean e seus colegas entenderam que para reorientar os participantes do intuito da competição para a colaboração precisariam fazer alguma coisa ao abrir a corrida — esse pequeno, mas duradouro ato de mistura.

O juramento é uma forma de unir os convidados, mas existem outras. Em algumas das abordagens mais convincentes, a ideia é ajudar os convidados a ver e serem vistos uns pelos outros. A mera atitude de se notarem e confirmarem a própria presença é um passo crucial de que geralmente nos esquecemos ao nos encontrarmos. Na tribo Zulu, essa percepção dos outros é incutida na linguagem da saudação ao estilo chamado-e-resposta:

Saudação: "Sawubona." [Eu te vejo.]
Resposta: "Ngikhona." [Eu estou aqui.]

Na confusão da vida moderna no Ocidente, volta e meia pulamos essa etapa. É o que acontece em inúmeras igrejas, quando o pastor convida a congregação a desviar a atenção do púlpito para as pessoas ao lado e desejar um "Bom-dia" ou "Boa Páscoa". Esse tipo de convite faz falta a muitos encontros e pode ser especialmente potente logo no início do evento.

Jill Soloway, que escreve roteiros e dirige, raramente começa um dia de filmagem sem que as pessoas que trabalham para elu (Soloway usa o pronome neutro "elu") tenham estabelecido esse tipo de conexão. Soloway, que ganhou o Emmy pelas séries *Transparent* e *I Love Dick*, chama o ritual de "Caixa". Após o café da manhã, depois de todos os atores e figurantes chegarem e o cenário e os equipamentos estarem arrumados, Soloway ou o diretor do episódio decidem que é hora da Caixa. Um assistente de produção bota uma caixa de madeira em uma área central rodeada de bastante espaço. Assim que a equipe vê a caixa, começa a se reunir em um círculo amplo, batendo palmas e bradando: "Caixa, caixa, caixa, caixa!". O brado persiste até todo mundo se juntar ao círculo e acelera até alguém subir na caixa. Quando alguém está de pé em cima da caixa, tem o direito de falar.

As pessoas dividem qualquer coisa que lhes passe pela cabeça — preocupações com um amigo de longa data, a morte de um parente, impressões sobre a própria atuação. "As pessoas sobem na caixa e falam de seus problemas, falam de seus progressos, e você chora e desabafa", disse Jay Duplass, que interpreta Josh em *Transparent*, ao *Hollywood Reporter*.[12] "As coisas são expurgadas antes do expediente, o que dá o tom de ternura e brilhantismo que a gente consegue", declarou Trace Lysette, outra atriz do elenco. "É assim que Jill gosta de trabalhar."[13]

O compromisso de Soloway com a mistura da equipe é tão profunda que os figurantes são incluídos no ritual da Caixa.

Griffin Dunne, ator de *I Love Dick*, se lembra de uma figurante que subiu na caixa. Ela deveria participar de uma cena num restaurante, sentada a duas mesas de distância da cena principal. "A mulher subiu lá para dizer que era a gerente de um banco que ficava naquela rua e que nunca tinha tido aquela experiência de se sentir incluída, como se fosse uma família."[14]

"Os atores convidados, e não é exagero, choram quando vão embora do nosso set", disse Amy Landecker, atriz de *Transparent*, ao site Bustle.com.[15]

"Ficam muito chateados de não poderem ficar e de o resto do setor não funcionar da mesma forma."

A Caixa geralmente dura cerca de 25 minutos, mas pode se prolongar por quarenta minutos, antes de começarem os ensaios de verdade. Soloway destina ao ritual o tempo que for necessário. Christina Hjelm, que trabalha como assistente de Soloway, me contou como fecham a Caixa quando chega a hora certa e passam ao ensaio:

> Quando parece haver uma calmaria na vontade das pessoas de subirem na caixa, o diretor assistente cria uma balbúrdia dando a volta no círculo, dando aos últimos interessados a chance de subir e falar. Se ninguém subiu na caixa quando o diretor assistente termina a volta inteira, ele sobe na caixa e faz os últimos comentários. Esses comentários geralmente são instruções de filmagem especiais e avisos de segurança que a equipe precisa ter em mente estando no set. Então ele encerra berrando a palavra de segurança do dia e pedindo para todo mundo berrá-la de volta. As palavras de segurança mais populares nos nossos sets de filmagem são "Machão" e "Frango".

A Caixa é um ritual de abertura que estabelece um vínculo entre os participantes de uma equipe numerosa, desanuvia a cabeça das pessoas e cria uma espécie de passagem que vai dar no ensaio. "Se transforma em um momento coletivo para que todo mundo se conecte antes de começar o trabalho", diz Landecker.[16] A Caixa também cria uma sensação de autenticidade — que é parte do tempero secreto da filmagem da série e um dos valores que suas histórias abordam — na equipe. "A gente pode brincar, como as crianças", Soloway disse em outra entrevista.[17] "Ninguém tem que se preocupar com erros." Em cerca de vinte minutos, a direção transforma um bando de atores e figurantes em um grupo, fazendo com que uns *notem* os outros.

Baratunde Thurston já aplicou essa ideia de convidados notando e sendo notados a uma reunião de amigos. Estava dando uma festa em casa e se deu conta de que nem todos os presentes se conheciam. Ele era o eixo que ligava os raios, e por isso tomou para si a tarefa de garantir que todo mundo que chegasse conhecesse todo mundo. Fez isso criando um momento de abertura único para todos.

Quando um convidado chegava, Thurston começava a bater palmas e berrava: "*Atención, atención!*". Todos os outros convidados se viravam para olhar enquanto ele bradava em tom brincalhão: "Anunciando... Katie Stewart!". Em seguida, dava alguns detalhes sobre Katie que poderiam interessar aos outros:

Conheci a Katie em uma aula de surfe, ela era a melhor surfista da classe. A Katie trabalhava no Quênia, e se mudou para Nova York faz três anos. Ela é minha vizinha — dá-lhe, Brooklyn! — e tem dois pugs. Minha característica predileta na Katie é que, apesar de ter um trabalho doido, sempre que eu ligo pra ela, ela atende.

Os outros convidados davam uma salva de palmas após cada apresentação. Foi meio teatral, mas as apresentações eram engraçadas, perspicazes e inesperadas, e Thurston não perdia a pose, por isso todo mundo entrava no embalo.

Em trinta segundos, ele enaltecia o convidado enquanto dava a todo mundo três ou quatro informações com que poderiam se relacionar. Não reduziu ninguém à profissão. Tinha deixado uma pitada de mistério (*Qual será o trabalho doido*). Fez isso com cada um dos presentes, e todos ficaram ao mesmo tempo envergonhados, desarmados e satisfeitos.

Suas apresentações alegres, chamativas, davam licença para que todos se olhassem, soubessem algo sobre os outros, tivessem uma forma de criar os laços horizontais que faltavam no início. Como anfitrião, reverenciava todos os convidados ao gastar um tempo com eles. Assim como Cecchini, ele se pôs "abaixo" deles, exaltando-os. No entanto, ao parar a sala inteira e chamar a atenção de todos, ele também se colocava acima dos convidados. Usava sua autoridade generosa para interromper o encontro. Assim como Abousteit, Thurston poupou os convidados de terem que se apresentar uns aos outros, e nesse processo também criou a percepção de um convidado por todos os outros.

A importância de um grupo "notar" o outro pode até parecer trivial, mas pode ser muito séria. Pesquisas revelam que, até pouco tempo atrás, quando equipes médicas se reuniam, era normal que um não soubesse o nome dos outros antes de operar o paciente. Um estudo de 2001, feito pela Universidade Johns Hopkins, mostrou que, quando os participantes se apresentavam e dividiam suas preocupações de antemão, a probabilidade de complicações e morte caía 35%.[18] Cirurgiões, assim como nós, achavam que não deveriam perder tempo com as formalidades bobas de notar e se fazerem notar diante de uma tarefa tão importante quanto salvar vidas. Porém, essas formalidades bobas afetavam diretamente o resultado das cirurgias. Mesmo tendo uma função tão complexa e minuciosa, era quando os enfermeiros, médicos e anestesistas colocavam em prática os princípios da boa reunião que eles se sentiam mais à vontade para se manifestar durante a operação e oferecer soluções.

Se o seu encontro é formado por uma plateia, existem outras maneiras de fazer com que as pessoas se notem. Conferências tendem a ser tenebrosas nesse quesito. Pendem para as conexões verticais entre o palco e os participantes, e têm poucas ligações horizontais que unam os convidados.

A Spark Camp, uma conferência de fim de semana fundada por cinco amigos da indústria midiática, foi criada, em certa medida, para testar se uma conferência norteada pela horizontalidade seria possível. Foi criada segundo a crença de que "conferências podem ser reimaginadas como encontros eficientes, criativos, que fomentam a inovação e desencadeiam soluções práticas para os desafios que a indústria enfrenta".[19] A exemplo de Thurston, os organizadores da Spark Camp aprenderam a usar a autoridade que têm para transformar os participantes em uma comunidade desde o primeiro instante. Na noite de abertura, em vez de pedir a setenta pessoas que se apresentem, os organizadores assumem o comando. Ao contrário do que fiz naquele jantar que estraguei, eles fazem isso com preparo e zelo.

Logo antes do jantar, os organizadores reúnem todo mundo e fazem apresentações "extremamente pessoais e bem-humoradas" de cada um, terminando pelo nome, segundo um relatório da conferência. Andrew Pergam, um dos fundadores, me explicou a ideia:

> É muito simples: já comparecemos a tantos eventos nos quais as pessoas redigem apresentações próprias extravagantes, em que falam em terceira pessoa e listam todas as honrarias que receberam, pensamos então que éramos nós que devíamos fazer isso por elas — mas de um jeito que ajudasse as pessoas a se destacarem. Acreditamos muito que convidamos uma pessoa inteira para a Spark Camp, e, em vez de uma introdução focada apenas nas conquistas profissionais, nós queríamos uma introdução que ajudasse a dar uma ideia geral sobre o indivíduo, sobre seu lado pessoal.

À medida que os participantes, apelidados de Campers pelos organizadores, se reconhecem, são encorajados a se levantar. "É comum a gente ver os olhos das pessoas percorrendo a sala, e um longo momento de indecisão antes de alguém se levantar", Pergam disse. Os organizadores "passam um bocado de tempo pesquisando cada pessoa" e "descobrem detalhes pouco conhecidos de seu passado e os relacionam com as outras realizações". Assim, não só poupam os Campers da pressão de se apresentarem a dezenas de pessoas como também lhes arrumam formas facilitadas para se aproximarem depois. Pergam disse:

> Para começar, isso põe todo mundo em pé de igualdade, visto que até as pessoas mais bem-sucedidas são relegadas à nossa interpretação do passado delas — e aos caprichos do nosso talento para pesquisas na internet. Implicitamente, estamos dizendo "Nós o convidamos para você ser uma pessoa inteira, não só suas credenciais no trabalho"; explicitamente, estamos querendo dizer "Nós levamos suas conquistas a sério — todas elas". Volta e meia vemos as pessoas dizendo umas às outras: "Ah, você é o que toca rabeca!" ou "Espera aí — foi você quem conheceu o marido em uma convenção de apicultura!".

Você pode até criar laços entre a plateia enquanto palestra. Observe, por exemplo, a talentosa conferencista Esther Perel, especialista em relações amorosas, terapeuta sexual e palestrante tarimbada que vive discursando para plateias de mais de mil pessoas. Além do conteúdo interessante, Perel é muito procurada por conta do modo como conecta membros da plateia, sinalizando de formas sutis que eles não estão sozinhos. Se alguém faz a Perel uma pergunta sobre traição, divórcios ou tédio, antes de responder, ela olha para a plateia e indaga: "Quantos de vocês se identificam com a pergunta?" ou "Quem também fica pensando nisso?". Com esse ato tão simples, ela transforma uma palestra unilateral em uma experiência coletiva.

Moderadores de conferências poderiam muito bem aprender a lição com Perel. Eles tendem a se concentrar demais com os debatedores e as perguntas que vão fazer. Um moderador talentoso entende que nem mesmo um debate é uma conversa independente. Ele existe dentro do contexto de um encontro. Portanto, a solução pode estar no simples ato de virar para a plateia no começo da sessão e perguntar: quantos de vocês se consideram especialistas em inteligência artificial? Quantos de vocês trabalham nessa área? Quantos estão pensando nisso pela primeira vez? Quantos acabaram de se dar conta de que estão na sala errada?

Sempre que faço um Laboratório de Visualização, seja em um órgão governamental, uma universidade ou uma instituição financeira, uns cinco minutos depois da abertura sempre digo algo no estilo: "Quero que vocês imaginem que estão construindo uma teia de aranha juntos. Que cada um de vocês tem fios saindo dos pulsos que se ligam às outras 32 pessoas que estão aqui. Nós vamos até onde nosso ponto mais fraco permitir. Agora, nenhum de vocês é o ponto fraco". Em geral, todos dão risadinhas nervosas nessa parte. "Ninguém vai ser tirado da ilha pelos votos. Mas o fio mais frágil que liga dois de vocês é o que vai determinar a profundidade do nosso mergulho." Deixo isso explícito, e os lembro durante os intervalos e em outros momentos de transição. Construam uma teia, construam uma teia, construam uma teia. Porque o que interessa não é a conexão deles comigo. É o entrosamento psicológico do grupo que possibilita que você e eles corram riscos, construam algo juntos, e possam aproveitar a versão mais audaciosa possível do encontro.

Além do necessário

No caso de alguns encontros, como a reunião de trabalho que se tornou praxe durante as manhãs de segunda-feira, reverenciar e surpreender pode parecer um exagero — embora eu recomende enfaticamente que você pense no exemplo de Jill Soloway. Acredito que qualquer tipo de encontro pode incorporar pelo menos um pouco desses elementos.

Mas se quiser fazer um pouco mais que o necessário, se realmente quiser subir o nível com sua abertura, siga uma dica que vale ponto extra: tente incorporar, na abertura, a razão pela qual você se inspirou para reunir um grupo de seres humanos. Tente fazer com que o objetivo do encontro seja sentido logo nos primeiros momentos.

Daniel Barrett é professor do Ensino Fundamental na Brooklyn Heights Montessori School. Ele contou que, de forma proposital, ele e os outros professores começam o primeiro dia de escola com os alunos tricotando. "Chamamos de 'trabalho manual', e é um jeito de os alunos ficarem quietos e juntos e terem algo em que se concentrar", Barrett explicou. "Também ajuda com a caligrafia porque exercita a habilidade motora fina." No primeiro dia, a escola recebe os alunos da primeira série só pela metade do dia e começa a iniciá-los nos princípios fundamentais do ensino montessoriano, sendo um deles o senso de comunidade. Como Barrett encarna a ideia de comunidade no primeiro dia?

Ele pega uma bola de fio e a joga para uma aluna, dizendo algo bom sobre ela. A criança continua o exercício, segurando sua parte do fio e atirando a bola para outro aluno e dizendo outra coisa boa, e assim em diante, até o grupo construir uma teia de fios. "Se eu puxar a minha ponta da teia, todo mundo sente ela se mexer, e comunidade é isso", Barrett lhes diz. "Todas as suas escolhas, seus atos, grandiosos ou não, afetam todo mundo."

Barrett achou uma forma criativa, adequada à idade, de lembrar aos alunos — seus convidados — por que eles estão fazendo o que fazem. Um momento de abertura ponderado como esse pode mudar o curso de um encontro — mesmo que ele dure anos.

6. Deixe o melhor de si fora do encontro

Até aqui, falamos de fazer encontros que tenham objetivos e de se fazer escolhas práticas instigadas por esse objetivo. Compreendeu meu apelo para que assuma seu poder como anfitrião, mas também para que dite regras com generosidade. Viu exemplos de pessoas que deram um sabor a mais a seus encontros com regras e formatos provisórios. Foi orientado quanto ao que não fazer na abertura do evento, e o que fazer depois de parar de agir como antes — e como preparar os convidados previamente para o começo do encontro.

Agora sua reunião está em andamento. Os trilhos foram assentados, as coisas estão acontecendo. Talvez seus pensamentos se voltem na mesma direção que os de muitos de meus amigos e clientes: a questão de como fazer com que os convidados sejam mais autênticos. Como fazer com que sejam genuínos? Tenho algumas sugestões. Quinze, para ser exata.

QUINZE FORMAS DE TORNAR UMA CONFERÊNCIA — E QUALQUER TIPO DE REUNIÃO — MENOS CHATA

Não existe lugar em que a falsidade de peito estufado seja mais palpável do que em conferências. Não tem nenhum outro lugar em que a possibilidade de se conversar com pessoas de outras nacionalidades, identidades e profissões seja tão desperdiçada. Não há lugar algum mais comum para que várias pessoas com suficiente poder de influência para mudar as coisas se juntem, e os diálogos resultantes não saiam do superficial. Isso porque eles ficam escondidos, visto que todos apresentam o melhor lado que têm, aquele que acham que os outros esperam encontrar.

Se é para escolher o lugar onde essa "personalidade de conferência" está no auge, sua melhor opção é uma reunião do Fórum Econômico Mundial, uma organização que congrega os ricos e poderosos do mundo algumas vezes por ano, mais notoriamente em Davos, na Suíça. É por isso que, alguns anos atrás, um colega e eu fomos ver se conseguíamos mexer no FEM. Seríamos capazes de criar um anti-FEM incorporado a um evento do FEM? Poderíamos induzir pessoas treinadas para se apresentar como fatias de pão perfeitamente cortadas para levar uma massa de pão que valesse a pena compartilhar? Poderíamos dar início a conversas mais profundas sobre o que o mundo realmente precisa se as pessoas, diante de sua diversidade estonteante, demonstrassem suas personalidades verdadeiras e não apenas suas versões aduladoras?

O evento que decidimos contagiar com nossos planos foi o conclave anual do FEM nos Emirados Árabes Unidos, uns dois meses antes do grande evento de Davos. O objetivo dessa conferência anterior é, em certa medida, trazer à tona ideias e propostas para Davos. O Fórum Econômico Mundial organiza dezenas de "conselhos de planos globais" sobre questões que vão da inteligência artificial ao futuro dos oceanos. Cada conselho é instruído a "apresentar ideias inovadoras sobre questões globais cruciais e projetos latentes, eventos e campanhas em prol do bem público".[1] Novecentos membros dos conselhos se reúnem nos Emirados Árabes Unidos para três dias de encontros, nos quais discutem os trabalhos que vêm sendo realizados ao longo do ano, tanto em relação aos temas propostos quanto à sugestão de novos rumos.

As pessoas escolhidas para participarem desses conselhos são convidadas por conta de suas realizações e seus pontos fortes, não devido às suas vulnerabilidades. Por esse motivo, os encontros, e até os jantares e cafezinhos, podem se tornar sessões de ostentação, com rodadas e mais rodadas de demonstrações de superioridade. Até quando não são competitivas, as conversas de que fiz parte geralmente eram superficialmente intelectuais, com pouca veracidade e risco emocional. Eram iguais às de muitas conferências a que compareci: você aparece, tenta impressionar os outros com sua inteligência, talvez saia com uma ou outra nova oportunidade de trabalho. É pouco provável ter conversas autênticas. Todo mundo tende a se comportar como o embaixador da própria marca e assessor de imprensa. Como não se tratava de uma conferência do setor de seguros, e sim de um evento sobre o enfrentamento dos maiores problemas da humanidade, a superficialidade parecia interferir nas nossas chances de encará-los.

Naquele ano, fui convidada a participar do Conselho de Agenda Global sobre Novos Modelos de Liderança do Fórum Econômico Mundial. Segundo um relatório que circulou a respeito do conselho, seu foco era compreender e criar um diálogo minucioso sobre a "mudança profunda no contexto em que as lideranças surgem e o que as levam a prosperar como líderes".[2] O conselho tinha a sensação, sobretudo, de que as mudanças do mundo estavam "abrindo um novo espaço de liderança". Diziam que esse espaço era definido por, entre outras coisas, "a capacidade emocional do líder (valores, coragem, autoconhecimento, autenticidade)", bem como "a amplitude e força de suas relações sociais e redes de apoio". Talvez por conta desse foco, muitos dos que participavam do conselho se surpreenderam pela forma como a cultura do FEM dificultava que os líderes desenvolvessem esses aspectos. Eu e um colega de conselho, um executivo de marketing alemão chamado Tim Leberecht, ficávamos nos perguntando se um experimento não poderia mudar isso.

Nosso experimento, talvez não seja surpresa, dizia respeito a nos reunirmos de outra forma. Sugerimos organizar um jantarzinho na véspera do início da conferência, com membros de vários outros conselhos do FEM. Nossa meta era ao mesmo tempo simples e bem complicada: fazer com que as pessoas desligassem o botão do networking e da "venda do peixe" e criassem vínculos — humanos, autênticos.

Mas como criar um jantar intimista em um evento de networking? Como fazer as pessoas ficarem vulneráveis quando se mostram invulneráveis? Como criar um jantar de negócios que mais pareça um jantar informal? Como fazer com que pessoas que vieram defender uma ideia ou instituição voltem, durante uma noite, a ser os seres humanos complexos e multifacetados que na verdade são? Como possibilitar a fraqueza e a dúvida em pessoas que normalmente exalam certezas e autoconfiança?

No começo, nos concentramos nos preparativos normais: reservamos uma sala particular em um restaurante. Convidamos quinze pessoas de conselhos diversos, muitas das quais não conhecíamos, mas despertavam nossa curiosidade. Para ajudar a estabelecer um foco para a nossa noite, escolhemos um tema: "uma vida boa". Já tínhamos usado o tema em um projeto anterior e sabíamos que era um tópico suculento — e que consequentemente estávamos bem preparados para moderar. Também foi de propósito que escolhemos *uma* vida boa (ou seja, o que achamos que constitui uma vida boa?) e não *a* vida boa.

Na noite anterior ao jantar, tive dificuldade de dormir. Por que tínhamos convidado tanta gente? E se não desse certo? E se ninguém abrisse a boca? E se o tema não funcionasse? Estava preocupada com as conversas, a única parte que eu supunha não ser capaz de moldar de antemão. Sentia que muita coisa dependia de nossa capacidade de facilitar uma conversa complicada entre quinze estranhos. Embora tivéssemos passado bastante tempo cuidando de cada detalhe, inclusive a escolha do drinque de boas-vindas, não tínhamos pensado muito na estrutura da conversa. Estávamos improvisando. Eu queria algo intimista. Mas não tinha planejado o evento de modo a torná-lo intimista.

Naquele dia, almocei com minha mãe e meu marido, que estavam me acompanhando na viagem. Enquanto comíamos em um shopping mal iluminado de Abu Dhabi, eu dividia minhas angústias. Por que as pessoas seriam autênticas ao conversar? Como eu resolveria quem falaria antes de quem? Pus meu chapéu de facilitadora e comecei a pensar nas estruturas possíveis. O princípio mais básico e mais esquecido dos encontros me veio à cabeça: precisávamos planejar segundo o que desejávamos.

E se, em vez de simplesmente apresentar o tema "uma vida boa", pedíssemos a cada um dos convidados, a certa altura da noite, que brindasse a "uma vida boa", de acordo com o sentido que a expressão tinha para ele? Ok, era uma boa ideia. Mas e se as pessoas ficassem tagarelando sobre alguma ideia grandiosa?

Outra ideia: e se eu pedisse que começassem os brindes com uma história ou experiência pessoal? Estávamos progredindo. Mas era demais pedir isso aos convidados.

E se ninguém quisesse brindar? E se todo mundo esperasse, criando um longo silêncio entre um brinde e outro?

Então ocorreu a conclusão: e se fizéssemos a última pessoa cantar seu brinde? Ri quando meu marido fez a proposta, mas ele falava sério. Isso daria um ritmo mais energético à noite e acrescentaria um perigo agradável.

Naquela noite, os convidados chegaram sem saber o que esperar, mas as pessoas pareciam curiosas e animadas. Eram assessores principais de presidentes, diretores-executivos de empresas, jornalistas, empresários e ativistas. Estávamos praticamente em números iguais em termos de gênero. As idades iam de vinte e poucos anos até a faixa dos oitenta. As pessoas vinham de meia dúzia de países diferentes. Ficamos na porta da sala e entregamos a cada convidado um coquetel de boas-vindas, apresentando-os carinhosamente uns aos outros. Eles viram seus nomes escritos em cartões e se deram conta de que havia lugares marcados.

Quando nos sentamos, levantei minha taça e agradeci a todos pela presença. Me apresentei e apresentei Leberecht. Falamos do tema e das nossas razões para querermos dar o jantar. Explicamos as regras, inclusive a do canto e a Regra da Chatham House (que tomamos emprestada do Royal Institute of International Affairs) que havíamos adotado, que permite às pessoas falarem de suas experiências em reuniões particulares e compartilhar as histórias que emergirem, mas as proíbe de atribuir citações a qualquer participante. Também instruímos as pessoas a começarem os brindes contando uma história, e indicar que tinham terminado levantando a taça ao mérito ou lição por trás da história. Por fim, começamos.

Os primeiros três brindes foram rápidos: a primeira sondou o poço das próprias histórias para falar de uma vida boa como uma vida de escolhas. ("Às escolhas!") A segunda falou de seu trabalho em forças de ajuda humanitária e, enquanto se pronunciava, ficou emocionada. Seu brinde demonstrava ao grupo que era aceitável agir com humanidade quando a pessoa se importava profundamente com alguma coisa. No terceiro brinde, um homem falou dos três elementos que achava que formavam uma boa vida: trabalhar por si, trabalhar pelos outros e se divertir. Encerrou o brinde dizendo: "Ter duas dessas coisas não é pouco". Alguém então começou a cantarolar: "Ter duas dessas coisas não é pouco!". Todo mundo riu. ("A duas de três!") O grupo começava a ficar à vontade.

Naquele momento houve uma calmaria e demos um tempo para comer e bater papo com as pessoas ao redor. Comecei a pensar no que diria. Tive uma enorme vantagem ao entrar no jantar, pois sabia do tema com antecedência. Tinha em mente uma ideia de brinde. Naquele instante, entretanto, me dei conta de que não estaria me arriscando com o meu brinde. À minha cabeça veio uma imagem de uma boa vida, e foi de quando eu tinha onze anos. Então ponderei: não posso dividir isso com *este* grupo. Meu coração acelerou, um sinal que tendo a interpretar como "Vai em frente". Respirei fundo, as mãos trêmulas, e dei batidinhas na taça. As pessoas ficaram surpresas por eu me manifestar tão cedo.

Comecei pela ideia de que uma boa vida era ver e ser visto, e me lancei em uma história muito pessoal sobre uma época em que me sentia vista. Em linhas gerais, o que me lembro de ter compartilhado é o seguinte:

Quando tinha onze anos, menstruei pela primeira vez. Estava dormindo na casa de uma amiga em Maryland e não sabia direito como reagir. Não contei à minha amiga, mas voltei para casa no dia seguinte e contei à minha mãe. Estava em uma idade em que muitas das minhas crenças e juízos sobre as coisas vinham das reações alheias, e fiquei atenta à dela. Quando ela soube, aplaudiu e gritou, me levantou e balançou, rindo de alegria. Depois comemorou dançando pela casa. Naquele dia, descobri, pela reação dela, que ser mulher era algo a ser celebrado. Mas ela não parou por aí. Duas semanas depois, minha mãe me deu uma festa para comemorar minha menstruação.

As pessoas à mesa começaram a rir e bater palmas, deleitadas. Até os homens, para o meu grande alívio. Continuei. Dividi a história da minha festa segundo o que me lembrava:

Ela chamou as amigas dela em vez das minhas, todas mulheres mais velhas que já tinham passado por essa importante transição para a fase adulta. Recebi presentes de todas elas. Uma convidada me deu meu primeiro conjunto de lingerie rendada rosa, porque uma de suas coisas prediletas de ser mulher era "abrir a gaveta de roupas íntimas e ver um monte de cores". Elas cantaram músicas para mim, inclusive as duas favoritas da minha mãe: "On Children", de Sweet Honey in the Rock, e "Teach Your Children", de Crosby, Stills, Nash & Young. Naquele dia, eu percebi que era importante. Estava vendo e sendo vista. Estava sendo testemunhada. Para mim, essa era uma boa vida. E uma surpresinha para todos vocês: minha mãe está aqui conosco, sentada ali.

Por acaso, minha mãe participaria de outro conselho do fórum. Como temos sobrenomes diferentes, ninguém sabia que éramos parentes. Todo mundo ficou perplexo ao saber que uma mulher sentada à mesa, alguém que conheceriam apenas como a especialista em pobreza do Banco Mundial, também era uma mãe que fizera uma festa para comemorar a menstruação da filha. Eu ainda estava trêmula por ter contado uma história tão vulnerável, mas pensei "Que se dane", torcendo para que os outros se abrissem.

O vinho abundava e os brindes continuavam. Uma mulher dividiu as palavras da mãe no leito de morte: "Passei 90% do tempo preocupada com coisas sem importância. Não faça igual". Depois que o assunto da morte veio à baila, percebi que aparecia em vários brindes. Afinal, pensar no que cria uma boa vida implica em pensar no fim da vida, no fato que ela é limitada. Outra pessoa disse no brinde que ia nos contar uma coisa "bizarra" que sempre faz de manhã, uma coisa que nunca tinha contado a ninguém. De manhã, ela faz uma "meditação da morte" na qual imagina morrer, ver todas as pessoas amadas que tinha deixado para trás neste mundo, e ficar pairando sobre a cena, observando-a. Então ela balança os dedos dos pés e das mãos e voltava, muito grata de estar viva, talvez um pouco mais consciente do que tinha valor para ela. Ao que consta, para ela, parte de ter e saborear uma boa vida era estar sempre ciente da morte. Ela então levantou a taça e fez um brinde ao estilo "À morte!", indicando que havia terminado. "À morte!", respondemos, as taças erguidas.

Com o avançar da noite, as lágrimas brotavam cada vez mais dos olhos de quem falava e dos olhos de quem ouvia. Não porque estivessem tristes, mas porque estavam comovidos. No decorrer da noite, as pessoas se levantaram, uma depois da outra, e mais uma vez ouvíamos outra versão de "Não faço nem ideia do que vou dizer" ou "Eu não tinha planejado falar isso" ou "Eu nunca falei disso". As pessoas largaram o roteiro.

Um homem destacou que certos super-heróis usam a roupa íntima por cima da roupa. Nós rimos. Era uma metáfora perfeita para o que tentávamos fazer naquela noite — e o que o desafio a cultivar em seus encontros. Por fim, alguém cantou. Ele encerrou o brinde com uma canção de Leonard Cohen. Um verso sobre frestas que deixavam a luz brilhar sobre uma sala que havia, por um instante, exercitado o abandono da mais intensa das preocupações.

Foi uma noite comovente, linda. Todas aquelas pessoas que geralmente entram numa sala exibindo seus títulos deixaram o ego na porta. Nos mostraram uma faceta nova, pura, sincera. O jantar sinalizava o que era possível em encontros como aquele.

A REALIDADE PODE SER PLANEJADA

Depois daquela noite comovente em Abu Dhabi, resolvemos pegar a estrada com o nosso formato. Nós o chamamos de Quinze Brindes, por conta do número de pessoas em torno da nossa primeira mesa, e ficamos de olho em outros encontros convencionais aos quais faria bem uma injeção de emoção humana. Um de nós, ou ambos, e até ex-participantes, acabamos organizando jantares de Quinze Brindes em paralelo a eventos na Carolina do Sul, na Dinamarca, na África do Sul, Canadá e em outros lugares. Aonde quer que fôssemos, o formato fazia maravilhas. Por isso comecei a testá-lo em outro tipo de encontro: aqueles em que as pessoas *se conheciam* por conta do trabalho, de parentesco ou de alguma outra coisa. Para a minha surpresa, ele também funcionava nesses casos. Depois de promover vários desses jantares e ver grupos de vários tipos serem autênticos de maneiras incríveis, comecei a detectar certos padrões no que fazia com que a realidade e as revelações viessem à tona. Além da montagem do ambiente certo (sempre tentamos fazer o evento em ambientes privativos, com iluminação baixa, velas bruxuleantes, comida reconfortante e vinho à beça), percebi que há certos caminhos que um anfitrião atencioso pode tomar para incentivar as pessoas a se despirem da falsidade e da polidez, em prol da verdade.

DISCURSOS BROTOS, NÃO DISCURSOS TRONCOS

Um desses caminhos é buscar e se planejar para o que chamo de "discursos brotos", em oposição a seu primo mais conhecido, o tedioso discurso tronco. O discurso tronco é preconcebido, é algo preparado que as pessoas fizeram milhares de vezes. Todos temos nossos discursos troncos, e, em muitos dos encontros mais formais e importantes a que comparecemos, são eles que entram em campo.

Se o termo "discurso tronco" evoca a parte mais forte e mais duradoura da árvore, a parte que fica firme no solo, o broto é, em contrapartida, a parte mais nova e mais fraca da árvore. É a parte que ainda está em formação. O que aprendi com os Quinze Brindes é que, embora nossa tendência seja fazer discursos troncos, em muitos encontros de suma importância, são os discursos brotos os mais interessantes — e talvez os que criam mais possibilidades de que o grupo se sinta próximo a ponto de tentar fazer coisas grandiosas junto.

Muito da nossa cultura ainda nos diz que devemos apresentar nossos discursos troncos quando há uma oportunidade por perto, sobretudo em eventos, tais como conferências. Mas eu vivo tropeçando em experimentos interessantes que fazem o exato contrário, convidando as pessoas com discursos troncos impressionantes a deixá-los em casa e fazerem seus discursos brotos.

Uma dessas reuniões mais inovadoras é chamada Casa de Gênios. Ela foi fundada por dois empresários, Toma Bedolla e Tim Williams. Os dois estavam cansados de eventos de networking em que todo mundo fazia sermões impostados sobre o que dava certo nas empresas das quais eram donos ou funcionários e poucas pessoas falavam do que dava errado. Resolveram experimentar um novo formato de encontros de negócios — um formato que acabaria sendo copiado mundo afora.

O formato era o seguinte: um grupo de desconhecidos se reunia em uma sala. Dois ou três eram empresários ou profissionais com um problema. Para entrar na sala, tinham que se candidatar a uma oportunidade de apresentar a questão aos outros. Os outros eram pessoas de diversos ramos que tinham pedido para doar parte de seu tempo para resolver o problema alheio. Um moderador conduzia e orquestrava os trabalhos com rigor.

Nos dois encontros da Casa de Gênios a que compareci, fiquei perplexa com a capacidade dos moderadores de ajudar as pessoas a serem francas com estranhos quanto às suas questões e deixar todos os outros examinarem o problema. Ao convidar as pessoas a dividirem seus problemas, a Casa de Gênios põe a autenticidade acima das vendas. Eles também organizaram um encontro que abarca nossas personalidades (e empresas) imperfeitas.

Os dois eventos que presenciei aconteceram em salas de reuniões de espaços de coworking em Nova York. Tivemos um tempo para nos enturmarmos perto da cozinha antes de o evento começar formalmente. Enquanto as pessoas entravam, éramos instigamos a nos conhecer, mas instruídos a não discutir nada relacionado a trabalho. Em uma ocasião, entabulei uma conversa com um rapaz louro de short cargo, e logo nos demos conta de que era um desafio não fazer perguntas sobre trabalho. Tentamos bater papo. Ele me perguntou se eu tinha tirado férias nos últimos tempos. Acho que eu perguntei se ele tinha bichos. Ambos rimos quando percebemos como nos saíamos mal ao fazer perguntas não relacionadas a assuntos profissionais. Várias questões acabavam esbarrando no tema: "É a primeira vez que você participa de um encontro desses?". "É, sim", disse, "porque ..." Me calei por me dar conta de que não podia contar que estava estudando encontros, uma vez que isso violava a regra de não falar de trabalho. "Quando foi que você se mudou para Nova York?", indaguei. "Há cinco anos." "O que te fez se mudar para cá?" "Hmm, não posso te falar a razão." Mais risadas. Mas melhoramos com o passar da noite.

Mais tarde, conversei com o moderador daquela noite. "Você já tinha moderado?", inquiri.

"Já, algumas vezes."

"Como foi que você se envolveu neste evento?"

"Hmm, vamos ter que deixar essa resposta pra depois."

"Para o fim?"

"Para a Revelação Bombástica."

"Ah."

Um tempo depois, uma moça, que parecia ser a organizadora, nos convidou para entrarmos na sala e nos sentarmos. "Não pode usar o sobrenome", ela nos lembrou. Enquanto circulávamos, tínhamos que pegar um crachá, uma cadeira, e não falar de trabalho. "Vocês podem falar da Disney, mas não de trabalho", ela disse. Começamos a falar da Disney. Quando as últimas pessoas chegaram, fomos oficialmente decretados uma "Casa".

A organizadora nos recebeu, nos falou um pouco sobre a história da Casa dos Gênios, e nos lembrou do objetivo do encontro e de suas regras, que também estavam pregados na parede. "Mesmo ao dar feedback, vocês podem dar sugestões, mas por favor não falem do que vocês fazem", ela nos pediu.

Naquela noite, duas pessoas se apresentariam, e cada uma teria uma sessão de mais ou menos 45 minutos com a Casa. Nos primeiros cinco minutos, fariam uma apresentação sobre um problema. Em seguida, teríamos dois ou três minutos para fazer perguntas esclarecedoras quanto ao problema, e o empresário as responderia. Depois todo mundo teria um minuto para falar de seus "primeiros pensamentos". (Pode-se fazer perguntas nesse momento, mas o empresário não pode respondê-las.) E no resto do tempo existe uma conversa entre a Casa e o empresário. O moderador garante que todos tenham a chance de falar e nos orienta sobre o que constitui um bom feedback: exemplos de sucessos e fracassos do passado, contatos porque "queremos expandir esta noite no futuro" e livros e artigos. No final da noite, faríamos a Revelação, em que diríamos quem éramos e o que fazíamos da vida.

A primeira pessoa a apresentar um problema foi uma mulher que administrava uma empresa social que tentava criar ambientes profissionais mais inclusivos. Queria nossa ajuda para descobrir como estabelecer parcerias genuínas com empregadores e influenciá-los a "pensar com criatividade" ao contratar funcionários. A segunda era um rapaz que estava começando um aplicativo de viagens que possibilitava que as pessoas criassem e compartilhassem seus próprios guias com uma comunidade maior. Queria nossas ideias para cultivar "usuários pioneiros leais e engajadíssimos na cidade, tendo orçamento baixo e algumas conexões".

Em cada uma dessas conversas, observava as cerca de dez pessoas começando a entender como ajudá-las. Em ambos os casos, precisávamos saber mais sobre as ideias. Mas à medida que fazíamos perguntas, os empresários ficavam mais vulneráveis. Precisavam nos dar informações: "Com quantas empresas você já falou?". Não tantas quanto deveria, talvez. Ou nossas sugestões criavam ainda mais trabalho para eles: "Já pensou em estabelecer uma parceria com programas de formação profissional?". Ou ressaltávamos seus pontos fracos: "Não sei se suas pressuposições mais básicas sobre o porquê de as empresas não contratarem pessoas dessas comunidades estão corretas". Porém, se conseguissem continuar abertos a isso, receberiam uma ajuda valiosa de pessoas inteligentes.

Foi uma dinâmica interessante, e quanto mais entrávamos na seara de cada empresa, mais vontade eu tinha de ajudar aqueles empresários. Caso tivessem me abordado em um evento de networking e vendido o peixe deles com a empolação de sempre, talvez até ficasse interessada, mas duvido de que teriam me despertado simpatia. Ao vê-los na berlinda, sabendo que tinham se oferecido para estar ali, se expondo e falando de suas ideias para estranhos, tive compaixão e quis usar minhas ideias e meus recursos para lhes dar um empurrãozinho. Os raros momentos em que um dos apresentadores de problemas ficava irritado ou na defensiva, ou não queria dar informações, eram óbvios para todos os participantes, e faziam com que os conselheiros recuassem. Foi como assistir a uma dança coletiva da vulnerabilidade. Quanto mais os empresários dividiam, mais eu me identificava e mais queria ajudar. Quanto mais fortes eles pareciam, menos precisavam de mim e menos eu me via em suas angústias.

De certa forma, isso deveria ser evidente. Ser vulnerável com as pessoas desperta a compaixão. Pesquisadores como Brené Brown nos dizem isso há anos.[3] Mas se isso é evidente como descrição do comportamento humano, não parece o mesmo para a maioria dos organizadores de encontros. O organizador está reunindo pessoas. Às vezes, como acontece na Casa de Gênios, o objetivo explícito é que as pessoas se ajudem. Mas sempre que as pessoas se juntam, têm a oportunidade de se ajudar, de fazer o que não podiam fazer sozinhas, refletir ou se curar. No entanto, é muito comum, quando nos reunimos, que nos encontremos de formas que escondem nossa necessidade de ajuda e nos retratam sob uma luz mais forte e menos comovente. É ao nos juntarmos que encontramos as pessoas mais capazes de nos auxiliar, e é ao nos juntarmos que fingimos não precisar delas, pois já estamos com tudo resolvido.

Um programa de pós-graduação que frequentei é o exemplo perfeito desse paradoxo. Na Harvard Kennedy School, legiões de estudantes brilhantes e fervorosos chegavam com perguntas, temores e questionamentos de verdade quanto às formas de resolver os problemas do mundo. Via de regra, entretanto, acabavam intimidando em vez de ajudarem uns aos outros. Nas salas de aula onde devíamos aprender o que ainda não sabíamos, a cultura nos ensinava a evitarmos parecer burros na frente dos outros. Não fazia sentido testar as ideias falando-as em voz alta, pois aqueles eram nossos possíveis patrões, sócios e funcionários, e era importante mostrar os pontos fortes. No começo do semestre, quando as pessoas perguntavam "Como você está?", respondíamos com sorrisos e geralmente com uma falsa positividade, resvalando para o terrível hábito dos políticos em campanha: jamais diga a verdade; esteja sempre de altíssimo astral. Quando falávamos do passado, não raro inventávamos como quem exerce as relações públicas dos senadores: os altos e baixos de nossas vidas eram aplainados, transformados em narrativas ascendentes, nossas conquistas eram envoltas em humildade, e nossas marcas pessoais eram promovidas.

Lisa Lazarus, que estava um ano à minha frente, teve o desplante de sugerir que aquele era um jeito solitário, lamentável de se aprender. Rebelou-se criando um grupinho chamado CAN, de Change Agents Now [Troquem os Agentes Agora]. A ideia era simples: grupos de seis estudantes interessados da Kennedy School combinavam de se encontrar a cada duas semanas, por três horas, e fazer o contrário do que faziam nas outras 333 horas da quinzena. Contra tudo e contra todos, eles — nós — seriam francos.

Nós pulávamos todas as partes que estavam dando certo e mergulhávamos direto na conversa do que ia mal. Contávamos histórias autênticas, dolorosas — de pais que nos haviam abandonado, de valentões que atazanavam, da pobreza que envergonhava. Demonstrávamos fragilidade, vulnerabilidade; na verdade, invertendo as normas da Kennedy School, as fraquezas eram mais valorizadas do que os pontos fortes.

Seguíamos um currículo flexível que enfocava o compartilhamento de "momentos difíceis", um conceito emprestado de Bill George, professor de liderança da Harvard Business School e autor de *True North* [Verdadeiro Norte]. Momentos difíceis, segundo George, são épocas desafiadoras das nossas vidas que nos formam de um jeito profundo e mudam nossa visão de mundo. São histórias que nos definem nas nossas próprias mentes — e apesar disso, raramente são abordadas no curso normal de uma conversa.[4]

Meu grupo CAN se reunia quinzenalmente, às quartas-feiras, e nos primeiros encontros compartilhamos nossas histórias de vida, com ênfase sobretudo nesses momentos difíceis. Sabíamos onde estávamos nos metendo, e tínhamos curiosidade a respeito dos outros. Eu não conhecia muito bem os estudantes do meu grupo CAN, e as histórias que contaram — da infância, das decisões difíceis que tomaram, da relação com os pais, com a cidade natal, com a fé religiosa — me levaram a enxergá-los por outro prisma. Também me senti segura para mostrar minhas diferentes facetas, falar dos meus demônios.

Essa série de encontros, de estrutura tão simples e concepção tão cheia de sentido, transformou minha experiência na pós-graduação. A universidade se tornou outro lugar para mim. A armadura caiu; os ouvidos se aguçaram e as bocas se fecharam; aprendemos a nos amar pelos nossos defeitos. O oficial da marinha cujo pai tinha sido sem-teto. A empresária que tinha crescido na miséria. A diretora-executiva que, à luz do pai ausente, se tornou responsável pelos irmãos. Comecei a ver o comportamento deles por outra lente. Em vez de ter inveja ou me sentir intimidada por suas conquistas, passei a sentir empatia por eles, pois entendia suas histórias, assim como eles entendiam a minha. Experimentar uma nova maneira de ser no grupo CAN me instigou a correr riscos parecidos com alguns dos meus colegas que não participavam do grupo.

Lazarus teve um lampejo quanto aos colegas: todos nós usamos máscaras, e, embora essas máscaras tenham sua serventia, tirá-las pode nos trazer laços mais profundos, desenvolvimento compartilhado e colaborações mais frutíferas. Mais de uma década depois de seu início, o grupo CAN, criado por Lazarus, ainda se reúne.

SEM IDEIAS, POR FAVOR. ESTAMOS REUNIDOS

Outra tática que ajuda a trazer a realidade à tona durante encontros é priorizar as experiências das pessoas em detrimento de suas ideias.

Naquela noite em Abu Dhabi, pedimos aos convidados que fizessem seus brindes contando histórias, mas o fizemos sobretudo como uma forma de controle de qualidade. Imaginamos que qualquer um poderia contar uma história da própria vida, e que essas histórias talvez fossem melhores do que improvisos sobre assuntos nos quais as pessoas não tinham pensado. Constatamos, no entanto, que a ênfase nas histórias também provocava outra coisa, algo que não tínhamos planejado: faziam com que nos sentíssemos ligados uns aos outros. Isso deu certo porque fomos muito explícitos. Ouvimos histórias porque pedimos histórias — fizemos uma clara distinção entre as experiências concretas das pessoas e suas ideias abstratas.

Muitos encontros seriam melhores se as pessoas simplesmente pedissem aos convidados que contassem suas histórias. Poucas instituições fizeram tanto para demonstrar o poder desse princípio quanto The Moth, uma série de encontros que promovem a ideia e prática da contação de história como fortalecedora de laços sociais.

No final da década de 1990, The Moth foi fundado por um sulista chamado George Dawes Green, que estava cansado de slams de poesia. Romancista, ele frequentava slams na tentativa de conhecer outros escritores e artistas. Mas, em vez de se sentir arrebatado pela poesia, ele saía irritado. "Eu achava que tinha alguma coisa errada com eles", ele contou. Todos os poemas, ele declarou, "eram enunciados em tom cantarolado. Assim que o poeta se levantava, ele começava a falar numa linguagem poética, e uma parede era levantada". Aquela barreira, na visão dele, vinha da ideia predominante de que o poeta era uma figura etérea e distante: "A pessoa faz parte de uma tradição extensa, em que as ideias vêm da ligação que tem com Deus ou com os poderes do universo. É um xamã, puxando a informação aqui pra baixo, e o que chega por você é uma linguagem exaltada — uma linguagem que quase não é humana". Talvez isso lhe soe ótimo. Mas para Green, pelo menos, era um horror.

Apesar de seu desdém pelo ambiente dos slams, Green percebeu quando os poetas conseguiam arrebatá-lo, *sim*. Em geral era no preâmbulo, a narrativa improvisada que os poetas contavam sobre as origens da criação xamânica. "Meu avô ia sempre pescar no norte do estado", Green imagina um poeta dizendo, muitos anos depois. "Lembro que eu tinha que me levantar bem cedinho." O que o impressionava na linguagem dos preâmbulos era que ela consistia em "frases completamente naturais", Green declarou, "e a plateia na mesma hora se animava e gostava do poeta, porque não existia mais o artifício, a parede. E isso sempre me fascinou". Ele começou a testar formatos de encontros estruturados justamente em torno desse momento, e assim nasceu The Moth. Duas décadas depois, The Moth faz encontros em 25 cidades e já apresentou 18 mil histórias, em geral em ambientes sem cadeiras para a plateia.

Contei para ele da minha experiência com o Quinze Brindes e perguntei por que, e quando, histórias dão certo em encontros.

"O momento em que a história dá certo geralmente é o de vulnerabilidade", ele disse. "Não dá para contar uma história boa sobre o enorme sucesso que você faz. O Trump tenta." Mas quando a pessoa atinge essa vulnerabilidade, ele disse, "as pessoas sentem um profundo bem-estar. Eu passei por isso. Sei exatamente do que essa pessoa está falando". Green passou anos estudando a arte e o ofício da narração. Ele me explicou alguns dos elementos de uma boa história narrada de forma simples:

A história fala de uma decisão que você tomou. Não do que aconteceu com você. Se você chega nesse ponto, fica vulnerável e entende o que está em jogo, além de algumas outras coisas. As pessoas intuitivamente acham boas histórias para contar, e assim que as contam, nós as conhecemos. Conhecemos como seres humanos. O cara não é mais o colega do meu patrão. É uma pessoa de verdade, que teve o coração partido. Ah, *isso* eu sei como é.

O TEMA SOMBRIO

Se os convidados geralmente levam seus discursos troncos em vez dos discursos brotos aos eventos, se volta e meia falam de suas teorias e não de experiências, os organizadores podem sucumbir às próprias falsidades. Insistem em manter os encontros positivos, sobretudo na escolha do tema. Mas o anfitrião que tem objetivo não teme a negatividade, e na verdade cria espaço para o que é sombrio e perigoso.

No primeiro jantar dos Quinze Brindes, o tema escolhido era extremamente positivo: "uma boa vida". Pensando agora, não considero esse um ótimo tema, e é evidente que nossos convidados concordaram. Afinal, não foi só uma pessoa que mudou os termos e o tom da conversa ao falar de morte. Não tínhamos perguntado explicitamente sobre a morte, e nenhum dos organizadores tinha tocado no assunto. Mas à medida que falávamos da alegria da vida, parecia haver mais necessidade de falarmos do outro lado da moeda. A conversa foi assim adquirindo uma nova densidade. As pessoas começaram a se aproximar, sem dúvida pensando na própria mortalidade ou na de seus entes queridos. Isso tornou o jantar mais saboroso e despojado.

Enquanto Leberecht e eu íamos espalhando os Quinze Brindes por outros cantos, variávamos os temas: Quinze Brindes ao estranho, à fé, à felicidade, aos danos colaterais, às fugas, às fronteiras, a Eles, ao medo, ao risco, à rebeldia, ao romance, à dignidade, ao eu, à educação, à história que mudou minha vida, ao fim do trabalho, à beleza, ao conflito, às reformas, à verdade, aos Estados Unidos, ao regional, ao companheiro de viagem às origens, ao problema certo, ao tumultuado, à quarta revolução industrial, à coragem, aos limites, aos perigos e, sim, à vulnerabilidade. O que descobrimos com o tempo é que os melhores temas não eram os mais açucarados, como felicidade e romance, mas os que tinham um lado mais sombrio: medo, Eles, fronteiras, estranhos. Os que possibilitavam diversas interpretações. Os que deixavam as pessoas mostrarem facetas mais fracas, confusas e puras, complicadas do ponto de vista moral.

Infelizmente, temas como esses são excluídos de muitos de nossos encontros. É muito comum, sobretudo em encontros de teor mais profissional, que funcionem como um culto à positividade. Tudo tem que ser voltado para o que está indo bem, para a colaboração, a esperança e o futuro. Não existe espaço para o que nossos convidados queriam nos dizer nos jantares: uma chance de parar um pouco e pensar no que não é edificante, mas sim instigante para a mente e o coração.

Quando estimulo a ideia de tornar o tema da reunião mais sombrio, meus clientes e amigos geralmente resistem com mais veemência do que ao ouvir meus outros conselhos. Então recorro a medidas extremas para convencê-los, e convencer você, do porquê não é apenas aceitável, mas essencial que se crie um espaço no encontro para que a escuridão apareça: estou terceirizando a função a uma dominatrix.

A primeira vez que ouvi falar de Stefanie Zoe Warncke foi por um DJ alemão. Ele sugeriu que eu me encontrasse com uma dominatrix que ele conhecia, dado que ela era especialista em criar ambientações e cenários. Imaginei um encontro secreto à noite, em um estacionamento. Para o meu enorme alívio (ou talvez desalento?), acabamos nos encontrando para tomar um chá em uma pâtisserie francesa de Nova York.

Warncke, que usa o nome Zoe, cursou Direito e por anos a fio foi sócia de uma firma em Düsseldorf durante o dia e atuava como dominatrix em uma das maiores masmorras da Europa durante a noite. Acabou abandonando a Alemanha e a advocacia e se mudou para Nova York, onde continua atuando como dominatrix. Ela considera seu trabalho ajudar os clientes a explorarem suas fantasias mais sombrias, em um espaço seguro.

"Quero ajudar as pessoas a explorarem partes delas mesmas de um jeito seguro", ela explicou. Disse que seu interesse no trabalho provavelmente vinha de seu próprio ambiente familiar, onde ela "era proibida de explorar partes" dela mesma.

Por que, indaguei, era importante que as pessoas examinassem seus lados sombrios? "Acho que isso faz do mundo um lugar melhor", ela disse aos risos. Parecia simplista demais. Por que permitir que as pessoas fossem sombrias deixaria o mundo melhor?

Ela pensou um pouco. "Porque eu acho que se elas sabem quem são de verdade, elas não precisam contrabalançar com raiva, autodepreciação ou coisa parecida", disse.

Warncke abordava um conceito que os psicólogos chamam de "integração da sombra". Contatei o dr. David M. Ortmann, psicoterapeuta e coautor de *Sexual Outsiders: Understanding BDSM Sexualities and Communities* [Excluídos sexuais: entendendo sexualidade e comunidades BDSM]. Descrevi o trabalho de Warncke para ele e perguntei o que ele achava. Ele explicou, por e-mail, que a "integração da sombra" é um "termo junguiano que identifica que todos temos materiais à sombra (agressão, violência, fantasias não consensuais etc.). Renegar essas partes não é um jeito eficaz de lidar com elas, pois o que é renegado ou ignorado tende a crescer (e em geral crescer inconscientemente). O BDSM oferece um caminho para que o material à sombra seja integrado de forma consciente". Falando especificamente de Warncke, ele disse: "Eu diria que a sua amiga dominatrix conhece muito bem o trabalho dela e afirmaria até que o que ela está fazendo é terapêutico".

A esta altura, talvez você esteja se perguntando o que uma dominatrix tem a ver com sua próxima reunião de trabalho ou de família. Não estou sugerindo que você contrate Warncke, mas que *preste atenção* em Warncke. O que ela faz de forma concentrada você pode fazer com o nível certo de diluição nos seus encontros. A lição que ela propicia é de que a escuridão é melhor dentro da tenda do que fora dela. Todos nós a temos. Ela não vai ficar de fora da sua reunião, nem vai sumir caso você a barre pelas formalidades. Ela vai surgir de formas que não farão bem aos seus encontros.

O ESPÍRITO DE ESTRANHAMENTO

Um dos segredos mais improváveis para desencadear a sinceridade e a vulnerabilidade em uma reunião é aumentar o quociente de estranheza. Embora pareça absurdo, via de regra, é mais fácil estimular as pessoas a se abrirem quando o ambiente está cheio de desconhecidos — ou quando são levados a enxergar as pessoas que conhecem por outras lentes.

Depois de um de nossos jantares Quinze Brindes em Nova York, uma participante estava aborrecida porque um grande amigo, que ela levara ao encontro, tinha falado abertamente da depressão que sofria. Mais tarde, ela me puxou de lado, sentindo-se confusa e traída por ele ter dividido com vários estranhos algo que nunca havia lhe dito. No entanto, o amigo estava tomando a mesma decisão que a maioria toma em situações semelhantes. É mais fácil confessar partes de nossas vidas a estranhos, que não são de vital importância para nós, do que a amigos.

A força da estranheza está no que extraem de nós. Com estranhos, existe o reordenamento temporário do malabarismo que todos tentamos fazer o tempo inteiro: entre nossa personalidade passada e nossa personalidade futura, entre quem fomos e quem estamos nos tornando. Seus amigos e parentes sabem quem você foi, e muitas vezes dificultam que você ponha à prova quem vai se tornar. *Mas você não é do tipo que canta! Por que é que você quer ser médico se detestava biologia na escola? Acho que não consigo imaginar você fazendo stand-up.* É mais fácil experimentar perto de estranhos, que não têm nada a ver com o nosso passado e, na maioria dos casos, nosso futuro. Eles criam uma liberdade temporária de testar o que podemos nos tornar, por mais que essa nova identidade possa ser descolada do que éramos. Eles nos permitem testar novas facetas. Na frente de estranhos, somos livres para escolher o que queremos mostrar, esconder ou até inventar.

Alguns grandes organizadores de encontros acreditam tanto nesse espírito de estranheza que promovem reuniões exclusivamente de e para estranhos — como a celebração dos 76 anos do professor de Oxford Theodore Zeldin. O professor — um notório especialista em história da França e filósofo famoso, com uma extravagante cabeleira grisalha — resolveu que naquele ano daria uma festa para pessoas que não conhecia. Através da BBC, lançou um convite público para quem tivesse interesse em encontrá-lo no Regent's Park, em Londres, em determinada data e horário, e celebrar seu aniversário conversando com um desconhecido.[5]

Centenas de pessoas apareceram. Todos foram incumbidos de entabular uma conversa pessoal com um estranho. Em vez de comida, em cada ambiente havia uma invenção de Zeldin chamada de "cardápio de conversas" que orientava os pares ao longo de seis "pratos" de conversas. Sob o título de "Entradas" havia perguntas como: "Que mudanças sofreram suas prioridades nos últimos anos?" e "De que forma sua origem e experiência te limitaram ou favoreceram?". Em "Sopas" havia um convite à pergunta: "Que partes da sua vida foram um desperdício de tempo?". Sob "Peixes": "Contra o que você se rebelou no passado e contra o que está se rebelando agora?". Em "Saladas": "Quais são os limites da sua compaixão?".

NOVOS OLHARES

A verdade é que você não precisa convidar o Reino Unido inteiro para a sua festa de aniversário para aumentar o quociente de estranheza entre os convidados. Caso seja um anfitrião consciente, você será capaz de trazer o espírito de estranheza a um encontro de pessoas que se conhecem. Quando tentei fazer isso nos jantares em família e reuniões de equipe, percebi que a escolha da pergunta e da estrutura certas pode ajudar pessoas que se conhecem de longa data a se verem com um novo olhar.

Há alguns anos, meu marido e eu estávamos a caminho da Índia para visitar nossos avós e nossos parentes. Resolvemos reunir os dois lados da família em um jantar. Seríamos dezessete pessoas. Com ampla experiência em jantares de família numerosos, eu sabia que, se não tomássemos a atitude de planejar a noite, os primos se juntariam aos primos, os avós conversariam entre si e grande parte dos papos seriam furados. Comeríamos, beberíamos, ficaríamos sonolentos e encerraríamos a noite. Não seria necessariamente ruim, mas queríamos que fosse uma noite especial.

Resolvemos pegar emprestado o modelo dos Quinze Brindes, mas com algumas mudanças. Como havia vários membros nas nossas famílias que não viam problema em cantar em público, acabamos com a regra da cantoria e instituímos a norma de que a pessoa que fizesse o brinde escolheria a próxima. Tomando emprestado o conceito de "momentos difíceis" do meu grupo CAN, pedimos à turma que compartilhasse uma história, um momento ou uma experiência de vida que "tivesse mudado sua visão de mundo". Também acrescentamos um último ponto: tinha que ser uma história que ninguém no encontro conhecesse. De certo modo, era uma exigência maluca em uma reunião de parentes em uma sociedade muito unida, em que a família é mais importante do que os amigos. Mas imaginamos que o jantar daria uma chance a pessoas que sabiam tudo umas das outras de se verem com um novo olhar.

Um primo começou falando algo como "O nascimento dos meus filhos". Mas como o grupo tinha assimilado as regras e o objetivo delas, todos se manifestaram na mesma hora: *A gente já sabe!* O passo em falso e a correção criaram os alicerces para os outros. As pessoas começaram a dividir histórias que nem os mais próximos e mais queridos dos parentes tinham ouvido antes. Ainda que um ou dois dos presentes conhecessem alguma história, naquela noite ela foi narrada de um jeito que revelava impactos ou implicações sobre os quais ninguém tinha conhecimento. Uma tia, que é geneticista, falou de quando ouviu, na adolescência, que não podia ser médica porque era mulher. O choque foi tamanho que ela passou a estudar mais. Outra tia, funcionária pública, falou sobre ter passado no concurso público, completado o treinamento e sido alocada no escritório do magistrado distrital por meses a fio, sem que jamais a deixassem ir a campo. Por fim, ela saiu a campo sozinha, de caminhonete, pois não entendia por que não a deixavam fazer suas rondas, e uma autoridade do governo local lhe disse que ela sempre seria tratada de forma diferente, por mais inteligente que fosse, por ser mulher.

Os brindes continuaram e eu comecei a me dar conta de que algo incrível estava acontecendo. Nossa meta era fazer com que nossos parentes prosseguissem com o entrelaçamento de famílias iniciado em nosso casamento. Mas agora uma coisa ainda mais interessante se concretizava: pais, mães, filhos e sobrinhas faziam descobertas totalmente inesperadas sobre os próprios parentes. Quando um ancião, que já estava na casa dos noventa anos, compartilhou sua história, ele relembrou uma época, cinquenta anos antes, em que trabalhava em uma grande empresa e percebeu que os rolos de propaganda que mandava para os cinemas, às vezes, não chegavam, ou se chegavam não eram reproduzidos. Ele nos contou como resolveu o problema. De repente, naquele idoso que geralmente ficava em silêncio, até certo ponto por conta da surdez, a mesa viu um homem de negócios jovem, esperto, criativo. Minha avó, que tinha vergonha de falar inglês, me pediu que contasse sua história, que ela tinha me contado uns dias antes. Era a história de como havia se tornado uma das primeiras mulheres de sua casta, na cidade conservadora de Varanasi, a estudar na Banaras Hindu University. Fora a primeira de sete filhos, e o pai a venerava. Ele lhe dissera que fizesse matrícula na universidade e começasse a frequentar as aulas. Porém, quando chegou o seu primeiro dia de aula, ele estava viajando, pois tinha que ir ao casamento de um parente. Quando os vizinhos reclamaram que ele estava deixando a filha fazer faculdade e violando as normas de gênero, ele não estava lá para ouvi-los. Ao voltar, o período letivo já estava avançado, e ele perguntou àqueles mesmos vizinhos se queriam que ele a tirasse da faculdade. Ainda que tivesse sido um erro permitir que ela começasse, a educação devia ser interrompida? Aquele momento mudou sua percepção a respeito do pai e a levou a aprender como as mudanças aconteciam (aos poucos e com pessoas em posição privilegiada como defensoras).

O mais surpreendente naquela noite foi a disposição de todos a abraçar a ideia. E testar algo novo. Começamos a ver partes dos outros com um novo olhar. A avó como uma universitária valente. O avô como um jovem executivo inovador. Tias, que nas reuniões de família indianas geralmente são relegadas ao papel de cozinheiras silenciosas, como pioneiras em suas áreas. Me lembrei do quanto ainda tinha a saber sobre pessoas que eu acreditava conhecer bem. Não éramos "estranhos", de jeito nenhum, mas achamos uma forma de desenvolver o espírito de estranheza.

O CONVITE IMPORTA

Se quiser testar esse tipo de encontro, centrado na personalidade genuína das pessoas e não em suas melhores versões, você precisará alertá-las. Uma das sacadas que tivemos com o Quinze Brindes é que, para ser coerente com o meu jeito de lidar com aberturas, o organizador tem que ser o mais explícito possível com seus convidados e dizer logo de início o que ele quer no ambiente e o que quer que as pessoas deixem da porta para fora.

Quando dou o jantar dos Quinze Brindes em paralelo a uma conferência ou alguma outra reunião de poderosos, minha tendência é dizer, ao dar as boas-vindas, que existe uma dinâmica típica desse tipo de evento que desejamos evitar — a dinâmica da ostentação e da adulação. Dada nossa vontade de neutralizar essas características, convido as pessoas a deixarem do lado de fora da sala as partes da vida e do trabalho que estão indo muito bem. Nosso interesse é nas partes não tão boas. Nosso interesse é nas partes que ainda estão tentando entender. Não nos interessam os discursos pré-planejados, mas as palavras e ideias ainda em formação.

Em outra situação, em que o formato dos Quinze Brindes é aplicado a reuniões de família, é necessário um tipo diferente de convite. Normalmente, nesses jantares, ninguém revela nada de novo ou surpreendente. Se quiséssemos mudar o ritmo do jantar em família que estávamos fazendo, precisaríamos orientar os participantes. Então pedi que deixassem na porta as histórias conhecidas a respeito de si e entrassem na sala com suas facetas capazes de surpreender até os próprios filhos.

Quando trabalho com equipes profissionais e faço os Quinze Brindes antes de uma reunião importante, preciso rechaçar uma outra série de dinâmicas problemáticas. Equipes geralmente interagem de formas desgastadas, com as mesmas pessoas sempre desempenhando os mesmos papéis. Portanto, na hora das boas-vindas, digo isso e explico ao grupo que o maior objetivo do jantar é testarmos outra maneira de estarmos juntos, é criar um espaço para que todos mostrem diferentes facetas e interpretem outros papéis. Ao declarar como imagino que sejam e pedir que deixem seus papéis de lado e tentem outro, em geral me faço entender. Mas nem sempre.

Essa explicação durante as boas-vindas não precisa ser elaborada. Basta uma insinuação forte e sugestiva. No primeiro jantar dos Quinze Brindes, disse basicamente que esperávamos que a noite parecesse mais um casamento do que uma conferência. Alguém brincou: "Quem é que está se casando?". Outro convidado disse: "A gente pode votar no final da noite!". As pessoas riram, e eu percebi que a noite deslancharia.

Em quase todos os Quinze Brindes, desde então, disse algo ao estilo "Nos conte alguma coisa surpreendente" ou "Deixem seus sucessos na porta" ou "Não precisa contar sobre suas conquistas".

Também reparei que essa ideia de deixar as coisas na porta é mais fácil quando as pessoas são percebidas pelas virtudes. As pessoas continuam sendo pessoas e ninguém quer parecer fraco, sobretudo em contextos profissionais. Mas descobri que se eu, a anfitriã, reconheço e divulgo seus pontos fortes, como indivíduos e coletivamente, de antemão, parte da pressão que as pessoas sentem de se dobrar durante o encontro é aliviada. Vou dizendo logo algo como "Vocês estão aqui porque são incríveis". Reconheço essa característica deles e acrescento: "Dito isso, não queremos ouvir falar que vocês são excelentes ou do currículo que têm. Disso a gente já sabe".

ANFITRIÃO, REVELE-SE

Não basta que você indique o que deseja ou não deseja dos convidados no que diz respeito ao compartilhamento de histórias com sinceridade e autenticidade. No início do encontro, o anfitrião precisa dar o exemplo. Precisa mostrar a eles como agir.

Caso espere ajudar seus convidados a serem mais genuínos, seja você mais genuíno. Quando dou esses jantares, faço questão de que todo mundo que levanta um brinde tenha minha plena atenção ao longo do jantar. Escuto com muito interesse e mostro o tipo de personalidade que peço a eles que me mostrem.

Era disso que falava quando contei da festa para comemorar minha primeira menstruação. Em contextos nos quais estou em desvantagem, é típico que eu tente contar histórias que não condigam com a personagem. Poderia ressaltar outros detalhes a meu respeito para ser levada a sério: ter feito faculdade de engenharia ou não saber cozinhar. Por que cargas-d'água contar uma história não só de quando tinha onze anos, mas da minha primeira menstruação? Porque poucas histórias transmitiriam com mais clareza que eu estava disposta a ser genuína e criar um laço com meus convidados — e que eles poderiam agir da mesma forma.

A história da menstruação surgiu em minha cabeça meio que sem sequer, mas um colega meu, um holandês chamado Bernardus Holtrop, segue um princípio quanto a partilhas como essa. Eu o vi em ação quando ele e eu (e vários outros) fomos facilitadores de um encontro de centenas de líderes profissionais que tinham se reunido a fim de criar círculos de confiança para se apoiarem. Holtrop dividiu conosco uma de suas dicas de especialista: para deixar o grupo vulnerável, ele explicou, nós, os facilitadores, precisávamos dividir uma história mais pessoal ainda do que esperávamos que os clientes dividissem. Ditaríamos a profundidade a que o grupo chegaria com o nível que estávamos dispostos a descer; independentemente do quanto dividíssemos, eles dividiriam um pouco menos. Tínhamos que nos tornar, de fato, participantes.

GESTÃO DE RISCO

Quando você pede às pessoas que mergulhem mais fundo, que compartilhem o que geralmente não compartilham, precisa calcular os riscos a que está incentivando. Às vezes isso significa instigar as pessoas a se arriscarem mais; às vezes, acalmar as pessoas que têm medo de correr riscos.

A regra da cantoria que fixamos nos Quinze Brindes era um jeito de persuadir as pessoas a assumirem riscos. Ao criar um risco para quem não faz o brinde, equilibramos o cálculo de risco. As pessoas tinham que calcular o que era pior: fazer um brinde logo ou cantar. A regra da cantoria também cria um drama lúdico no final da noite, quando de repente três ou quatro pessoas percebem que estão correndo o perigo de ter que cantar e começam a dar batidinhas desesperadas em suas taças após cada brinde, para garantir que não fiquem por último.

Também é importante que o anfitrião esteja atento às necessidades de cada tipo de personalidade. Ninguém, por mais extrovertido que seja, quer ter a sensação de que não tem alternativa se não dividir uma história extremamente pessoal. Uma das razões para a escolha de um tema universal dar tão certo está no fato de existir muita liberdade no tema, o que possibilita que a pessoa opte pelo grau de intimidade que deseja expor. Embora se peça que todos os presentes participem, deixamos que eles decidam o que e o quanto querem dividir. Esse nível de escolha é a diferença entre as pessoas curtirem a noite ou se ressentirem dela.

Leng Lim, um bispo episcopal que também é facilitador, usa uma piscina como analogia para as diferentes zonas de conforto das pessoas. Ele organiza um leque de encontros, alguns em faculdades de administração, outras em sua fazenda, e me disse que encoraja a intimidade em todos eles. Mas é explícito quanto a permitir que cada participante escolha o nível de intimidade desejado.

"Desenho uma piscina", ele disse. "Tem o lado mais fundo e o mais raso. Você pode escolher onde quer entrar. Se quiser nos contar seus segredos mais sigilosos, tudo bem. Você pode também ser superficial e se molhar significa ser genuíno, então traga à tona algo que seja genuíno." É importante, disse Lim, oferecer um "convite à intimidade, mas a profundidade é uma escolha". Permitir que cada um escolha o que e o quanto deseja expor é vital para que os jantares dos Quinze Brindes sejam intimistas, sem serem agressivos.

7. Provoque uma boa controvérsia

Chega de falar de coisas brandas. Vamos falar de temas quentes.

Volta e meia sou chamada por organizadores de encontros que estão procurando mais autenticidade, mas têm mais interesse em apimentar as coisas e ambientes acalorados do que em temperaturas mornas e suavidade. O anfitrião habilidoso sabe não só como fazer as pessoas compartilharem e criarem vínculos, mas também fazer com que as coisas adquiram um tom controverso frutífero.

Embora no último capítulo tratamos sobre como unir as pessoas por meio do que têm em comum, este capítulo trata de fazermos bom uso do que nos divide durante os encontros. O ponto é elevar a temperatura. Creio que a controvérsia — do tipo certo, e nas mãos de um bom anfitrião — possa dar uma outra energia e vida às reuniões, bem como ser esclarecedora. Elas o ajudam a utilizar os encontros para responder a grandes perguntas: o que você quer fazer, o que você defende, quem você é? Uma boa controvérsia pode tornar um encontro relevante.

NÃO DEIXE DE FALAR DE SEXO, POLÍTICA E RELIGIÃO

Pode ser que você tenha sido criado, assim como eu, ouvindo o adágio de evitar conversas sobre sexo, política e religião nos seus encontros. Esse preceito de evitar o que é perigosamente interessante é muito comum. Pessoalmente, acredito que poucas coisas são tão responsáveis pela mediocridade e a chatice de várias reuniões do que esse conselho, cuja maldade possui proporções épicas.

O ímpeto de não causar problemas é tão antigo quanto a humanidade, e proibições formais contra controvérsias em reuniões remontam a pelo menos 1723. Na época, os maçons formavam uma sociedade secreta emergente, e um de seus membros, o reverendo James Anderson, rascunhou a primeira constituição para a Primeira Grande Loja da Inglaterra. O documento proibia explicitamente "fazer ou falar algo ofensivo, ou que possa impedir uma conversa amena e livre, pois isso destruiria nossa Harmonia e frustraria nossos louváveis Objetivos".[1] Os maçons tinham adotado e promoviam uma ideia que se tornaria uma pedra de toque errônea para reuniões: a de que a expressão de diferenças só faria mal, a de que a harmonia jamais deveria ser rompida.

Mais de 150 anos depois, em 1880, Thomas Edie Hill demonstrou a vitalidade constante dessa linha de pensamento com uma recomendação impressa em seu livro *Hill's Manual of Social and Business Forms* [Manual de formalidades sociais e comerciais de Hill]: "Não discuta política ou religião quando em companhia de pessoas comuns. É pouco provável que você converta seu oponente, e ele não o converterá. Discutir esses assuntos é despertar emoções sem que tragam bons resultados".[2] Em 1922, Emily Post, em seu livro *Etiquette* [Etiqueta], deu a esse conselho um toque todo seu, pois recomendou que toda negatividade seja evitada. "Fale de temas que acredite ser agradáveis ao ouvinte", ela disse. "Não se alongue nos males, nos azares ou em outros desprazeres. Quem mais corre o risco de criar inimigos é o homem ou a mulher de brilhante sagacidade."[3]

E você ainda se pergunta por que será que tantos encontros são um desperdício de tempo, um festival de bocejos.

O conselho ainda vigora hoje em dia, prosperando na imprensa e nos fóruns on-line de aconselhamento. Em uma conversa de Quora intitulada "Por que se considera uma grosseria discutir sexo, política e religião?", uma mulher que alega ler guias de etiqueta "desde os seis anos" respondeu: "O objetivo da etiqueta é fazer as pessoas se sentirem acolhidas e à vontade. Então por que puxar briga?".[4] Um artigo no site sobre carreira Glassdoor declara política-sexo-religião a tríade profana: "Antes de cometer um erro que possa comprometer sua carreira, veja por que você deve ficar longe desses três assuntos no ambiente de trabalho".

O engraçado nesse conselho é que hoje ele é seguido por pessoas que acreditam que não o estão seguindo. Muitas pessoas obedecem a esse princípio ainda que não concordem com a ideia, e fazem escolhas para aumentar a harmonia em um encontro em vez de gerar controvérsias. Universidades, que foram fundadas com o objetivo de travar debates e argumentações, rescindem vez ou outra convites a palestrantes que alguns alunos consideram polêmicos demais ou inaceitáveis. Condoleezza Rice, secretária de Estado do governo de George W. Bush, teve que se privar de fazer o discurso de paraninfa na Universidade Rutgers[5] devido a um protesto estudantil, e Christine Lagarde, diretora-gerente do Fundo Monetário Internacional, não pôde discursar no Smith College.[6] Michelle Obama, ex-primeira-dama, foi eloquente ao dar sua opinião e incentivar os estudantes a "correrem ao encontro, e não para longe do barulho".[7] (É de se supor que não seja o tipo de barulho gerado no Middlebury College, quando o sociólogo Charles Murray foi palestrar e os alunos o impediram, no sentido físico, de entrar no prédio ao qual tinha sido convidado, machucando, nesse ínterim, uma professora que era a anfitriã.)[8]

Isso não acontece apenas em universidades. Praticamente todas as conferências e reuniões setoriais a que compareci têm mesas de debates, e praticamente todas as mesas a que assisti foram uma chatice. As pessoas que escolhem os assuntos a serem debatidos escolhem as ideias mais insossas possíveis — algo a ver com colaboração ou parceria, prosperidade ou construção de pontes, novos horizontes ou crescimento. Nisso, seguem o mantra dos maçons, de evitar o que "destruiria nossa Harmonia". Quando selecionam moderadores, parecem optar por gente educada sob a tradição de Emily Post, de amenizar as coisas e evitar o surgimento de "desprazeres". Qual foi a última vez que você viu o moderador de uma mesa fazer uma pergunta complicada em vez de dar deixas fáceis? Qual foi a última vez que você viu dois debatedores realmente discutirem um assunto que valesse a pena discutir? A mesa de debates, assim como a universidade, se orgulha de ser um espaço de debates, mas na verdade cedeu ao dogma de que a controvérsia precisa ser evitada a qualquer custo.

Meus clientes vivem me dizendo que querem uma "assembleia comunitária" para ventilar opiniões e fazer com que as pessoas falem a verdade. O dia desse modo chega e, caso eu não tenha tomado o controle da reunião, a assembleia é usada para retomar antigas banalidades, reafirmar a sensatez do governo dos que estão no comando, deixar tudo exatamente como está. Quando provoco os organizadores, em geral eles me dizem que é arriscado demais inserir controvérsias em um grupo.

Como criar então reuniões que possam aguentar certas provocações sem arder em chamas? Como causar uma boa controvérsia e fazer com que o grupo se beneficie dela?

LUTAS EM GAIOLAS NÃO SERVEM APENAS PARA LUTADORES

De vez em quando, a priorização da harmonia em detrimento de qualquer outra coisa apenas torna o encontro chato. No entanto, muitas vezes, a situação é ainda pior: o objetivo da harmonia se entoca no âmago do encontro e vira uma espécie de objetivo de fachada, tolhendo justamente aquele que deveria ser o cerne da reunião. Foi o que aconteceu em uma gentilíssima firma de arquitetura com que trabalhei.

"Priya, a gente precisa elevar a temperatura", meu cliente cochichou no meu ouvido, nervoso.

Ele observava o evento planejado e anunciado como uma conversa litigiosa sobre o futuro da firma se transformar em uma discussão alegre, elegante. Eu facilitava a reunião em que uma equipe de arquitetos deveria pensar na visão a longo prazo da firma. Tínhamos passado a manhã imaginando conjunturas futuras radicais, como um mundo em que novos prédios não fossem mais necessários, ou em que a Igreja católica fosse a maior cliente deles, ou em que haviam se tornado um serviço por assinatura. Essas deixas provocativas foram elaboradas com o propósito de desencadear uma conversa que fosse ao cerne da questão que estavam debatendo: queriam continuar como uma firma tradicional ou queriam virar uma firma de design de experiência?

Havia uma séria discordância sobre a questão, e foi por isso que eles me pediram para orquestrar o encontro. Mas, pela conversa que tinham, ninguém tocaria no assunto. Todo mundo em volta da mesa sorria, simpático e educado. Sempre que uma sócia se atrevia a enfiar o dedinho na polêmica, recuava às pressas.

Tentei questionar o grupo quanto ao que os separava, em vez de uni-los. "Vamos retomar a ideia da Anne", eu sugeria. Mas era um grupo sofisticado e eram exímios no que percebi ser uma das normas principais da firma: evitar qualquer coisa que pudesse jogar lenha na fogueira. As emoções que eu sabia que estavam ali não vinham à tona. Sabia que em breve precisaria tentar uma nova abordagem, senão o encontro não daria em nada.

Com a ajuda do meu cliente, cuja mente era extremamente aberta, um executivo que não era arquiteto, mas trabalhava para eles, começamos a confabular no almoço, quando todo mundo saiu. Na ausência deles, nós dois rearrumamos a sala, juntamos umas toalhas e achamos as músicas de *Rocky* no YouTube. Nos preparávamos para uma luta na gaiola.

Quando os arquitetos voltaram, se depararam com dois pôsteres gigantescos. Um enaltecia um personagem chamado Cérebro e o outro um personagem chamado Corpo. Os dois exibiam corpos de lutadores de verdade, nos quais as cabeças dos arquitetos tinham sido inseridas às pressas pelo Photoshop. Escolhemos dois arquitetos que sabíamos ser carismáticos, brincalhões e elo-quentes. Ambos caíram na gargalhada assim que viram o que tínhamos criado. Nos aproveitamos da surpresa deles e não lhes demos muito tempo para pensar.

Pulei no meio da plateia e anunciei que haveria uma luta de gaiola. Expus as regras: no Primeiro Round, cada lutador teria três minutos para defender seu ponto da melhor forma possível. O Corpo teria que explicar por que a firma deveria permanecer focada na arquitetura tradicional, concreta, em construir prédios nos próximos cem anos. O Cérebro teria que argumentar em prol da firma de design, uma criatura cada vez mais popular, ainda que etérea, que fazia trabalhos tais como criar a sinalização interna de um hospital ou orga-nizar o fluxo de procedimentos em um aeroporto, mas não necessariamente construía coisas. Era a escolha entre se adaptarem aos novos tempos e se aterem ao talento principal.

Eu não tinha certeza se as pessoas entrariam na brincadeira, e reparei que os arquitetos estavam tentando descobrir se os colegas iriam ou não participar. Não deixei minha energia cair e mantive um tom confiante na voz na tentativa de fazê-los superar a hesitação.

Em seguida, cada "lutador" ganhou um treinador, que era membro da equipe organizadora, e recebeu uma toalhinha branca. Os treinadores se postaram atrás dos respectivos lutadores e começaram a massagear seus ombros e cochichar seus conselhos. Os dois homens giraram o pescoço como se estivessem de fato se preparando para uma luta. Ninguém sabia exatamente o que queríamos dizer com "luta de gaiola". Haveria luta corpo a corpo? O que estava acontecendo?

Expliquei ao restante do grupo qual papel lhes cabia. Teriam que ouvir o argumento de cada lutador e escolher o lado que mais os convencia. Depois acrescentei a regra mais importante para a plateia: ela não poderia ser neutra; teria que escolher um lutador para apoiar. Depois de cada round, haveria um intervalo de cinco minutos em que os lutadores poderiam receber aconselhamento quanto à próxima rodada de argumentos. No Segundo Round, cada lutador teria mais três minutos para fazer a próxima justificativa do caso.

Incentivei a plateia a fazer barulho — aplausos e gritos eram encorajados — para que os lutadores sentissem o apoio do público. Depois que o Segundo Round terminasse, a plateia teria a oportunidade de tomar a decisão final, atualizada, quanto a quem endossar. Todo mundo tem que tomar partido, repeti, pois sabia que o grupo era predisposto a borrar distinções. No final das contas, três juízes independentes (os assistentes executivos, que estavam ali para dar apoio administrativo) dariam o voto de minerva quanto ao vencedor daquele Vale-Tudo Arquitetônico.

Todos entabularam uma conversa animada. Quando pusemos as músicas de *Rocky*, as pessoas riram, e o Corpo se levantou e começou a gesticular na direção do Cérebro, zombando dele em tom de brincadeira. Estávamos conseguindo. Nos vinte minutos seguintes, graças à boa vontade de dois arquitetos-lutadores, aquele grupo empolado, careta, conservador e refinado vociferou, chiou, riu, insultou e escutou dois arquitetos fazerem duas defesas firmes, interessantes, argutas e radicalmente divergentes em prol de dois futuros bem diferentes. Quando certos arquitetos enrolavam o andamento do jogo na tentativa de dizer que estavam divididos entre os dois lutadores, eram criticados pelos colegas antes elegantes: "Você tem que escolher!". A luta foi polêmica, acalorada e controvertida, e era justamente disso que precisávamos.

Caso esteja curioso, foi o Corpo quem venceu.

O grupo sofria do que muitos de nós sofremos: o desejo bem-intencionado de não ofender que resvala para o hábito de não dizer nada relevante. Eles não estavam botando as ideias na mesa. Por causa disso, não conseguiam ter uma conversa significativa e sincera, exprimir diferenças verdadeiras e juntos tomar decisões importantes que pudessem defender. E, ao evitar o que de fato interessava para não ferir suscetibilidades, se esquivavam das perguntas que mais lhes importava responder. Estavam jogando para os cantos a questão do próprio futuro, como indivíduos e como firma.

Em muitos encontros, ficamos com tanto medo de nos queimarmos que evitamos qualquer calorzinho que seja. Existe sempre o risco inerente à controvérsia, pois as coisas podem dar rapidamente muito errado. Ao evitá-la, no entanto, perdemos inúmeras oportunidades de nos conectarmos genuinamente com os outros nos assuntos que mais importam para eles. O domínio responsável de uma boa controvérsia — lidar com aquilo que normalmente evitamos de forma estruturada e cuidadosa — é um dos deveres mais difíceis, complexos e importantes do anfitrião. Quando bem executado, também pode ser um dos mais transformadores.

UMA BOA CONTROVÉRSIA NÃO É RESULTADO DO ACASO

Talvez você esteja se perguntando o que é uma "boa controvérsia".

A boa controvérsia é o tipo de contenda que ajuda as pessoas a examinarem melhor o que acham relevante, pois existe um risco e também uma verdadeira vantagem ao fazê-la. Aceitar a boa controvérsia é aceitar a ideia de que a harmonia não é necessariamente o princípio mais importante de um encontro, muito menos o único. A boa controvérsia nos leva a reexaminar o que prezamos: nossos valores, prioridades, coisas inegociáveis. A boa controvérsia é produtiva, não preservadora. Gera algo melhor do que o status quo. Ajuda comunidades a progredirem no modo de pensar. Nos ajuda a melhorar. A boa controvérsia pode ser uma desordem no meio de uma briga. Mas quando dá certo, é esclarecedora e purificante — e um antídoto contundente contra baboseiras.

Na minha experiência, entretanto, a *boa* controvérsia raramente acontece sozinha. Ela tem que ser planejada e ganhar estrutura. Visto que a controvérsia, naturalmente, surge do que as pessoas acham relevante o bastante para valer uma discussão, a maioria das reuniões é estragada por uma paz ou cólera insalubre. De modo geral, ou ninguém diz nada do que pensa de fato ou se acaba com o que eu chamo de "problema do Dia de Ação de Graças": um salve--se quem puder de queixas reprimidas que volta e meia provocam lágrimas e gritos, culminando no anúncio de um primo que, dali em diante, irá ao jantar de Ação de Graças dos amigos. É bem mais provável que a boa controvérsia surja quando convidada, mas depois de ser estruturada com cuidado.

Uma forma de estruturar o seu encontro é fazer o que fizemos no caso da luta de gaiola: explicitamos uma controvérsia implícita por meio de sua ritualização. Criamos um universo alternativo temporário dentro de uma reunião mais ampla, uma luta que possibilitava que a controvérsia fosse disputada com franqueza e com desabafos de sentimentos, sem que pontes fossem queimadas. Pegamos emprestado de um dos primeiros capítulos a ideia de regras improvisadas, e fizemos daquilo tudo uma brincadeira. O objetivo de uma luta de gaiola é, afinal, lutar. Se não há como as pessoas debaterem no contexto e nas normas do coleguismo cotidiano, temos que mudar o contexto e as normas por um tempo. Para fazê-lo de forma segura, recorremos a um ritual.

É isso o que a organização DoSomething.org faz ao promover sua luta de gaiola anual em prol do Bem Social. (Pôster promocional: "Veja líderes da indústria caírem na porrada ao falar de alguns dos assuntos mais acalorados do setor sem fins lucrativos: uma organização não pode alegar ser dona de um movimento inteiro — o voluntariado no exterior perpetua o complexo do branco salvador — campanhas de mídia social são só mais uma forma de ativismo de sofá — a 'conscientização' não serve pra p*rra nenhuma".)[9] Eles pegam temas que são tabus dentro do campo do "bem social" e os colocam sob os holofotes para que a plateia (e os palestrantes) os examinem às claras.

Muitas sociedades têm suas próprias versões de lutas de gaiola, e usam o ritual para cavar um espaço de conflito e controvérsia (e assim tirar o conflito e a controvérsia de outros lugares). Todo ano, na província de Chumbivilcas, no Peru, os aldeãos comemoram o Natal — o nascimento do Príncipe da Paz — se reunindo para trocarem murros.[10] Na região, que não tem um judiciário confiável, a luta se desenvolveu como forma de arejar e resolver desavenças antes que o ano acabe. Em Chumbivilcas, janeiro tem que ser um recomeço do zero. No vilarejo sul-africano de Tshifudi, homens da tribo Venda, volta e meia, fazem uma reunião tradicional chamada "musangwe", em que brigam, em certa medida, para resolver e aliviar a tensão de disputas que se prolongam. Tshilidzi Ndevana, um professor e pai de 56 anos, também é presidente do musangwe, usa como lutador o nome de Poison, explicou ao *New York Times*: "Se existe um problema na comunidade, se as pessoas andam brigando, a gente fala para elas: 'Espera. Não bata boca. Vamos levar a questão para ser resolvida no musangwe'".[11]

O filme cult *Clube da Luta* capta a sensação geral entre os homens americanos de trinta e poucos anos no final dos anos 1990 de que eles estavam perdendo a masculinidade. *Clube da Luta* retrata um ritual de sábado à noite: um encontro clandestino que serve de alívio para esses homens. É uma reunião em que não precisam ser "escravos do instinto para construir um ninho com móveis da IKEA", como diz um dos personagens. *Clube da Luta* é uma encarnação de tudo o que os homens modernos não devem fazer em seus trabalhos e suas vidas domésticas: lutar, ser agressivos, sentir dor, provocar dor. O filme se apropria da ideia antiquíssima de que devemos lidar com os aspectos mais perigosos da nossa personalidade separando-os da vida cotidiana e criando um espaço para aliviar de forma segura essa energia mais sombria. Em cada um desses vários formatos de clubes da luta existem regras rígidas, costumes e rituais, existe começo, meio e fim. Sim, são clubes de luta corpo a corpo, mas fazem o que nossa lutazinha de gaiola tentava fazer: trazer o conflito à tona, de forma segura, regrada e construtiva.

Levando em consideração seus próprios encontros, talvez a controvérsia ritualizada às vezes faça sentido. Sou a primeira a admitir que não é para qualquer evento. Em muitos casos, fazer algo fora do comum não é uma boa ideia. Às vezes, a chave para se gerar uma fogueira com segurança é identificar as áreas de tensão em um grupo e simplesmente organizar a conversa em torno delas, sob a proteção de algumas regras básicas. Foi esse meu método em um encontro entre mais ou menos uma dezena de líderes que lidavam com uma das questões políticas mais polêmicas da nossa época.

MAPAS DE CALOR, AMBIENTES SEGUROS E REGRAS BÁSICAS

Um dia, recebi um telefonema inesperado em que me pediram para facilitar um encontro no Reino Unido a que ninguém queria comparecer. Era uma reunião de dezenas de grandes líderes civis da Europa que enfrentavam a mesma questão polêmica, mas a partir de ângulos radicalmente diferentes. Tecnicamente, os líderes estavam do mesmo lado na questão, mas dividiam um histórico longo e complicado e muita política interna. Estavam sendo convocados para refletir sobre um projeto global com o qual haviam colaborado e quase todo mundo considerava um fiasco. Disseram, no entanto, que ninguém estava disposto a admitir que era um fiasco, pelo menos uns aos outros. Eu tinha três semanas para descobrir como conduzir o encontro.

Os organizadores não sabiam se era melhor serem corteses e seguir o protocolo de simular concordância ou se deviam tirar a tampa e tentar resolver parte das questões mais controversas — tanto interpessoais quanto estratégicas. Por um lado, achavam que era melhor fingir que tudo ia bem para manter a coalizão unida. Por outro, não tinham obtido um grande sucesso na realização da missão geral, e talvez fosse o momento de esclarecer as coisas. Eu era nova naquela área e não conhecia os participantes. Comecei, portanto, por onde começo qualquer tentativa de gerar uma boa controvérsia: fiz um mapa de calor.

Em quase todos os grupos de pessoas — inclusive de estranhos — certos temas geram mais calor que outros. O calor pode surgir de conflitos, tabus, transgressões, diferenças de poder, hipocrisia, colisão de personalidades etc. Parte do meu trabalho é descobrir possíveis fontes de calor e resolver o que fazer com elas. Em uma igreja, a fonte de calor pode ser a questão do casamento gay dentro da congregação, mas também pode ser como o dízimo e o dinheiro coletado são gastos. Em uma redação, o calor pode vir de quais matérias merecem a primeira página das versões impressa e digital do jornal, mas também pode vir das demissões que estão para ser anunciadas. Na administração de uma universidade, a fonte de calor pode ser o tratamento de candidatos cujos pais estudaram na instituição ou a troca de nome dos prédios. Questões são imbuídas de calor quando afetam ou colocam em risco os temores das pessoas, suas necessidades e a impressão que têm de si mesmas. Assim como quando incomodam a fonte de poder. A abordagem cuidadosa desses elementos pode gerar encontros transformadores, pois podemos escavar a conversa típica para encontrar nossos princípios básicos.

Para enfrentar essas áreas de calor, você precisa saber onde estão. Por isso faça um mapa de calor. Você pode descobri-las fazendo a si mesmo (e aos outros) as seguintes perguntas: o que as pessoas estão evitando e não acham que estão evitando? Quais são as vacas sagradas? O que fica nas entrelinhas? O que estamos tentando proteger? Por quê?

No caso da firma de arquitetura, percebi, por meio de uma série de entrevistas individuais e conversas que tive antes do encontro, que a chama que mais precisava encarar girava em torno da identidade: quem queriam ser no futuro? No caso dessa reunião política, me propus a agir da mesma forma. Quais eram os pontos de calor e quais deles valeria a pena abordar? Pus mãos à obra.

Primeiro entrevistei todos os líderes por telefone. Tentei ganhar a confiança e me entrosar com eles, e perguntei o que achavam que não estava dando certo e quais consideravam ser os problemas principais. Surgiram duas ideias: primeiro, havia uma discordância fundamental quanto a se o problema principal estava dentro da própria causa, entre os participantes do encontro ou entre a causa como um todo e aqueles que se opunham a ela. Segundo, havia um enorme desequilíbrio de forças devido a diferenças de tamanho, recursos e reconhecimento público entre as organizações dos parceiros que afetava todas as interações que tinham.

Não é de surpreender que as organizações menos influentes ficassem mais aborrecidas com o andamento da situação do que as organizações mais influentes. Mas quase toda essa insatisfação derivava de guerras por procuração: batalhas pelo linguajar dos folhetos, pelo compartilhamento de dados, por quem subiria ao palco ou pelos países em cujos jornais publicariam. Porém, como cada uma dessas questões, aparentemente bobas, simbolizava questões mais amplas para muitos membros do grupo, elas tinham importância.

Depois daqueles primeiros telefonemas, criei um livro de exercícios digital em que fazia perguntas que davam continuidade ao processo de nomear aquelas questões que os participantes acreditavam ser principais. Pedi que preenchessem os exercícios antes da reunião e o devolvessem a mim, e avisei que as respostas seriam lidas em voz alta, protegidas pelo anonimato. Ao contrário do que acontecia nos telefonemas, que eram sigilosos, eles agora dariam respostas cientes de que elas seriam compartilhadas, ainda que a origem delas não fosse rastreável. Ao fazer essa transição, introduzi o grau seguinte de risco ao processo. O livro de exercícios incluía pedidos de informação sobre o histórico pessoal dos participantes, para que se reconectassem com seus princípios fundamentais: "Fale de um momento da infância que teve grande influência sobre você e que talvez o tenha levado a fazer o trabalho que faz hoje". Mas a maioria das perguntas instigava os líderes a falarem do que não estava dando certo: "Se fosse dizer algo que seja politicamente incorreto, ou um tabu, sobre este processo ou projeto, o que diria?". Ainda os questionava: "Qual você acha que é a conversa mais necessária para esse grupo neste momento?".

Todos responderam sem pressa e, felizmente, foram diretos e sinceros. Obtive o que precisava para levar suas vozes e preocupações à sala e promover uma conversa, não uma luta de gaiola, que eu esperava que fomentasse uma boa controvérsia.

Como é típico em mim, insisti que déssemos um jantar na véspera. Não queria entrar na reunião e mergulhar logo na controvérsia. Queria um aquecimento. Fizemos um jantar dos Quinze Brindes com os líderes e escolhemos conflitos como tema. Queria normalizar a palavra e mostrar que havia certa luminosidade dentro dela. A princípio, as pessoas ficaram confusas com o tema, mas em pouco tempo os brindes começaram. (Muita gente não queria cantar.) Os brindes progrediram no decorrer da noite, e foi-se revelando que havia muitos tipos de conflito: entre parentes e entre amigos, por exemplo. Mas, o que mais repercutia, era de uma outra natureza: o conflito interno. Vários brindes expuseram facetas dos líderes que antes desconhecíamos. Foi uma lição vital. O mais importante para o encontro do dia seguinte era que se tratava de um lembrete de que eles eram pessoas complexas, multifacetadas, que não tinham a vida inteira resolvida. Um bom conflito poderia levá-los a um novo lugar.

No dia da reunião, decidi que organizaria o dia inteiro como uma conversa em grupo. Era raro que todos aqueles líderes ocupadíssimos estivessem na mesma região, que dirá na mesma sala, e parte da dinâmica era que suas conversas mais francas em grupo tendiam a se dar off-line ou em atividades paralelas. Queria ver se conseguiriam tomar coragem de falar aberta e rigorosamente sobre o que enfrentavam.

Com esse intuito, comecei o dia estabelecendo regras básicas. Fiz as seguintes perguntas:

Do que vocês precisam para se sentirem seguros aqui?

O que vocês precisam que este grupo lhes dê para que se disponham a correr riscos com a conversa de hoje?

Gastar um tempo fazendo perguntas como essas ajuda a preparar ainda mais os convidados para que se aventurem na conversa e escutem com mais atenção do que normalmente escutariam. Pedir que participassem da elaboração das regras, em vez de apresentá-las sozinha, também foi um jeito de começar a dar nome e admitir condutas de encontros passados que serviram para calar os outros — condutas que agora inspirariam a sugestão de regras novas para fomentar condutas novas. O ato também conferiu legitimidade às regras. Assim o facilitador poderia dizer: "Essas são as regras que vocês elaboraram".

Depois de estabelecer essas regras básicas, me incumbi do meu segundo ato de nomeação: comecei a ler em voz alta as respostas do livro de exercícios. Tinha organizado os trechos de acordo com as perguntas e temas e apagado os rastros de seus autores da melhor forma possível. Li as histórias pessoais. Como sempre acontece, muitos participantes tinham dividido histórias fortes da infância que os outros nunca tinham ouvido. Essas histórias lembraram a todos dos sentimentos que tivemos na véspera, ao sair do jantar. Ajudaram a nos remeter àquela sensação. Embora tivessem respondido a um leque de perguntas, passei a maior parte do tempo lendo as respostas às perguntas sobre tabus. Eu tinha distribuído a todos os participantes um bloquinho de papel adesivo e uma caneta e pedido que anotassem as palavras e expressões que os tocassem. Enquanto falava, reparei que as pessoas tentavam escrever o mais depressa possível. A tarefa lhes dava o que fazer e os ajudaria a relembrar aquelas palavras.

Após a leitura, ergui os olhos. Os líderes estavam altivos, muito atentos. Alguns poucos estavam com uma expressão esquisita. Sem dizer mais nada, convidei todos eles a lerem duas palavras que tivessem anotado. Era ainda mais nomeação. Passados vinte minutos, o que nunca tinha sido dito em voz alta naquela comunidade ecoava nos ouvidos de todos. Várias palavras foram repetidas por pessoas diferentes, revelando sua ressonância no grupo. Foi como arrancar um band-aid. Em vez de tentar chegar lá por meio de uma conversa, começamos botando as cartas na mesa. Apenas noventa minutos haviam transcorrido e já havia no ar uma sensação palpável de expectativa e de alívio.

O resto do dia foi organizado em torno dos tabus com que mais tinham se identificado. Passamos o dia botando às claras suas suposições. Usei todos os meus truques para conduzir a conversa deles nas seis horas seguintes. Fazíamos sessões de noventa minutos e depois um intervalo, outra sessão e intervalo. Trabalhamos durante o almoço. Quando alguém tentava dominar a conversa, eu interrompia, ressaltando regras básicas quando necessário, e tentava incluir o pessoal mais quieto. Quando surgia uma tensão entre dois participantes por conta de um assunto relevante, em vez apaziguá-los, se eu acreditasse que o tema era importante para o grupo, os incentivava a se debruçarem sobre a questão. A certa altura, um incidente passado entre duas pessoas foi trazido à tona. Um deles disse algo como "Tudo bem, a gente pode falar disso fora daqui". Mas outra pessoa do grupo (que não era do par em questão) destacou que na verdade o incidente refletia a dinâmica que existia entre alguns deles, e disse que acharia útil que o grupo como um todo o discutisse. Outros concordaram e auxiliei o par a solucionar a questão na frente de todo mundo.

Pedi várias vezes que o grupo fosse além da superfície, que entrasse nas pressuposições de que partiam para falar. Quando os debates ficavam acalorados, eu os acalmava e tentava ajudá-los a ir "abaixo do iceberg". Em vez de examinar incidentes e acontecimentos específicos que estavam acima da superfície da água, queria saber o que esses momentos revelavam de suas crenças, princípios e necessidades subjacentes. Tentava tornar o que diziam mais audível para todos. Assim, mesmo que não concordassem, eles compreenderiam.

Ao longo do dia, os fortaleci como grupo para que vissem coletivamente uns aos outros, não apenas sendo educados, mas, assim como no caso da luta de gaiola, por meio de uma boa controvérsia. Continuei, em vários momentos, a fazer contato com o grupo e com indivíduos para saber como estavam se saindo. Quando precisavam de um tempo, fazíamos um intervalo. O dia foi pontuado em igual medida por risadas e por tensões. Não raro ao mesmo tempo. Em certo momento, uma participante mais nova do grupo se mostrou preocupada com o rumo da conversa. Ela disse algo ao estilo "Por que estamos gastando tempo com tanta coisa negativa? Estou achando isso muito pouco produtivo". Me calei. Não defendi a ideia. Aguardei. Naquele instante, um líder mais velho lançou a ela um olhar carinhoso e respondeu algo como "Ah, não, isso aqui é um avanço. Nunca, nesses 25 anos, tínhamos tido essa conversa".

Ao confrontar o calor, os participantes começaram a ter vislumbres de modos alternativos, mais produtivos, de interagir. Conseguiram ter mais clareza quanto aos pontos em que valia a pena colaborar ou não. Também desabafaram bastante.

À medida que o dia avançava, reparei que vários participantes começavam a correr mais riscos. Diziam ao grupo o que tinham escrito no livro de exercícios. Declararam em alto e bom som o que tinham me falado ao telefone, sob sigilo. No final do dia, concordaram em continuar se encontrando para irem ainda mais fundo naquelas conversas. Foi um passo à frente.

QUAL É A VANTAGEM? QUAL É O RISCO?

Buscar o calor em um encontro é um risco por si só. Quando se é capaz de estabelecer um processo ou estrutura em torno da busca de calor, no entanto, existe a possibilidade de que ela seja proveitosa. Porém, isso não significa que o calor deva fazer parte de todos os encontros. Só incluo a controvérsia em uma reunião quando acredito que ela será benéfica — a ponto de compensar os riscos e danos. Nos seus encontros, você deve fazer essa mesma avaliação.

Durante as pesquisas para este livro, conheci uma mulher chamada Ida Benedetto que promove reuniões secretas, clandestinas, que ajudam os convidados a se arriscarem de forma segura, coisa que normalmente não fariam. Ida Benedetto e o sócio, N. D. Austin, se descrevem como "consultores de transgressão" e cofundadores de uma firma de design chamada Sextantworks. Estão por trás de encontros como o Night Heron, um bar clandestino nova-iorquino abrigado ilegalmente em uma torre d'água. Benedetto e Austin também são os criadores de uma falsa conferência chamada Timothy Convention, uma reunião anual, ao estilo flash mob, no icônico hotel Waldorf Astoria de Nova York. Nessa "convenção", cem estranhos vestidos em trajes formais entram no hotel e precisam realizar "atos transgressores inofensivos" como "entregar o serviço de quarto de um hóspede", "usar roupão em um lugar improvável", "comprar talheres do Waldorf para a equipe inteira", "conseguir dois cartões de visitas de hóspedes do hotel" e tirar "uma foto de equipe no armário da camareira". Benedetto e Austin já foram descritos como "os organizadores de eventos clandestinos mais selvagens de Nova York" e seus eventos como noites "inesquecíveis".

Embora esses encontros possam parecer frívolos, Benedetto é movida por um sentimento mais profundo. Antes de todos os eventos que cria, ela se faz duas perguntas: qual é a vantagem? E qual é o risco? Ela acha que todas as reuniões satisfazem a necessidade de um grupo específico de pessoas. Mas para que a vantagem seja obtida, ela descobriu que é preciso haver certo grau de risco. "Nenhuma vantagem de verdade é desprovida de riscos", Benedetto disse. Ela define risco como "uma ameaça à condição atual da pessoa, algo que desestabilize as coisas como estão". O risco é o que abre espaço para a vantagem.

Nos encontros de Benedetto, os riscos geralmente são jurídicos e físicos: invasão e ocupação de prédios abandonados. Mas também podem ser psicológicos: a Timothy Convention é sempre planejada com a quebra de um tabu ou norma social em mente. Na verdade, o encontro todo é feito para ajudar as pessoas a "cruzarem limites" e "transformarem a relação que têm com a cidade" mudando o que supunham ser inaceitável para elas.

Assim como eles, caso esteja planejando uma boa controvérsia ao seu próximo encontro, talvez seja bom você se fazer as perguntas de Benedetto: qual é vantagem de tocar nessa questão? E qual é o risco? Vale a pena? Sabemos tratá-la com cuidado?

8. Aceite que o fim é inevitável

Estamos chegando ao fim. Alguns convidados seriam capazes de continuar noite adentro, outros estão começando a ficar com cara de sono. O último aluno da classe que está se formando subiu ao palco para receber o diploma. É a sessão de encerramento da conferência e as pessoas estão procurando o ticket da bagagem, na esperança de pegar logo suas malas. É o último café da manhã da reunião de família, antes de todo mundo ir embora. Como encerrar o encontro? Como terminar de um jeito positivo? Como se despedir com amabilidade?

PRECISO QUE VOCÊ ROMPA COMIGO

Investigamos a tendência geral de abrirmos um evento sem fazer uma abertura. Em vez de nos seduzir com fogos de artifício e, acima de tudo, a necessidade humana e a satisfação de uma boa recepção e sentimento de arrebatamento, as pessoas começam pela logística, pelos anúncios, pelas burocracias e pela quitação das dívidas com as empresas patrocinadoras. Voltaremos agora nosso olhar para um problema igual e oposto: a tendência de encerrar sem fazer um encerramento. Na experiência que possuo em relação aos encontros, o que mais existe são aquelas situações terríveis em que as pessoas nunca rompem com ninguém, simplesmente param de ligar. A pessoa se convence de que está sendo gentil ou comedida. Mas os convidados, assim como pares românticos, merecem um rompimento de verdade.

Os anfitriões não pulam o encerramento por serem pessoas ruins. Eles geralmente pulam porque supõem que, assim como os outros elementos do encontro, o fim acontecerá naturalmente. Tratam o encerramento como o pôr do sol. Assim como descobri quando acabou um encontro que tive em Minneapolis, o encerramento não tem nada a ver com o pôr do sol. Se tivesse, teria chegado por conta própria.

Estava cofacilitando uma oficina de dois dias nessa cidade, promovida por uma fundação. Nossa tarefa era ajudar a mudar a forma como os avaliadores externos mediam o impacto do trabalho que a fundação financiava. Pode parecer um objetivo um tanto árido, mas no mundo das organizações sem fins lucrativos, esse é um assunto vital e controverso. Mudar o que os avaliadores medem, e como medem, altera os resultados dos estudos. Altera os tipos de ajuda que são considerados eficazes ou não. Alguns ajustes, por sua vez, poderiam mudar o que era financiado pela fundação. Estavam prontos para falar francamente de suas suposições a respeito do que funcionava, o que a longo prazo poderia significar o fim de relações com certas ONGs ou o começo de novas oportunidades de doações. Esse refinamento das avaliações acabaria afetando sua identidade e seu papel como financiadora no ecossistema da filantropia americana.

No decorrer dos dois dias, nossa missão era alterar o que os avaliadores tinham sido treinados a fazer. Tinham nos contratado não para ensiná-los exatamente sobre o novo método, mas para fazê-los acatá-lo e, até mesmo, gostar dele.

Nós, os facilitadores, passamos todo o nosso tempo preparando o conteúdo das sessões. Elaboramos encenações. Ensaiamos conversas complicadas. Imaginamos formas de promover conversas técnicas sobre temas que não entendíamos direito. Tudo — cada sessão, cada transição, cada intervalo — foi rigorosamente planejado nos mínimos detalhes. Tudo menos os dez últimos minutos da conferência. Assim como o pôr do sol, supúnhamos que eles chegariam.

Quando nos demos conta, os dois dias passaram rapidamente e estávamos na última sessão. Faltavam sete minutos exatos para o encerramento oficial do evento. Nós três não tínhamos conversado explicitamente a respeito de como terminaríamos a oficina. A facilitadora-chefe subiu ao pódio, olhou para o relógio e fez alguns anúncios sobre transporte coletivo para o aeroporto. A plateia se voltou para ela, atenta, esperando algo mais. A expectativa tomava conta da sala. Ela olhou para eles, imagino que pensando que era óbvio que o encontro havia acabado, mas eles ainda a fitavam, esperando algo mais. "Ok, obrigada!", ela disse. Todo mundo a encarava. Ela fez outra tentativa: "Acabamos! Está encerrado!". Por fim, após mais uma pausa desastrada, entendendo que não haveria mais nada, os participantes começaram a conversar, pegaram suas bolsas e foram embora.

Encerramos sem encerrar. Não fizemos um balanço do que tinham absorvido naqueles dois dias. Não avaliamos a adesão. Não falamos de como aplicariam o que tínhamos feito juntos no cotidiano — por exemplo, retreinando seus pesquisadores de acordo com o novo método. O mais básico, no entanto, é que permitimos que o relógio — e só o relógio — demarcasse nosso fim. Em um dos dois momentos mais cruciais de qualquer reunião, apresentamos apenas um vácuo enorme. Mesmo quando os participantes desafiaram o vácuo, suplicando algo mais com suas expressões faciais, nos recusamos a finalizar de um jeito mais significativo.

O único consolo que tenho ao contar essa história é o de saber que não estou sozinha. É como a festa que é esvaziada às pressas, às 22h, só porque era esse o horário indicado no convite. É a conferência que se dispersa depois da última sessão, às 15h30, porque não há mais nada na programação. É a chamada da escola que termina às 8h32 por causa da campainha. O mais comum é que os anfitriões permitam passivamente que os eventos se apaguem aos poucos, em vez de decretarem um momento de conclusão — uma verdadeira despedida. É muito normal que nossas reuniões não terminem. Que elas, simplesmente, cheguem ao fim.

POR QUE ENCERRAMENTOS SÃO RELEVANTES

Tive um professor de improvisação, Dave Sawyer, que nos disse que é possível distinguir os bons atores dos excelentes não pela forma como entram no palco, visto que todos os atores pensam nisso e se planejam, mas por como saem dele. Bons atores entram teatralmente, dentro da personagem, dizem suas falas e, quando terminam, pensando que o trabalho acabou, saem correndo do palco. Atores excelentes gastam o mesmo tempo pensando na saída. Anfitriões excelentes também. Anfitriões excelentes, assim como atores excelentes, entendem que a forma de terminar as coisas, assim como a forma de começá-las, molda a experiência, o senso de significado e a memória das pessoas.[1]

Lembre-se do que Neo Muyanga, que já sabia se iria gostar de uma ópera depois de apenas dezesseis compassos, disse sobre encerramentos? A segunda parte mais importante de uma ópera é feita das "quatro últimas páginas da partitura". Ele explicou:

> É aí que o compositor tem que ter, de uma vez por todas, justificado as primeiras notas cantadas e tocadas pelo grupo e o maestro tem que empurrar o universo alternativo inteiro — aquele que há pouco tempo foi evocado como que por mágica — em direção ao abismo, obrigando o ouvinte a retomar a própria pele.

Soa exagerado, não é? Mas não é um critério tão absurdo quanto possa parecer. Assim como acontece com as óperas que Muyanga escuta, você também deve ter criado um universo alternativo temporário no seu encontro, e é seu dever ajudar os convidados a fecharem esse universo, decidir que parte da experiência querem levar com eles e voltar ao lugar de onde vieram.

Talvez você pergunte: como fazer isso? Pode ser tão simples quanto um encerramento regado a tequila oferecido por um professor.

Michael J. Smith é professor da Universidade de Virgínia e sabe fazer encerramentos como ninguém. Ele administra o programa de Pensamento Político e Social da instituição, um curso intensivo, de dois anos, que guia suas classes de vinte alunos por meio de um estudo rigoroso da filosofia política. O auge do programa é a entrega da dissertação. Os alunos passam mais de um ano elaborando a dissertação. As últimas semanas são extenuantes, cheias de noites viradas. Em geral, é o momento da vida dos estudantes em que trabalham mais arduamente.

Todo ano, o professor Smith manda que o grupo entregue a dissertação pronta, com todos os detalhes, em sua sala, às 17h, da segunda sexta-feira de abril. A maioria dos professores deixaria uma caixa em frente à porta da sala para os alunos depositarem as dissertações encadernadas e irem embora. Mas, no horário marcado, o professor Smith, para a surpresa e o deleite dos estudantes, está em sua sala, esperando todo mundo com uma bandeja de doses de tequila.

A pessoa atravessa o corredor rumo à sala dele preparada para entregar duas cópias impressas da dissertação. Em vez de colocá-la em uma caixa, é recebida pelo professor Smith com uma festa surpresa, o que dá início a sua vida pós--dissertação. Com esse simples ato de transformar o fim em um encerramento, ele transforma o gesto de entregar a dissertação em um momento que jamais será esquecido pelos alunos (inclusive por mim, que fui aluna da Classe de 2004).

SIMPLESMENTE ACEITE

O primeiro passo para encerrar bem um encontro é menos prático do que espiritual e metafísico: você precisa, acima de tudo, aceitar que existe um fim. Precisa aceitar a morte do seu encontro.

Talvez essa lhe pareça uma instrução bizarra, ou uma enorme obviedade. Quem não aceita que o encontro tem fim? As pessoas vão e vêm; anfitriões se despedem. Quem não está aceitando o fim?

Observe um pouco mais de perto. Em diversos encontros, a certa altura da inevitável desaceleração, existe um momento em que o anfitrião, os convidados ou uma mistura de ambos fazem uma tentativa débil, geralmente vã, de prolongá-los. É normal acharmos essas tentativas especiais, e tem vezes que de fato são. Mas elas também são sintomas de encontros que carecem de um encerramento claro. Pedimos insistentemente que a banda do casamento toque a última música três vezes, assim a antepenúltima música tem a potência de uma despedida e as canções que vêm depois parecem um balão que aos poucos se desinfla. Enquanto ainda há apenas uma pessoa que deseja permanecer no jantar, deixamos todos os demais convidados sentados à mesa, mesmo que uma ou duas pessoas tenham cochilado. Criamos grupos de WhatsApp depois das conferências, prometendo "manter o contato", em vez de simplesmente renunciarmos a isso.

Aceitar a impermanência de uma reunião é parte da arte. Quando tentamos prolongar nossos encontros, não estamos só vivendo em negação como privando-os do tipo de encerramento que poderia lhes garantir um espaço no coração dos participantes.

Uma vez, fui encontrar um par de monges zen-budistas com uma ideia estranha. Perguntava a mim mesma se os dois, que haviam se especializado em ajudar as pessoas a enfrentarem a resistência que tinham a finais, não teriam nada a ensinar aos anfitriões cotidianos.

Os mestres zen Robert Chodo Campbell e Koshin Paley Ellison são os fundadores e professores do New York Zen Center for Contemplative Care, que ganhou atenção pelos métodos inovadores e sensatos de ajudar as pessoas a lidarem com a morte, a assistência às pessoas próximas e a educação zen. Você deve estar pensando: quem falou em morte? Eu só queria fazer um piquenique melhor. Mas descobri, de forma reiterada, que a dificuldade de encerrar direito está arraigada na fuga do fim. As pessoas mais capazes de refletir sobre o porquê de evitarmos fins, e como fazer para aceitá-los, são as que passam muito tempo pensando na morte.

O Zen Center for Contemplative Care tem vários programas, de cursos de meditação à formação em assistência contemplativa para quem enfrenta doenças, cuidados paliativos e luto. Mas um fio que liga todo o trabalho que fazem é o afã de rechaçar a cultura que os monges percebem como uma esquiva à realidade da morte e dos fins de modo geral. Nos Estados Unidos, por exemplo, houve um aumento no número de pessoas que querem tratar funerais como celebrações, em vez de eventos tristes e pesarosos. Em uma pesquisa de 2010, 48% das pessoas disseram preferir uma "celebração da vida", e 11% queriam um "funeral tradicional".[2] Um terço dos entrevistados afirmaram não quererem funeral nenhum. Essa ideia de celebração pode parecer evoluída e altruísta, mas os monges acreditam que ela priva as pessoas da experiência de processar a morte pelo que é. No centro que comandam, praticam a filosofia contrária, fazendo de tudo para que as pessoas entendam o fim pelo que ele é. Por exemplo, quando uma pessoa da comunidade falece, os monges incentivam, quando conveniente, que os parentes lavem e vistam o corpo, e que o carreguem escada abaixo em vez de usarem o elevador. Incentivam as pessoas a se voltarem em direção à morte em vez de lhe virarem as costas. Eles mostram que, sim, elas são capazes de lidar com a morte.

Dentre as propostas do Zen Center há um curso de nove meses chamado Fundamentos da Assistência Contemplativa. O objetivo é ensinar à classe de trinta a quarenta alunos como eles devem oferecer uma "abordagem compassiva às transições da vida". Por isso, é curioso que alguns desses alunos, matriculados no programa em que aprendem a ficar mais à vontade com o Fim, faltem à última aula. Ao longo do ano, os monges me contaram, o comparecimento às aulas tende a ser regular. No último dia, um punhado de alunos não aparece — ano após ano, e somente na última aula. "As pessoas adoecem. Têm de tricotar uma peça às pressas! É incrível. De repente surgem coisas", disse Koshin, assim chamado pelos alunos. "Tem sempre três ou quatro pessoas que precisam ir ao jogo do filho, e que nunca tinham faltado."

Os alunos, volta e meia, abordam os professores querendo uma protelação. Koshin diz:

Quase todo grupo, sempre, na última semana, entra numa discussão comigo, perguntando se não podemos estender as aulas por mais duas semanas. E eu sempre digo: "Não, acabou. Vocês se matricularam num programa de nove meses: foram nove meses". Mas todos os grupos agem assim.

Os monges nunca cedem aos pedidos "porque a vida não tem extensão. É finita. Tem começo, meio e fim. Com o grupo também é assim. Depois que você passa pelo processo, vamos fazer o quê? Vamos requentar as coisas. O que há dentro de você que o impede de querer que o grupo termine?", ele indagou.

Ao entenderem que essa é a tendência dos alunos, Koshin e Chodo tentam prepará-los para o fim do encontro deles como classe. Na metade do período de nove meses juntos, falam com os alunos sobre a "meia-idade" como grupo. "Olhem ao redor outra vez, percebam a sensação, vejam como as relações mudaram", eles dizem. "Estamos na meia-idade, e daqui a quatro meses e meio este grupo morrerá. Então o que vocês precisam fazer com essas relações nos próximos quatro meses? Quais são seus padrões de despedida? Quais são seus hábitos?" Eles usam o próprio grupo e a experiência de fazer parte do grupo para examinar seus "próprios hábitos de encerramento das coisas".

Por que fazem isso? "Porque tudo termina", Chodo declara. E complementa:

Não existe nada que não termine. Em certa medida, o que fazemos no nosso trabalho é cultivar essa verdade. Isso vai terminar, você querendo ou não. O encontro com a sua avó de 98 anos que está acamada na casa de cuidados paliativos: seja depois de uma semana ou um dia, ela vai chegar ao fim. Não existe dúvida. Não incentivamos o pensamento mágico.

Eles fazem palestras de sessenta minutos com milhares de médicos na plateia e pedem que se virem para a pessoa ao lado e tentem se conectar breve e profundamente olhando nos olhos dela em silêncio, depois fazem uma visualização guiada para que a imaginem envelhecendo, ficando frágil e fraca. Na sequência, os monges perguntam: "O que isso faz com a sua atenção e relação com as pessoas que vocês acabaram de conhecer?", Koshin me disse. "As pessoas choram. É incrível." A essência do que ensinam a profissionais de saúde e a leigos é, nas palavras de um dos monges: "Como fazer com que eles recebam tudo de bom grado e não se esquivem de nada?".

É interessante que, na esfera banal da presença em classe, os monges se deparem com a mesma resistência ao fim que as pessoas sentem em relação à morte. Ao ouvi-los, me dei conta de que a tarefa que se incumbiram de executar no encerramento de seus programas de treinamento é a tarefa de todo anfitrião que precisa encerrar um evento: ajudar as pessoas a lutarem contra a ânsia de dar fim às coisas. É sua função como organizador do encontro criar um encerramento proposital que ajude os convidados a encararem, e não evitarem, o fim.

ÚLTIMA CHAMADA

Quando bem-feitos, aberturas e encerramentos, via de regra, se espelham. Assim como pouco antes da abertura deve haver a condução, no caso do encerramento também existe a necessidade de preparar os convidados para o fim. Não é bem uma condução, mas uma última chamada.

Em bares mundo afora, *bartenders* anunciam aos brados a última chamada. Por quê? Para prepará-lo para encerrar seu período no estabelecimento. Para que você possa resolver os assuntos pendentes no bar — seja pagar a conta, pedir um último drinque ou o telefone de alguém. O anúncio de última chamada reúne as pessoas no bar para dar fim à noite. Acredito que muitos encontros — em casa, nos escritórios e em outros espaços — fariam bem em adotar a ideia por trás da última chamada.

Se últimas chamadas melhorariam nossos jantares, conferências e reuniões de trabalho, por que não as lançamos? Uma razão é que, no bar, o horário de fechamento é uma realidade jurídica inevitável e aplicada de forma igualitária.

Em outros encontros, as pessoas têm experiências diferentes lado a lado, e os anfitriões geralmente relutam em impor um encerramento geral.

Anfitriões que observam atentamente seu evento percebem quando ele está murchando. Alguns dos convidados esfregam os olhos, começam a se mexer na cadeira, ninguém faz perguntas aos debatedores. O problema para o organizador é que, para cada pessoa cansada ou pronta para fechar a conta, supõe-se que existam outras que seriam capazes de continuar no evento por horas a fio. Um dos dilemas mais curiosos — e controvertidos — dos anfitriões é o que fazer nessas situações. Você libera para ir embora todos os convidados ao primeiro sinal de uma minoria que quer ir embora? Encerra a festa enquanto ela ainda está divertida? Ou deixa os convidados orientarem suas escolhas?

Vivo em uma casa dividida, uma vez que meu marido é veementemente favorável a deixar que as pessoas fiquem o tempo que bem entenderem, e eu sou convicta na opinião de que deveríamos tomar a iniciativa de encerrar o evento para que os convidados tenham por onde sair. Para o horror de Anand, assim que nos casamos, terminei vários jantares falando de repente: "Muito obrigada a todos pela presença!". Na minha cabeça, estava emancipando os convidados; na dele, eu os estava expulsando. Ele vem de uma cultura familiar em que o anfitrião sempre espera os convidados indicarem que estão indo embora, eu venho de outra em que o convidado só vai embora quando o anfitrião o dispensa.

Chegamos assim à nossa própria versão da última chamada. Quando vejo a conversa se esgotar, depois da sobremesa, paro, agradeço a todos pela bela noite e sugiro que a gente vá para a sala de estar para tomar a saideira. Dou aos convidados que estão cansados a oportunidade para ir embora, mas meu marido e eu enfatizamos que preferiríamos que todos ficassem. O convite para irmos para a sala é um encerramento suave; em certo sentido, é equivalente à última chamada. Você pode pedir a conta, por assim dizer, ou pedir mais uma rodada. Quem está cansado pode se despedir sem parecer rude, e quem quiser ficar, pode ficar. A festa, reassentada e aparada, é retomada.

A última chamada não é um encerramento: é o começo de uma condução à saída. A última chamada pode ser verbal, como nos jantares da minha casa. Mas não precisa ser. Dario Cecchini, ao final dos longos jantares regados a carne que dá, toca um sininho para indicar que a noite está terminando. Sei que alguns gerentes mandam os assistentes baterem na porta da sala cinco minutos antes do fim da reunião, para sinalizar para eles (e para todos os presentes) que o encontro está chegando ao fim. A batidinha não é o encerramento, mas um sinal de que as pessoas devem se preparar para o fim.

QUANDO E QUEM?

Talvez você seja como o meu marido e hesite em dar às pessoas qualquer sinal de que devam ir embora. Mas se o convenci, ainda que minimamente, de que é uma boa ideia lançar uma última chamada, a questão do timing vem à tona. Quando a lei não dita a última chamada, em que momento ela deve ser decretada?

Essa questão de timing é ainda mais complicada em encontros informais, sem programação. Por um lado, você não precisa acabar com a diversão e virar um estraga-prazeres, por outro, você não deve esperar até todo mundo estar morto de cansaço.

Lady Elizabeth Anson, cerimonialista da rainha Elizabeth há mais de meio século, sugere que a festa seja encerrada quando ainda há pelo menos vinte pessoas na pista de dança. Está falando, é claro, de um tipo de encontro específico, mas existe um princípio por trás do número. Se esperar demais, pode parecer que você está sendo levado pelos acontecimentos, e não os conduzindo. "Se deixar a festa ir se apagando, é morte certa", disse ao *New York Times*.[3] Seu maior arrependimento foi solicitar à banda, a pedido de certos convidados, que tocasse uma última canção depois da verdadeira última canção. "Cometi um grande erro na minha carreira, que foi ser convencida a retomar a banda", ela declarou. "Foi um fiasco."

Portanto, se questione: a que equivale para você o momento das últimas vinte pessoas na pista de dança? Quando, ao entrar na última chamada, você ainda está no comando dos acontecimentos, e não sendo levado por eles? Quando ainda estará terminando na frente? Quando estará deixando que as coisas se prolonguem por tempo suficiente para se sentir satisfeito com o evento — mas não a ponto de sentir a energia se esvair do ambiente?

A quem cabe a decisão de lançar a última chamada?

Na véspera do meu casamento, fizemos um show de talentos em que muitos dos nossos convidados se apresentaram, copiando e fazendo adaptações da tradição indiana do *sangeet*, que geralmente conta com danças coreografadas feitas por amigos e parentes. Após as apresentações de todos os nossos amigos, com a atmosfera festiva e animada, o evento se transformou em uma festa com pista de dança. No meio da dança, uns amigos pediram que exibíssemos o vídeo que um amigo tinha feito para nós e que tínhamos mostrado num jantar menor, de ensaio para o casamento, na noite anterior. Olhei para a pista e vi que as pessoas pareciam estar de divertindo à beça dançando. Mas havia alguns convidados que queriam muito que mostrássemos o vídeo. Não pretendíamos mostrá-lo outra vez, mas concordei, pensando: "Se é isso o que as pessoas querem...". Diminuímos o som e assistimos ao filme. Eu achava que seria divertido, e seria uma breve pausa antes de retomarmos a dança. Mas, ao final dos quinze minutos do vídeo, os convidados haviam esfriado e estavam prontos para as despedidas. A noite acabou. Havia renunciado ao meu encerramento ao dar a outra pessoa a chance de lançar uma última chamada acidental.

Por outro lado, às vezes, a decisão certa pode ser deixar que os convidados escolham o fim. Já facilitei inúmeros jantares de equipes que atravessaram a madrugada e tomaram vida própria. Facilitei um jantar em Cingapura com uma equipe que tentava desenterrar um conflito mais profundo. Não sei se por conta da hora, do vinho ou da exaustão, mas às 23h30 os convidados enfim começaram a falar verdades, justamente quando me preparava para encerrar a noite. Eu já tinha dado início à última chamada, que nesse caso era um processo de "checkout", em que pedia que todo mundo dissesse uma palavra sobre como estava se sentindo. Um dos participantes me interrompeu para dizer: "Acho que a gente finalmente está saindo do lugar. Se a gente for dormir, acordar revigorado, tomar um banho e voltar para a sala de reuniões, tudo o que estamos abrindo aqui vai desaparecer. Queria pedir que a gente continuasse a conversa e não encerrasse agora". Como algumas pessoas à mesa fizeram que sim, cedi o encerramento ao grupo. Reabrimos a conversa e continuamos o compartilhamento por mais noventa minutos, fechando a sessão à 1h30 da madrugada, exaustos, mas com avanços emocionais como grupo.

A ANATOMIA DO ENCERRAMENTO

Você lançou a última chamada, preparou as pessoas para pensarem no fim e o evento está perdendo o fôlego. Como encerrá-lo de fato?

Um encerramento forte tem duas fases, correspondentes a duas necessidades distintas dos convidados: olhar para dentro e olhar para fora. Olhar para dentro é tirar um tempo para entender, relembrar, reconhecer e ponderar o que acabou de acontecer — e criar um laço como grupo pela última vez. Olhar para fora é se preparar para despedidas e reassumir o lugar que lhe cabe no mundo.

Olhar para dentro: dar sentido e estabelecer vínculos pela última vez

Muitos encontros, mas nem todos, se beneficiariam de um instante para reflexão sobre o que aconteceu. Um encontro é um momento com potencial para alterar muitos outros momentos. Para que tenha mais chances de fazê-lo, dar sentido às coisas no final é crucial. O que foi que aconteceu na reunião? Por que isso tem relevância?

O encontro pode criar ou não um espaço para a atribuição de sentido, mas cada convidado o fará por conta própria. O que eu achei do evento? Como é que vou falar dele com os outros? Um grande anfitrião não necessariamente deixa esse processo ocorrer apenas no plano individual. Na verdade, o anfitrião talvez ache um jeito de orientar os convidados durante um exercício coletivo de balanço de contas.

Não é raro, por exemplo, que os organizadores das conferências TED peçam a um comediante que encerre um dia de palestras com uma apresentação de quinze minutos. (Como nosso mestre das aberturas, Baratunde Thurston, também é mestre nos encerramentos, ele já foi o responsável por essa apresentação.) A missão do comediante não é fácil. Ele ou ela precisa prestar muita atenção ao longo da semana e depois parar diante de centenas de indivíduos que passaram pela mesma experiência e, com humor e sacadas, extrair o suco dessa miríade de momentos. Quando a mãe pergunta aos filhos não só como foi o dia deles, mas qual foi sua "rosa" e "espinho" (a melhor e a pior partes do dia), ela os ajuda a dar sentido ao que viveram. Quando um grupo volta ao palco no final do concurso Battle of the Bands [Batalha de Bandas] para tocar uma mistura das canções que a plateia ouviu, os músicos nos ajudam a processar a jornada como um todo.

Rememorar, entretanto, é somente um aspecto de olhar para dentro. O outro é estabelecer vínculos com o grupo pela última vez. Passar por um momento positivo de recordar não só o que fizemos juntos, mas quem fomos juntos.

Um encontro que é exímio nesse tipo de conexão final é a Renaissance Weekend. A origem do evento remonta a 1981, quando um casal chamado Philip e Linda Lader deu uma festa em casa e convidou alguns dos pensadores mais interessantes que conheciam. Os Lader se sentiam cada vez mais atolados no trabalho. Como queriam fazer alguma coisa diferente no Réveillon, convidaram sessenta famílias de amigos e conhecidos de diversas regiões do país, para um fim de semana na ilha Hilton Head, na Carolina do Sul. Pediram a todos os amigos que preparassem alguma coisa para dividir com o grupo. Continuaram a fazer a mesma coisa ano após ano, mas de forma menos anônima, depois que dois dos participantes de longa data, Bill e Hillary Clinton, ganharam os holofotes nacionais. Vinte e cinco anos depois, o fim de semana virou uma organização e uma série de eventos, com direito a diretora executiva e cinco fins de semana por ano espalhados pelo país. O número de participantes no Réveillon, que agora acontece em Charleston, na Carolina do Sul, está chegando perto de mil.

O objetivo declarado dos organizadores é construir pontes que transponham as divisas habituais de raça, religião, idade, profissão e posições políticas, incentivando as pessoas a se juntarem para concordar e discordar com respeito. Eles fazem questão de reunir as pessoas como iguais, e incutiram esse princípio na estrutura do evento, pedindo que todos os convidados acima dos seis anos (sim, seis anos!) participem de pelo menos uma mesa de debates, abolindo as palestras principais. A programação inteira é elaborada sempre do zero, baseada nos interesses dos participantes do fim de semana em questão. "Se a gente descobre que três participantes criam lhamas, a gente faz uma conversa sobre isso", me explicou Alison Gelles, a diretora executiva da Renaissance.

Ao longo dos quatro dias e meio de festival, forma-se certa intimidade, dado que as pessoas comparecem em família e todos os seus membros são tratados como colaboradores da programação, além de elas serem incentivadas a mostrar suas várias facetas. Quando você pede que um especialista em segurança nacional não fale de segurança nacional, mas do que aprendeu com o amor, Gelles disse, algo interessante acontece, tanto para quem fala como para quem escuta.

Depois de não medir esforços para criar essa intimidade e análise, o que a Renaissance faz para amarrar a experiência coletiva? Como conecta o grupo e reafirma essa nova sensação de pertencimento uma última vez?

A resposta está em uma sessão especial de encerramento intitulada "Se essas fossem minhas últimas palavras". A sessão conta com cerca de vinte participantes, que têm dois minutos para dizer ao grupo o que diriam se aquele fosse o fim de suas vidas. As pessoas leem poemas, dividem histórias de fé, confessam dúvidas, relembram tragédias de grandes e pequenas dimensões. "É motivante, comovente, trágico, e meio que sela o vínculo", conta Gelles. Vale observar que, ao pedir a um participante que contemple sua mortalidade real, corporal, o grupo recebe o sutil lembrete de que deve confrontar sua mortalidade metafísica. O mais importante, entretanto, é que o grupo se vê de um jeito espetacular antes de se dispersar. *É assim que nós fomos aqui* — francos, vulneráveis, ponderados, engraçados, complicados. A construção do grupo é vital para a construção de sentido.

Olhar para fora: separação e reinserção

Depois que o grupo foi convidado a fazer uma avaliação e se conectar pela última vez, está pronto para a segunda fase do encerramento, que diz respeito ao retorno ao universo de onde os convidados vieram. Essa segunda etapa é definida pela pergunta: o que eu quero levar comigo deste universo para os meus outros universos?

Quanto mais diferente do mundo real foi seu encontro, mais importante é que você crie um encerramento forte, nítido, para preparar seus convidados a voltarem a ele. Quanto mais intimista foi seu encontro, maior é a formação do grupo e mais importante é que você prepare os convidados para a sua dissolução e a oportunidade de se juntarem ou reunirem a outros grupos.

Pense no exemplo do Seeds of Peace, uma colônia de férias que tenta reduzir os conflitos e o sofrimento no Oriente Médio e outros. Todos os anos, desde 1993, em julho, algumas dezenas de adolescentes de regiões deflagradas, como Israel, Palestina, Egito e Jordânia, bem como Índia e Paquistão, se encontram em Otisfield, Maine. Eles se juntam para ver se, no decorrer de três semanas, sob regras de conduta cuidadosamente concebidas, conseguem criar um universo alternativo justamente com as pessoas que deveriam ter receio e até odiar.[4]

No Seeds of Peace, os anfitriões são os monitores, muitos dos quais foram adolescentes que participaram da colônia de férias. Assim como em diversas colônias, existe um lago, canoagem, artes e futebol. Mas os dias também incluem 110 minutos de conversas intensas, em grupos pequenos que contam com um facilitador, em que os adolescentes de diferentes lados do conflito se juntam para se conversar mais a fundo.

No decorrer da temporada na colônia, esses adolescentes, que não raro estão conhecendo "o Outro" pela primeira vez, começam a mudar de perspectiva. Ao final das três semanas, quando estão embarcando nos ônibus para voltar para casa, muitos passaram de inimigos hipotéticos a amigos de carne e osso. Mas os monitores também têm a enorme responsabilidade de ensinar aos alunos técnicas para que reingressem na realidade bem diferente que os espera em casa.

O reingresso, como termo usado na resolução de conflitos, é ajudar alguém que passou por uma experiência intensa de diálogo em uma situação à parte da realidade a voltar a seu contexto original. O termo também é usado para situações como as de soldados voltando da guerra ou presidiários que cumpriram pena. No entanto, mesmo os encontros mais normais têm um "quê" de reingresso. Como anfitrião, você pode ajudar seus convidados a pensarem no que gostariam de levar consigo ao voltar para o mundo, dado o que vivenciaram a seu lado. No caso do Seeds of Peace, agora que os adolescentes são "sementes", como vão se plantar no solo hostil, conturbado, que há além?

No Seeds of Peace, o reingresso é iniciado três dias antes do último dia de colônia. No final do show de talentos, a diretora da colônia, Leslie Lewin, sobe ao palco do salão para fazer seus últimos comentários. No meio do discurso, as luzes se apagam. Parece ser uma falha técnica, mas de repente uma canção do Metallica, "Enter Sandman", começa a tocar. No escuro, dezenas de monitores entram correndo no salão com varinhas brilhantes azuis e verdes enroladas na cabeça e nos braços. Dançam feito loucos e em seguida saem correndo pelos fundos do salão rumo ao lago. Nesse instante, dois outros diretores-chefes sobem ao palco e explicam aos adolescentes desnorteados o que vai acontecer. Um dos diretores diz algo como:

Bem-vindos ao Jogo das Cores. Nos próximos dias teremos uma série de eventos que vão exigir energia. Vocês vão ser separados em dois times, mas vão continuar observando e desenvolvendo os princípios que temos preservado como comunidade. Se juntar aos times — Verde ou Azul — é uma oportunidade de testar coisas novas e esquecer um pouco de si.

Sem que os participantes saibam disso, o processo de reingresso no mundo exterior começou.

Nos dois dias seguintes, os adolescentes participam de uma série de atividades competitivas, de escalada a corrida de canoas, de show de variedades a uma competição que chamam de Hajime. Durante os dias de Jogo das Cores, uma nova identidade (arbitrária), Azul ou Verde, é intencionalmente forjada em cada Semente. "Anos depois, quando a gente conversa com ex-participantes, eles, via de regra, citam o Jogo das Cores como a atividade mais transformadora. Sempre sabem se estavam no Azul ou no Verde e se ganharam ou perderam", disse Kyle Gibson, um dos diretores da colônia.

O Jogo das Cores culmina na entrega de prêmios. Todo mundo se reúne no lago para descobrir quem ganhou. O time vencedor pode entrar no lago primeiro, e depois todos mergulham juntos. Encharcados, todos voltam correndo às suas beliches, tiram suas cores (e identidades no Jogo de Cores) pela última vez e vestem de novo as camisetas verde-escuro do Seeds of Peace.

Todas as etapas do Jogo das Cores são elaboradas para ajudá-los a reingressar na vida doméstica. Além de serem divertidos e competitivos, os jogos lhes dão uma experiência em que vestir e tirar uma identidade é tão fácil quanto trocar de camiseta.

De noite, os adolescentes se reúnem outra vez com a blusa do Seeds of Peace e "a igualdade é retomada". Um monitor discute explicitamente, pela primeira vez, a formação identitária pela qual acabaram de passar ao participar do Jogo das Cores. Dizem algo mais ou menos assim:

> Vejam como foi rápida a formação da identidade de vocês, um grupo de pessoas com que talvez dois dias atrás vocês nem falassem, mas que agora ficarão para sempre nas suas lembranças do time. Vejam como vocês lutaram até o fim dois dias atrás, e agora nem existe mais o time Verde. Havia a criação do time e uma causa importante e autônoma, mas vejam como foi rápido a gente se unir em torno dessa identidade construída.

O monitor os remete à sociedade: "As pessoas pensam em termos de coletivo. Pode ser uma força em prol do bem, no caso do Verde e do Azul, ou pode ser uma força em prol do mal, e em pouco tempo as pessoas se unem em torno do ódio e da desconfiança". Eles usam o Jogo das Cores para lembrar aos adolescentes de uma das lições principais que aprendem na colônia de férias: como a identidade é criada.

A última sessão da última noite de colônia é chamada "A vida como semente". Os monitores falam de ir para casa e do desafio que isso pode ser. Os participantes de segundo ano, que já passaram pelo processo de reingresso, conduzem a discussão em grupos pequenos, ajudando os adolescentes a refletirem sobre questões como:

O que significa ir para casa?
Como você está se sentindo?
O que o deixa apreensivo?
O que o deixa animado?
Quais são algumas das questões que você imagina que vá enfrentar?

Durante essa sessão, as Sementes refletem sobre as últimas semanas de encontro e começam a integrar o que vivenciaram ao mundo ao qual vão retornar. Na manhã seguinte, quando os ônibus estacionam, os adolescentes fazem a derradeira "fileira", que vêm fazendo três vezes por dia nas últimas três semanas e meia. A realidade da partida entra em ação. As pessoas falam, os estudantes de segundo ano compartilham poemas, e então eles enfim encerram a temporada. Por anos a fio, a diretora leu em voz alta o poema pintado nos fundos da casinha onde ficam os chuveiros:

À noite conheci um estranho cuja luz parou de brilhar. Parei e deixei que ele acendesse sua luz na minha.
Mais tarde uma tempestade caiu e deixou o mundo abalado. Quando o temporal passou, minha luz havia se apagado.
Mas o estranho me voltou com sua luz amarelinha.
Ele me esticou sua chama preciosa e assim reacendeu a minha.

A esta altura, os estudantes são dispensados e começam a embarcar nos ônibus a caminho do aeroporto. Muitos choram ao trocar abraços e fazem suas despedidas. Sabem que vão conhecer outras Sementes dali a cerca de um mês, o que pode servir para terem forças para se agarrarem a essa identidade quando estiverem em casa. Enquanto os ônibus saem da colônia, o sino toca pela última vez.

ACHANDO O FIO

O Seeds of Peace pode lhe parecer algo lindo, mas bem distante das suas reuniões no jardim de casa. E se você estiver juntando não israelenses e árabes, mas só alguns amigos?

A dinâmica dos casos extremos não é tão diferente assim da dinâmica dos eventos comuns. A vantagem dos extremos é que eles tornam a dinâmica mais clara. Por mais comum que seja seu encontro, se você formou um grupo e criou um universo alternativo temporário, também deve pensar em ajudar as pessoas reunidas a "desmontarem o set" e retomarem seus outros universos. Seja implícita ou explicitamente, você deve ajudá-los a responder às seguintes questões: vivenciamos algo coletivamente, como queremos nos comportar fora deste contexto? Se nos reencontrarmos, quais são nossos acordos quanto ao que e o como falar do que aconteceu durante o encontro? Qual parte dessa experiência quero levar comigo?

Só uma parte dos funcionários é chamada para o retiro da empresa. Como prepará-los para voltar ao escritório, onde terão que se misturar com vice-presidentes, assistentes, pesquisadores e estagiários?

Em uma reunião de família você se entrosou com seus primos de uma forma que não consegue quando os cônjuges estão por perto. Como interagir da próxima vez que estiverem todos juntos, com cônjuges e tudo?

Parte do preparo dos convidados para o reingresso é ajudá-los a achar o fio que liga o universo do encontro com o mundo exterior. O fio pode vir em forma de compromisso verbal ou escrito, como algumas conferências passaram a fazer em suas sessões de encerramento. Elas dão aos participantes a chance de firmar compromissos públicos quanto ao que mudarão dali para a frente, e muitas vezes têm uma parede onde as pessoas podem escrever suas promessas. O fio pode ser uma carta que cada um escreva para seu eu futuro em um cartão-postal autoendereçado, que será despachado pelo organizador um mês depois. O fio também pode ser um símbolo concreto que sirva para ligar os dois universos, como fez minha mãe na reunião que batizou de Círculo de Amigas.

Quando eu tinha quinze anos, ela se ofereceu para organizar um encontro semanal no nosso porão, que contaria comigo e mais onze meninas da escola, para que pensássemos na nossa identidade e transformação como mulheres. Queria usar a própria experiência como antropóloga para nos ajudar com as transições tensas que enfrentávamos.

Minha mãe poderia ter dito o que queria dizer só para mim, mas se deu conta de que havia uma força em fazer isso em grupo. Sabia que todo dia nos víamos na escola, em um contexto bem diferente das doze almofadas que arrumou no porão. Ao longo de seis semanas, as doze meninas criaram um laço, dividiram segredos e inseguranças, e aprenderam técnicas de respiração e outros exercícios físicos que poderiam nos ajudar a nos defendermos na escola. No último encontro, minha mãe nos deu pulseiras espiraladas multicoloridas. Não prestei muita atenção nelas naquela época: simplesmente as botamos no punho.

Na manhã seguinte, entretanto, usei minha pulseira na escola. Quando esbarrei nas outras meninas do grupo, reparei que várias as usavam também. Ganhei uma dose extra de confiança ao entender que não estava sozinha e me lembrei de que deveria praticar algumas das coisas que tínhamos aprendido juntas. A pulseira se tornou uma ponte daquelas noites especiais para a vida real.

Passadas duas décadas, uma das minhas amigas que fez parte do grupo, Jenna Pirog, refletiu sobre o impacto que os encontros tiveram sobre ela. Embora a reunião fosse constituída de muitos elementos, sempre havia a parte da meditação. No caso de Pirog, essa parte a marcou:

Como uma mulher de 35 anos, entendo a dinâmica social que governava o colegial da Northern Virginia. Agora, ela parece branda em comparação com o que enfrentei na faculdade e depois no trabalho.

Mas, quando era a adolescente de quinze anos que se deitava nas almofadas no chão do porão da Deepa, eu só conhecia o colégio, e minha cabecinha jovem era inundada por angústias sobre o papel que me cabia. O grupo de meditação englobava todo o espectro social da nossa classe. Uma das meninas devia ser a mais popular e mais benquista da nossa escola. Eu lembro que queria muito ser amiga dela. Outra tirava notas tão boas que eu ficava com vergonha de falar com ela por medo de que me achasse um tédio. Outras pareciam craques na arte de flertar com os meninos, ou já sabiam o que queriam fazer quando crescessem.

Mas deitada no chão e depois comendo biscoito na cozinha da Deepa, éramos todas iguais, ficávamos tranquilas, e estávamos ali com o mesmo objetivo: aprender a meditar. Isso nos dava algo para conversarmos, algo que compartilhávamos e algo interessante em comum.

O que aconteceu no Círculo de Amigas não ficou no Círculo de Amigas. Fazer aquelas atividades esquisitas juntas no universo alternativo temporário do porão da minha mãe possibilitou novos laços na escola, pois os dois universos eram conectados por um fio de reingresso.

Lembrancinhas de festa são uma versão comum, ainda que corriqueira, de pontes, mas como se tornaram algo "obrigatório", muitas vezes não provocam esse efeito. Representam, portanto, uma bela oportunidade de reconsideração e renovação. Da próxima vez que tiver a oportunidade de distribuir lembrancinhas, seja no aniversário de um filho ou em um evento menos comum, como um evento de trabalho, pergunte-se: como usar esse presentinho para transformar um momento impermanente em uma lembrança permanente? Tive uma cliente que me deu um pedaço de um contêiner reciclado depois de uma reunião muito intensa que mediei para ela em Detroit. A reunião era sobre seu sonho de abrir um hotel em uma parte deserta da cidade para atrair investimentos e ressuscitar a região, ao mesmo tempo que destacaria as histórias de pessoas criadas em Detroit. A sucata ficou na minha mesa durante muitos anos, como um lembrete da esperança de reconstrução de uma cidade.

E AGORA, O FIM ESTÁ PRÓXIMO

Você fez a última chamada e criou o momento de encerramento. Ajudou os convidados a olharem para dentro e os preparou para olharem para fora outra vez. O tempo que estiveram juntos está quase se esgotando. Os últimos minutos do encontro estão chegando. O que você faz? Como fechar com chave de ouro?

Vamos falar primeiro do que *não* fazer. Sei como é difícil abandonar o hábito de começar pela logística, pelas burocracias e os agradecimentos. Mas agora o fim se aproxima, e pode ser que todos aqueles agradecimentos e questões logísticas estejam reprimidos, e você fique tentado a colocá-los no final da reunião.

Nem pense nisso.

Assim como você não começa pela logística, você jamais deve encerrar o encontro pela logística, e nisso se inclui os agradecimentos. Dois grandes amigos me pediram para celebrar o casamento deles. Estávamos no ensaio, na sala de estar da casa da noiva, com os pais dela, os sogros e o futuro marido, repassando a cerimônia que havíamos elaborado juntos. Chegamos aos últimos minutos e por acaso percebi nas anotações deles a palavra "Anúncio". Perguntei o que era aquilo. O noivo disse algo como: "Bom, depois de tudo isso, a gente adoraria dizer 'Agora por favor venham nos encontrar no salão para comermos!'".

Fiquei horrorizada.

Na cabeça do noivo, ele estava terminando em um tom ao mesmo tempo gracioso (vamos alimentá-los!) e prático (é lá que está a comida). Assim como começos, os encerramentos são um momento forte e de formação de lembranças. Terminar bem é crucial para cimentar as sensações e ideias que deseja que os convidados levem do evento.

Tentei convencer meus amigos de que os convidados veriam onde estava a comida quando saíssem da cerimônia (estava no ambiente ao lado). Eles perceberam a lógica do que eu estava dizendo e nós resolvemos terminar com um beijo, a apresentação dos recém-casados à comunidade e a saída teatral ao som de música. Eles seriam seguidos pelos pais e pelos outros convidados. Anos depois, o marido me disse: "Agora eu nunca termino com a logística. Não boto nem um slide de 'Obrigado' nas minhas apresentações!". É claro que fiquei emocionada.

Não estou sugerindo que você não agradeça às pessoas. Só quero dizer que os agradecimentos não devem ser o último acontecimento do encontro. Existe uma solução simples: faça desse o penúltimo acontecimento.

O professor de música do meu filho, Jesse Goldman, tem fixação pela logística das penúltimas coisas. Ele organiza meia dúzia de classes de música para bebês por semana. Goldman é um professor muito querido, é cantor e compositor. Suas aulas duram 45 minutos, e para encerrá-las ele dedilha a primeira nota da última canção, sua versão da última chamada, despertando nas crianças a expectativa do encerramento. Depois disso, ele para e faz anúncios enquanto mantém a tecla apertada: por favor me entreguem o cheque, caso tenham se esquecido de fazer isso antes. Na semana que vem não tem aula.

Alguém esqueceu o casaco. Tecnicamente, ele dá esses avisos entre a primeira e a segunda notas da última canção. Depois de concluir a logística, retoma a musiquinha de despedida. É sutil, mas genial.

A última chamada, a logística e o encerramento sensacional. Todos poderíamos adaptar o hábito de Goldman de apertar a tecla e explorar o espaço entre a primeira e a segunda notas.

Há mais uma questão: depois de descobrir o lugar certo onde colocar os agradecimentos, tente evitar que sejam agradecimentos no sentido literal. Tente a reverência.

Em muitos casos, a deixa para os convidados de que estamos encerrando o encontro acontece quando as pessoas se levantam e vomitam uma torrente de agradecimentos. O problema é que os olhos das pessoas ficam inexpressivos, sobretudo quando seguem um roteiro. Com isso, não quero dizer que você não deva agradecer publicamente a nenhum participante do seu encontro, mas que você precisa pensar em como vai agradecer, além de pensar em quando.

Não use o momento dos agradecimentos para descrever as funções das pessoas e quais foram suas responsabilidades. O lugar disso é o LinkedIn: "À nossa equipe de produção, encabeçada por Rachel, por ter mantido tudo nos trilhos; ao Scott do audiovisual; à Sarah da logística". Ninguém da plateia liga para o organograma do seu evento. Descubra uma forma de reverenciar a pessoa, de um modo que não seja uma descrição de seu trabalho. Isso tornará seus agradecimentos mais relevantes — tanto para os que recebem os agradecimentos como para os convidados.

Quando fui a um encontro chamado Daybreaker, uma festa matinal que acontece em dezenas de cidades mundo afora, presenciei um agradecimento fantástico no final do evento. Centenas de pessoas se reúnem às 6h e, totalmente sóbrias, participam de uma rave antes de ir para o trabalho. A maioria dos eventos do Daybreaker acontece em locais secretos; fui a um no subsolo da icônica loja de departamentos Macy's da Herald Square.

Depois de três horas de festa, arrematadas por uma visita do Papai e da Mamãe Noel, de uma banda de metais de New Orleans, de dançarinos de break, suéteres iluminados e uma pessoa vestida de pião azul gigante, uma das organizadoras, Radha Agrawal, pegou o microfone e pediu que todos se sentassem. Agradeceu nominalmente aos membros da equipe da Macy's, e nos despertou para o risco que a loja correu ao fazer aquela loucura: muitos dos organizadores não tinham dormido na véspera para tirar tudo o que havia naquele andar. Fora um enorme gesto de fé abrir o espaço para trezentos estranhos e confiar que não furtariam nada. Agrawal nos lembrou que as pessoas têm que se arriscar para fazer algo extraordinário, uma lição que gostaria que levássemos para a nossa vida real.

Portanto, ela transformou os agradecimentos em algo relevante, reverenciando o que era menos óbvio nos preparativos que as pessoas tinham feito para o evento. Orientou esses agradecimentos, transformando-os em uma lição para todos nós, para que não parecesse uma burocracia. Ela não deixou que os agradecimentos, por mais nobres que fossem, marcassem o fim. Terminou distribuindo cópias de um poema que geralmente fecham os eventos do Daybreaker, pois entendeu como era essencial terminar bem, com frescor.

MINHA ÚLTIMA CHAMADA

Estamos nos aproximando do fim deste livro, e não queria encerrá-lo com agradecimentos depois de lhe dizer que você não deve fazê-lo. Gostaria, portanto, de parar antes do fim para reverenciar as pessoas que me ajudaram a criar *este* encontro.

Zoë Pagnamenta, minha agente, que acreditou em mim e neste livro desde o princípio. Jake Morrissey, meu editor infatigável, que me ajudou ao longo de várias rodadas de manuscritos até o livro se acomodar à própria pele. Jane Fransson, minha principal organizadora, torcedora e primeira linha de defesa. Meu grupo de escrita — Ann Burack-Weiss, Mindy Fullilove, Maura Spiegel, Jack Saul, Kelli Harding, Jim Gilbert e Simon Fortin — por me lembrarem, naquelas manhãs de sexta-feira, de conservar a alma da "bagunça dos grupos". Meus queridos amigos e parentes — Rukmini Giridharadas, Tom Ferguson, Mo Mullen, Kate Krontiris e Luis Araújo — pelas leituras atentas do manuscrito. Ao querido pessoal do Wet Dog Farm, por me ajudar a ver o que este livro poderia ser. A toda a equipe da Riverhead — sobretudo Katie Freeman, Jynne Dilling Martin, Lydia Hirt e Kevin Murphy —, cujo entusiasmo, criatividade e campanha pelos autores fica nítida em tudo o que fazem; sou muito grata por estar na órbita de vocês. À minha comunidade profissional, principalmente Amy Fox e Mobius Executive Leadership, por me fazer continuar ao mesmo tempo com garra e receptiva, e por encarnarem a força e o amor. Aos meus seis pais e mães, por sempre me incentivarem a seguir em frente. A meu marido, Anand Giridharadas, por ficar ao meu lado desde que este livro era uma semente até o momento da colheita. Não teria conseguido sem você. E ao saudoso Harold Saunders, o Hal, que me ensinou, e ensinou a muitas outras pessoas de vários continentes, que, quando mudamos nossa forma de nos encontrarmos, tudo pode mudar.

RELEMBRE SEU OBJETIVO

Ao encerrar, devo fazer um breve intervalo para remeter o leitor ao lugar onde este livro começou — ao objetivo do seu encontro. Via de regra, existe um jeito sutil de lembrar aos convidados do porquê o que agora termina foi iniciado.

Minha amiga Emily me contou uma história de sua viagem à Jamaica como voluntária de uma ONG. Um dia, estava atuando como uma das anfitriãs de uma festa na piscina para as crianças do interior. O fim estava próximo, e não havia um plano para um "encerramento". Emily ficou preocupada, pois, não muito antes de sua viagem, eu havia lhe dado uma aula sobre encerramentos. Estava preocupada também porque o dia tinha sido potente, mais potente do que uma festa normal numa piscina. Muitas das crianças presentes nunca tinham nadado, apesar de serem de uma ilha — um legado que remonta às leis coloniais do Caribe, que proibiam os escravos de nadarem por medo de fugas. Emily, os outros voluntários e as crianças estavam visivelmente comovidas com a festa, e agora ela terminava. Mas não havia nada que marcasse seu fim.

Um ônibus escolar as esperava. Emily sabia que, dali a alguns minutos, as crianças entrariam em fila no ônibus sacolejante onde passariam quatro horas até chegarem em casa. Pegou então todos os voluntários que conseguiu e os enfileirou na sala para esperarem as crianças. Quando as primeiras apareceram, os voluntários começaram a aplaudir, vibrar, distribuir gestos de aprovação e abraçar os meninos que atravessavam o corredor.

"As crianças ficaram confusas e espantadas, mas também muito emocionadas de serem celebradas daquele jeito por pessoas que haviam acabado de conhecer, mas com quem tinham formado um laço", Emily contou. Foi um encerramento que encarnou o objetivo do encontro: mostrar ao grupo de crianças que elas eram importantes.

Meu padrasto, sem que eu tenha feito nenhuma pressão, termina a matéria que leciona relembrando seu objetivo em seu próprio estilo cativante. Ele é professor da George Washington University School of Business, em Washington, DC. No final do semestre, ele sempre tem três slides preparados para os alunos. Um é intitulado "Equilíbrio entre trabalho e vida", outro é intitulado "Sentido" e o terceiro é um poema que ele lê em voz alta. Ele começa a última aula não recapitulando as lições do curso (sobre consultoria administrativa), mas avisando sobre as tentações da área de consultoria e os perigos de não se buscar o sentido e o equilíbrio desde o princípio.

"Aconselho que eles não esperem a crise surgir para assumirem o compromisso de ter uma vida mais equilibrada", ele disse. "Sabendo que é impossível que a vida esteja sempre equilibrada, eu os conclamo a pensar nas prioridades imediatas para que, ao longo dos dezoito a 24 meses seguintes, a vida deles pareça equilibrada e sob controle", ele explicou. Em seguida, ele faz um truque com cartas, e no final do truque diz aos alunos que, embora pareça mágica, é apenas técnica, e que ele torce para que eles dominem as técnicas de sua disciplina até parecerem mágica. Depois, lê um poema do poeta irlandês John O'Donohue, "For a New Beginning" ["Por um novo começo"], instando os alunos a "Se desvelarem na graça do começo". Por fim, termina como começou: pedindo à classe um minuto de silêncio.

Tudo isso por conta de uma matéria de consultoria? Ouvi dele que, ano após ano, os estudantes se comovem e a classe muitas vezes se encerra com lágrimas. (Ele também volta e meia ganha prêmios de docência.) Perguntei por que ele termina a última aula assim. Ele disse que a despedida não servia apenas para lembrar aos alunos do objetivo que tinham juntos, mas para ele também se lembrar de seu objetivo como professor. Ele leciona, declarou, porque gosta da ideia de investir "no caráter dos cidadãos que estou soltando no mundo". O conteúdo da matéria é secundário em relação a esse objetivo maior. Portanto, depois de um semestre mergulhados nas especificidades da consultoria, ele quer lembrar aos alunos por que ele mesmo está em classe e por que os alunos também estão.

Esses últimos instantes também podem servir para relacionar seu encontro a algo universal. Quando Amy Cunningham, diretora funerária de Nova

York, encerra um serviço, faz questão de tentar vincular o luto da família ao de todos os enlutados do mundo. Ela me contou que geralmente encerra o serviço dizendo: "Que a fonte de paz lhes conceda paz e conceda paz a todos os enlutados". Ela liga o sofrimento individual à existência de sofrimento no mundo, tornando-o ao mesmo tempo menor e maior.

A ÚLTIMA LINHA

Talvez você se lembre da ideia de limiar, do capítulo sobre aberturas. Você traça uma linha e ajuda os convidados a fazerem a travessia. Existe um conceito análogo que se aplica ao encerramento.

Agora que os convidados estão saindo do universo do seu encontro, está na hora de você traçar outra linha, a linha da saída, e ajudá-los a atravessá-la. Os últimos instantes de um encontro bem organizado são, seja sutil ou explicitamente, o cruzamento dessa linha, um sinal de que ele acabou. O encerramento do encerramento, por assim dizer, deve representar um marco e um alívio emocional. Pode tomar diversas formas.

A linha da saída pode ser concreta ou simbólica. No dia da formatura, os alunos da Universidade de Princeton atravessam a Fitz-Randolph Gate ao final da cerimônia, um portão que foram aconselhados a jamais cruzar, porque se o fizessem não se formariam. O mito de não se formar, e depois o cruzamento da linha no dia estabelecido, deixa claro que esse dia é diferente dos outros, e que dessa vez acabou.

Em certas partes da Colômbia, os aldeãos ainda se despedem do ano fazendo um "Año Viejo", uma efígie em formato humano, às vezes recheado de feno e fogos de artifício, que representa um tema negativo do ano passado que desejam queimar. Eles o vestem, lhe dão um nome engraçado e, no Réveillon, ateiam fogo ao boneco. O ano acabaria com ou sem efígie. Mas a linha da saída ressalta esse término e o converte em um encerramento de verdade.

A linha de saída também pode ser traçada por meio da linguagem. Nos meus Laboratórios, como último ato, peço que todos formem um círculo. Então espelho a abertura, em que leio trechos do que as pessoas me disseram antes, em entrevistas e nos livros de exercícios. A matéria-prima da versão de encerramento desse exercício não é o que as pessoas me enviaram de antemão, mas o que aconteceu durante o laboratório. O dia inteiro, tomo notas do que as pessoas dizem e escrevo expressões, confissões, epifanias, piadas e comentários espirituosos que considero representativos de um momento importante. No meu encerramento, depois que todos os participantes dividem seus pensamentos, peço que se levantem, se olhem e escutem. Leio palavras e expressões que as pessoas disseram no decorrer do dia anterior. Ao ouvir suas próprias vozes, apresentadas na mesma ordem que os eventos do dia, eles se recordam de tudo o que fizemos juntos. Também estou demonstrando que suas palavras são ouvidas com atenção, e indicando que aquilo que dizem é lembrado. Por fim, chego à minha última citação. (Em geral, é algo que foi dito por outro participante nos últimos comentários, minutos antes de eu falar.) Fecho meu iPad ou o caderno que estou lendo. Paro. Levanto a cabeça. Deixo o momento se prolongar. Faço uma versão de "Eu declaro este Laboratório..." — então bato palma: a linha de saída — "encerrada". Eu crio um marco. Termino. Eles estão liberados. Geralmente ocorre uma salva de palmas. Acabou. (Não se preocupe. Não faço isso em festas.)

Seja como for seu último momento, ele deve ser autêntico e fazer sentido naquele contexto.

Logo no começo de sua carreira na funerária, Amy Cunningham não sabia como ajudar as pessoas a saírem dos funerais. É um momento duro e esquisito, e a maioria das pessoas não sabe como agir. É melhor simplesmente ir embora? Esperar? Fazer uma rodada de despedidas, ou é melhor deixar isso para as festas? Em que ordem as pessoas devem ir embora?

Cunningham tirou inspiração do estudo de rituais fúnebres de várias culturas e acabou adotando um tirado da tradição judaica. Nele, a pessoa que preside o funeral pede a todos, menos aos familiares mais próximos, que formem duas fileiras, ficando frente a frente um do outro, e cria um corredor humano que vai do túmulo até os carros. Em seguida, o rabino pede à família que dê as costas ao túmulo e atravesse esse corredor improvisado, e, ao cruzá-lo, que olhem nos olhos dos amigos, que "agora são como pilares de estabilidade e amor". Cunningham declarou que essa é "uma maneira de conduzi-los à parte seguinte da jornada, e à próxima etapa do luto". À medida que os familiares passam, as pessoas que estão mais atrás desfazem a fila e os seguem, e então o restante, aos poucos, se junta à procissão e sai do cemitério. É um processo estrutural simples que ajuda a organizar o grupo e promover uma saída harmoniosa. Porém, faz isso de um jeito significativo, que ampara as pessoas mais necessitadas, as conecta com as pessoas ainda presentes e dá a todos uma forma de avançarem juntos.

Um encerramento bom e cheio de sentido não obedece a nenhuma regra ou formato específicos. Você mesmo tem que construí-lo, de acordo com a alma do encontro, segundo a dimensão que queira lhe dar. Um encerramento não é extravagante ou estranho só porque se trata da reunião semanal de vendas. Aglomerar-se e gritar "Viva a linha de frente!" antes de a reunião terminar pode ser um lembrete rápido, mas expressivo da razão pela qual escolheram fazer o que fazem. Um jantar casual com os amigos também merece um encerramento. Um final simples, sutil, como um chocolate de despedida quando saírem porta afora, pode fazer muita diferença. Até um encerramento minimalista pode ser um reconhecimento do que aconteceu e proporcionar relaxamento.

Os encerramentos magistrais estão espalhados por todos os lados, achando maneiras modestas, mas fortes, de finalizar metaforicamente seus encontros com um cumprimento e assim torná-los distintos. São as aulas de ioga que terminam com um "Om" coletivo versus as que não terminam assim. São os professores que terminam a aula com uma história versus aqueles que terminam com um dever de casa. São os que levam os convidados até a porta para se despedirem versus os que deixam que encontrem o caminho da rua sozinhos. Às vezes pode ser apenas uma pausa, um instante, um aperto mais forte, para validar o que aconteceu.

Assim como acontece com todas as regras, existem as exceções. Sei de uma reunião maravilhosa em que os amigos resolveram ir embora desafiando tudo o que preguei. Eles decidiram que não gostavam de despedidas. Quando se juntam e a noite está chegando ao fim, cada um vai embora quando bem entender. É uma noite que termina com um desaparecimento coletivo. Isso quebra muitas das minhas regras, mas gabarita um de meus princípios transcendentais. Os amigos acharam uma forma de dizer: "Esse encontro foi diferente de todos os outros".

Notas

INTRODUÇÃO [pp. 9-13]

1. Duncan Green, "Conference Rage: 'How Did Awful Panel Discussions Become the Default Format?'", *Guardian*, 2 jun. 2016. Disponível em: <https://www.theguardian.com/global-development-professionals-network/2016/jun/02/conference-rage-how-did-awful-panel-discussions-become-the-default-format>. Acesso em: 25 abr. 2022.

2. Harris Poll, *The State of Enterprise Work*. Lehi, UT: Workfront, 2015. Disponível em: <https://resources.workfront.com/ ebooks-whitepapers/the-state-of-enterprise-work>. Acesso em: 25 abr. 2022.

3. Walker e Alia McKee, *The State of Friendship in America 2013: A Crisis of Confidence*. Brooklyn: LifeBoat, 2013. Disponível em: <https://static1.squarespace.com/static/5560cec6e4b0cc18bc63ed3c/t/55625cabe4b0077f89b718ec/1432509611410/lifeboat-report.pdf>. Acesso em: 10 out. 2017.

4. Angie Thurston e Casper ter Kuile, *How We Gather*. Cambridge: Crestwood Foundation, 2015. Disponível em: <https://caspertk.files.wordpress.com/2015/04/how-we-gather.pdf>. Acesso em: 15 maio 2015.

1. DESCUBRA A *VERDADEIRA* RAZÃO DO SEU ENCONTRO [pp. 15-41]

1. Alan D. Wolfelt, *Creating Meaningful Funeral Ceremonies*. Fort Collins, CO: Companion Press. Segundo uma pesquisa conduzida em 2010 pela Funeralwise.com, 31% das pessoas não querem um funeral. Wolfelt gerencia o Center for Loss and Life Transition sediado em Fort Collins, no Colorado. Ele escreve bastante sobre o objetivo de cerimônias fúnebres autênticas. Acredita que tenhamos nos esquecido dos muitos objetivos dos funerais e se preocupa com a tendência crescente de as pessoas quererem "celebrações da vida" em vez de funerais "tradicionais". "Confundimos

homenagem com celebração e celebração com festejo. É uma pena que tenhamos transferido essa ideia para os funerais", ele escreveu.

2. O Centro de Justiça foi formado em uma parceria entre o Sistema Judiciário Unificado do Estado de Nova York e o Centro de Inovação Judiciária, uma organização sem fins lucrativos que pretende reformar o sistema de justiça em Nova York e no mundo.

3. "Alex Calabrese, Judge, Red Hook Community Justice Center: Interview". Disponível em: <https:// www.courtinnovation.org/publications/alex-calabrese-judge-red-hook-community-justice-center-0>. Acesso em: 25 abr. 2022.

4. Alex Calabrese em *Red Hook Justice*, 5:16.

5. Jim Dwyer, "A Court Keeps People Out of Rikers While Remaining Tough", *The New York Times*. 11 jun. 2015. Disponível em: <https://www.nytimes.com/2015/06/12/nyregion/a-court-keeps-people-out-of-rikers-while-remaining-tough.html?_r=0>. Acesso em: 25 abr. 2022.

6. Cynthia G. Lee, Fred L. Cheesman II, David Rottman, Rachel Swaner, Suvi Hynynen Lambson, Michael Rempel e Ric Curtis, *A Community Court Grows in Brooklyn: A Comprehensive Evaluation of the Red Hook Community Justice Center*. Williamsburg, VA: National Center for State Courts, 2013. Disponível em: <https://www.courtinnovation.org/sites/default/ files/documents/ RH%20Evaluation%20Final%20Report.pdf>. Acesso em: 22 abr. 2022.

7. Calabrese in *Red Hook Justice*, 7:18.

8. Ver, por exemplo, Mitali Saran, "I Take This Man/ Woman with a Pinch of Salt", *Business Standard*, 6 dez. 2014. Disponível em: <http:// www.business-standard.com/article/opinion/ mitali-saran-i-take-this-man-woman-with-a-pinch-of-salt-14120600014_1.html>; Sejal Kapadia Pocha, "From Sexist Traditions to Mammoth Costs, Why It's Time We Modernised Asian Wedding Ceremonies", Stylist.co.uk, 23 jun. 2015. Disponível em: <https://www.stylist.co.uk/life/ bride-groom-cost-traditions-why-it-s-time-asian-indian-weddings-changed-modernised/60667>; Jui Mukherjee, "Mom and Dad, You're Not Invited to My Wedding", *India Opines*, 13 out. 2014. Disponível em: <http://indiaopines.com/sexist-indian-wedding-rituals/>. Acesso em: 25 abr. 2022.

9. Kyle Massey, "The Old Page 1 Meeting, R.I.P.: Updating a Times Tradition for the Digital Age", *The New York Times*, 12 maio 2015. Disponível em: <https://www.nytimes.com/times-insider/2015/05/12/the-old-page-1-meeting-r-i-p-updating-a-times-tradition-for-the-digital-age/?_r=1>. Acesso em: 25 abr. 2022.

10. A. G. Sulzberger, *The Innovation Report. The New York Times*, mar. 2014. Disponível em: <http://www.niemanlab.org/2014/05/the- leaked-new-york-times-innovation-report-is-one-of-the-key-documents-of-this-media-age/>. Acesso em: 25 abr. 2022.

11. Kyle Massey, Op. cit.

2. FECHE PORTAS [pp. 42-69]

1. Barack Obama, *Sonhos do meu pai*. São Paulo: Companhia das Letras, 2021.

2. Heather Hansman, "College Students Are Living Rent-Free in a Cleveland Retirement Home", Smithsonian.com, 16 out. 2015. Disponível em: <https:// www.smithsonianmag.com/ innovation/college-students-are-living-rent-free-in-cleveland-retirement-home-180956930/>. Acesso em: 25 abr. 2022.

3. Heather Hansman, Op. cit.

4. Carey Reed, "Dutch Nursing Home Offers Rent-ree Housing to Students", *PBS News Hour*, 5 abr. 2015. Disponível em: <https:// www.pbs.org/newshour/world/dutch-retirement-home-offers-rent-free-housing-students-one-condition>. Acesso em: 25 abr. 2022.

5. "Music Students Living at Cleveland Retirement Home", vídeo do YouTube, (3:09 min), publicado por "The National", 9 nov. 2015. Disponível em: <https://www.youtube.com/watch?v=hW2KNGgRNX8>. Acesso em: 25 abr. 2022.

6. "Music Students Living at Cleveland Retirement Home", vídeo do YouTube.

7. Daniel Parvin em "Music Students Living at Cleveland Retirement Home", vídeo do YouTube.

8. Colin Cowherd, *The Thundering Herd with Colin Cowherd*, áudio de Podcast, 4 jun. 2015, (25:08 min). Disponível em: <bit.ly/1IgyxQf>. Acesso em: 25 abr. 2022.

9. Nikhil Deogun, Dennis K. Berman e Kevin Delaney, "Alcatel Nears Deal to Acquire Lucent for About $23.5 Billion in Stock", *Wall Street Journal*, 29 maio 2001. Disponível em: <https://www.wsj.com/articles /SB991078731679373566>. Acesso em: 25 abr. 2022.

10. Eric Pfanner e *International Herald Tribune*, "Failure of Alcatel-Lucent Merger Talks Is Laid to National Sensitivity in the U.S.: Of Pride and Prejudices", *New York Times*, 31 maio 2001. Disponível em: <http://www.nytimes.com/ 2001/05/31/news/failure-of-alcatellucent-merger-talks-is-laid-to-national-sensitivity.html>. Acesso em: 25 abr. 2022.

11. "Alcatel-Lucent Merger Is Off", *BBC News*, 30 maio 2001. Disponível em: <http://news.bbc.co.uk/2/hi/business/1358535.stm>. Acesso em: 25 abr. 2022.

12. Vikas Bajaj, "Merger Deal Is Reached with Lucent and Alcatel", *New York Times*, 3 abr. 2006. Disponível em: <http://www.nytimes.com/ 2006/04/03/business/merger-deal-is-reached-with-lucent-and-alcatel.html>. Acesso em: 25 abr. 2022.

13. Patrick Leigh Fermor, *Mani: Travels in the Southern Peloponnese*. Nova York: NYRB Classics, 1958, p. 31.

14. Richard B. Woodward, "Patrick Leigh Fermor, Travel Writer, Dies at 96", *New York Times*, 11 jun. 2011. Disponível em: <http:// www.nytimes.com/2011/06/11/books/patrick-leigh-fermor-travel-writer-dies-at-96.html>. Acesso em: 25 abr. 2022.

15. "Ed Cooke — Memory Techniques for Learning", *The Conference*, 19 ago. 2014. Disponível em: <http://videos.theconference.se/ed-cooke-memory- techniques-for-learning>. Acesso em: 25 abr. 2022.

16. Maxwell Ryan, "Party Architecture: #1 — Density", *Apartment Therapy*, 15 dez. 2008. Disponível em: <https://www.apartment therapy.com/party-architecture-density-how-to-plan-a-party-359>. Acesso em: 25 abr. 2022.

3. NÃO SEJA UM ANFITRIÃO FRIO [pp. 70-99]

1. Lobisomem, também chamado de Máfia, é um jogo psicológico em grupo criado pelo professor Dmitry Davidoff, no Departamento de Psicologia da Universidade Estatal de Moscou, durante a Guerra Fria, e que se espalhou pela Europa e pelos Estados Unidos, onde se popularizou nas conferências de tecnologia ocorridas nas madrugadas. Ver, por exemplo, Margaret Robertson, "Werewolf: How a Parlour Game Became a Tech Phenomenon", *Wired UK*, 4 fev. 2010. Disponível em: <http://www.wired.co.uk/article/werewolf>. Acesso em: 25 abr. 2022.

2. Alana Massey, "Against Chill", *Medium*, 1 abr. 2015. Disponível em: <https://medium.com/matter/against-chill-930dfb60a577>. Acesso em: 25 abr. 2022.

3. Chris Anderson, *TED Talks: The Official TED Guide to Public Speaking*. Nova York: Houghton Mifflin Harcourt, 2016, p. 190.

4. Jessica P. Ogilvie, "Amy Schumer's Irvine Set Disrupted by Lady Heckler", *Los Angeles Magazine*, 12 out. 2015. Disponível em: <http://www.lamag.com/culturefiles/amy-schumers-irvine-set-disrupted-by-lady-heckler/>. Acesso em: 24 abr. 2022.

5. Alamo Drafthouse, "Don't Talk PSA", vídeo do YouTube, (1:46 min) publicado em jun. 2011. Disponível em: <https://www.youtube.com/watch?v=1L3eeC2lJZs>. Acesso em: 25 abr. 2022.

6. Tim League, "Alamo Drafthouse: Them's the Rules", CNN.com, 10 jun. 2011. Disponível em: <http://www.cnn.com/2011/SHOWBIZ/Movies/06/10/alamo.drafthouse.league/index.html>. Acesso em: 25 abr. 2022.

7. Lucia Stanton, *Spring Dinner at Monticello, April 13, 1986, in Memory of Thomas Jefferson*. Charlottesville, VA: Thomas Jefferson Memorial Foundation, pp. 1-9.

8. "Text from President's Speech, Q&A at Benedict College", WYFF4.COM, 6 mar. 2015. Disponível em: <http:// www.wyff4.com/article/text-from-president-s-speech-q-a-at-benedict-college/7013346>. Acesso em: 25 abr. 2022.

9. "Remarks by the President at a Town Hall on Manufacturing", Secretaria de Imprensa, Casa Branca, publicado em 3 out. 2014. Disponível em: <https://obamawhitehouse.archives.gov/the-press-office/2014/10/03/remarks- president-town-hall-manufacturing>. Acesso em: 22 abr. 2022.

10. Em 2014, na sua conferência de fim de ano, Obama deu um passo além ao responder apenas perguntas feitas por jornalistas mulheres. Ver Kathleen Hennessey, "Obama Takes Questions Only from Women, Apparently a White House First", *Los Angeles Times*, 19 dez. 2014. Disponível em: <http://beta.latimes.com/nation/ politics/politicsnow/la-pn-obama-reporters-women-20141219-story.html>. Acesso em: 25 abr. 2022.

11. Deborah Davis, *Party of the Century: The Fabulous Story of Truman Capote and His Black and White Ball*. Nova York: Wiley, 2006.

12. Guy Trebay, "50 Years Ago, Truman Capote Hosted the Best Party Ever", *The New York Times*, 21 nov. 2016. Disponível em: <https://www.nytimes.com/2016/11/21/fashion/black-and-white-ball-anniversary- truman-capote.html>. Acesso em: 25 abr. 2022.

4. CRIE UM UNIVERSO ALTERNATIVO TEMPORÁRIO [pp. 100-25]

1. Kat Trofimova, "Ways to Spice Up Your Next Dinner Party", SheKnows.com, 2 dez. 2013. Disponível em: <http://www.sheknows.com/food-and- recipes/articles/1064647/ways-to-spice-up-a-dinner-party>. Acesso em: 25 abr. 2022.

2. "5 Ways to Spice Up Your Office Party", Evite.com. Disponível em: <https://webcache.google-usercontent.com/search?q=cache:4Z5QBG-pOjcJ:https://ideas.evite.com/planning/5-ways-to-spice-up-your-office-party/+&cd=1&hl=en&ct=clnk&gl=us&client=safari>. Acesso em: 25 abr. 2022.

3. Sophia Lucero, "Holding a Conference? Spice It Up with These Geeky Ideas", Wisdump. com, 21 jan. 2011. Disponível em: <https://www.wisdump.com/ web-experience/geeky-conference-ideas/>. Acesso em: 25 abr. 2022.

4. Eric Gallagher, "Twelve Ways to Spice Up Your Next Youth Group Breakfast", *Catholic Youth Ministry Hub*, 23 mar. 2011. Disponível em: <https://cymhub.com/twelve-ways-to-spice-up-your-next-youth-group-breakfast/>. Acesso em: 25 abr. 2022.

5. "How to Plan a Jeffersonian Dinner", The Generosity Network. Disponível em: <http://www.thegenerositynetwork.com/resources/jeffersonian-dinners>. Acesso em: 25 abr. 2022.

6. "Junior Cotillion: 5th-8th Grade", National League of Junior Cotillions. Disponível em: <http://nljc.com/programs/ junior-cotillion-5th-8th-grade/>. Acesso em: 25 abr. 2022.

7. Philip Dormer Stanhope, *Letters to His Son on the Fine Art of Becoming a Man of the World and a Gentleman.* Toronto: M. W. Dunne, 1901, p 302.

8. "History", National League of Junior Cotillions. Disponível em: <http://nljc.com/about/history/>. Acesso em: 25 abr. 2022.

9. Ibid.

10. Fui informada de que, tecnicamente, o Dîner en Blanc não é um flash mob propriamente dito, já que os organizadores são obrigados a obter licenças locais.

11. Essa regra foi contestada veementemente, e em Tóquio, a opção foi por não segui-la. "Em Tóquio, por exemplo, onde o par é do mesmo sexo (não necessariamente por serem gays ou lésbicas, mas pelo mero fato de ficarem mais à vontade indo a festas com amigos do mesmo sexo), a regra não é observada", me explicou Kumi Ishihara, a organizadora licenciada do Dîner en Blanc de Tóquio.

12. Dîner en Blanc, "Dîner en Blanc 2015 Official Video", vídeo do YouTube, publicado em 15 out. 2015. Disponível em: <https://www.youtube.com/watch?v=x4Er5bWJeY8>. Acesso em: 25 abr. 2022.

13. Essa regra baseada no gênero é uma das mais controversas impostas pelos organizadores. Por razões culturais, Ishihara e os organizadores japoneses receberam permissão para não cumpri-la, portanto os convidados podem ser acompanhados por alguém de qualquer gênero.

14. Walter Lim, "The Dîner en Blanc Debacle", Cooler Insights, 25 ago. 2012. Disponível em: <http://coolerinsights.com/2012/08/the- diner-en-blanc-debacle/>. Acesso em: 25 abr. 2022.

15. Rendall, 25 ago. 2012, comentário sobre "SINGAPORE TAU HUAY TOO LOW CLASS FOR FRENCH UPSCALE EVENT DINER EN BLANC?!" *Moonberry Blog*, 24 ago. 2012. Disponível em: <http://blog.moonberry.com/singapore-tau-huay-too-low-class-for-french-upscale-event/>. Acesso em: 25 abr. 2022.

16. Allison Baker, "Why I'm Not Going to Dîner en Blanc", *Nuts to Soup* (blog), 28 jul. 2012. Disponível em: <https:// nutsto soup.wordpress.com/2012/07/28/why-im-not-going-to-di-ner-en-blanc/>. Acesso em: 25 abr. 2022.

17. Maura Judkis, "Why Do People Hate Dîner en Blanc? The Word 'Pretentious' Keeps Coming Up", *The Washington Post*, 26 ago. 2016. Disponível em: <https://www.washington-post.com/lifestyle/food/why-do-people-hate-diner-en-blanc-the-word-pretentious-keeps-coming-up/2016/08/24/3639f2c6-6629-11e6-be4e-23fc4d4d12b4_story.html?utm_term=.458b82f6d226>. Acesso em: 25 abr. 2022.

18. Kevin Allman, "Le Dîner en Blanc: *The Great Doucheby*", *Gambit*, 4 abr. 2013. Disponível em: <https://www.bestofneworleans.com/ blogofneworleans/archives/2013/04/04/le-diner-en-blanc-the-great-doucheby>. Acesso em: 25 abr. 2022.

19. Sabrina Maddeaux, "Toronto's Most Stupidly Snobbish Food-Meets-Fashion Event Returns", *Now Toronto*, 5 ago. 2015. Disponível em: <https://now toronto.com/lifestyle/t/>. Acesso em: 25 abr. 2022.

20. Alexandra Gill, "Dîner en Blanc Is Overrated. Try Ce Soir Noir, Vancouver's Playful Alternative", *Globe and Mail*, 26 ago. 2016. Disponível em: <https://www.theglobeandmail.com/news/british-columbia/ ce-soir-noir-vancouvers-playful-subsititute-for-diner-en-blanc/article31585611/>. Acesso em: 25 abr. 2022.

21. Picht, "This Is What Happens When You Go to Dîner en Blanc in NYC", *Time Out*, 16 set. 2016. <https://www.timeout.com/newyork/blog/this-is-what-happens-when- you-go-to-diner-en-blanc-in-nyc-091616>. Acesso em: 25 abr. 2022.

22. Harris, "D.C.'s Snobbery-Free 'Diner en Blanc' Showed Washington at Its Partying Best", *Daily Beast*, 31 ago. 2015. <https://www.thedailybeast.com/dcs-snobbery-free-diner-en-blanc-showed-washington-at-its-partying-best>. Acesso em: 25 abr. 2022.

23. "2017 Global Mobile Consumer Survey: US Edition", Deloitte Development LLC. Disponível em: <https://www2.deloitte.com/content/dam /Deloitte/ us/Documents/technology-media-telecommunications/us-tmt-2017-global-mobile-consumer-survey-executive-summary.pdf>. Acesso em: 25 abr. 2022.

24. Bianca Bosker, "The Binge Breaker", *Atlantic*, nov. 2016. Disponível em: <https://www.theatlantic.com/magazine/archive/2016/11/the-binge- breaker/501122/?utm_source=atltw>. Acesso em: 25 abr. 2022.

25. "A Brief User's Guide to Open Space Technology", Open Space World. Disponível em: <http://www.openspaceworld.com/ users_guide.htm>. Acesso em: 25 abr. 2022.

26. "Opening Space for Emerging Order", Open Space World. Disponível em: <http://www.openspace world.com/brief_history.htm>. Acesso em: 25 abr. 2022.

5. NUNCA COMECE UM FUNERAL PELA LOGÍSTICA [pp. 126-61]

1. "Party-Planning Guide", Martha Stewart.com. Disponível em: <https://www.marthastewart.com/275412/party-planning-guide>. Acesso em: 25 abr. 2022.

2. Rashelle Isip, "The 10 Lists You Need to Make to Plan a Great Party or Event", Lifehack. Disponível em: <http://www.lifehack.org/articles/lifestyle/the-10-lists-you-need-make-plan-great-party-event.html>. Acesso em: 25 abr. 2022.

3. David Colman, "Mystery Worker", *New York Times*, 29 abr. 2011. Disponível em: <http://www.nytimes.com/2011/05/01/fashion/01 POSSESSED.html>. Acesso em: 25 abr. 2022.

4. Brooks Barnes, "'Star Wars: The Force Awakens' Has World Premiere, No Expense Spared", *New York Times*, 15 dez. 2015. Disponível em: <https://www.nytimes.com/2015/12/16/business/media/star-wars-the-force-awakens-premiere.html?_r=0>. Acesso em: 25 abr. 2022.

5. Sarah Lyall, "Starring Me! A Surreal Dive into Immersive Theater", *New York Times*, 7 jan. 2016. Disponível em: <https://www.nytimes.com/2016/01/08/theater/starring-me-a-surreal-live-into-immersive -theater.html>. Acesso em: 25 abr. 2022.

6. "Conceptual Art", *MoMA Learning*. Disponível em: <https://www.moma.org/learn/moma_learning/themes/ conceptual-art/performance-into-art>. Acesso em: 25 abr. 2022.

7. Jacob Slattery, "Hypnotic Wonderment: Marina Abramović and Igor Levit's *Goldberg Variations* at Park Avenue Armory", *Bachtrack*, 10 dez. 2015. Disponível em: <https://bachtrack.

com/review-goldberg-variations-abramovic-levit-park-avenue-armory-new-york-december-2015>. Acesso em: 25 abr. 2022.

8. Neal Hartmann, "Community Strategy and Structure; Persuasion and Ethics", MIT Sloan School of Management, 10 set. 2013. Ver também pesquisas de Daniel Kahneman.

9. Micah Sifry, "[#PDF15 Theme] Imagine All the People: The Future of Civic Tech", *techPresident*, 17 mar. 2015. Disponível em: <http://techpresident.com/news/25488/pdf15-theme-imagine-all-people-future-civic-tech>. Acesso em: 25 abr. 2022.

10. "Tough Mudder Facts & Trivia", Tough Mudder, acesso em 27 nov. 2017. Disponível em: <https://mudder-guide.com/guide/tough-mudder-facts-and- trivia/#pledge>. Acesso em: 25 abr. 2022.

11. Dan Schawbel, "Will Dean: How to Build a Tribe Around Your Business", Forbes.com, 12 set. 2017. Disponível em: <https:// www.forbes.com/sites/danschawbel/2017/09/12/will-dean-how-to-build-a-tribe-around-your-business/#1e9757224005>. Acesso em: 25 abr. 2022.

12. Chris Gardner, "'I Love Dick' Cast Inherits 'Transparent's' Emotional Exercise", *Hollywood Reporter*, 4 maio 2017. Disponível em: <https:// www.hollywoodreporter.com/rambling-reporter/i-love-dick-cast-inherits-transparents-emotional-exercise-997344>. Acesso em: 25 abr. 2022.

13. Ibid.

14. Ibid.

15. Kelly Schremph, "The Unexpected Way 'Transparent' and Jill Soloway Are Changing How Great TV Is Made", Bustle.com, 23 set. 2016. Disponível em: <https://www.bustle.com/articles/184353-the-unexpected-way-transparent-jill-soloway-are-changing-how-great-tv-is-made>. Acesso em: 25 abr. 2022.

16. Ibid.

17. Jason McBride, "Jill Soloway's New Family", Vulture.com, 25 jul. 2016. Disponível em: <http://www.vulture.com/2016/07/jill-soloway-i-love- dick-c-v-r.html>. Acesso em: 25 abr. 2022.

18. "Atul Guwande's 'Checklist' for Surgery Success", Steve Inskeep, *Morning Edition*, National Public Radio. Disponível em: <https:// www.npr.org/templates/story/story.php?storyId=122226184>. Acesso em: 25 abr. 2022.

19. "How Spark Camp Came About", Spark Camp. Disponível em: <http://sparkcamp.com/about/>. Acesso em: 25 abr. 2022.

6. DEIXE O MELHOR DE SI FORA DO ENCONTRO [pp. 162-86]

1. "1500 World Leaders, Pioneers and Experts Volunteer to Tackle Global Challenges", Fórum Econômico Mundial. Disponível em: <https://www.weforum.org/press/2014/09/1500-world-leaders-pioneers-and-experts-volunteer-to-tackle-global-challenges/>. Acesso em: 25 abr. 2022.

2. Lynda Gratton, "Global Agenda Council on New Models of Leadership", Fórum Econômico Mundial, 2012. Disponível em: <http://reports.weforum.org/global-agenda-council-on-new-models-of-leadership/>. Acesso em: 25 abr. 2022.

3. Brené Brown, *A coragem de ser imperfeito*. Rio de Janeiro: Editora Sextante, 2016.

4. Bill George, "Coping with Crucibles", *Huffington Post*, 1º set. 2015. Disponível: <https://www.huffingtonpost.com/bill-george/coping-with-crucibles_b_8071678.html>. Acesso em: 25 abr. 2022.

5. "Party Puts Conversation on the Menu", BBC, 22 ago. 2009. Disponível em: <http://news. bbc.co.uk/2/hi/uk_news/england/london/8215738.stm>. Acesso em: 25 abr. 2022.

7. PROVOQUE UMA BOA CONTROVÉRSIA [pp. 187-202]

1. James Anderson e Benjamin Franklin, "The Constitutions of the Free-Masons (1734): An Online Electronic Edition", Org. de Paul Royster, Faculty Publications, Universidade de Nebraska — Lincoln Libraries, 25. Disponível em: <http://digitalcommons.unl.edu/cgi/viewcontent. cgi?article=1028& context=libraryscience>. Acesso em: 25 abr. 2022.

2. Thomas Edie Hill, *Hill's Manual of Social and Business Forms: A Guide to Correct Writing*. Chicago: Standard Book Co., 1883, p. 153.

3. Emily Post, *Etiquette: In Society, in Business, in Politics and at Home*. Nova York: Funk & Wagnalls Company, 1922, p. 55.

4. Anne Brown, 11 de agosto de 2015, em resposta à pergunta, "Por que é considerado grosseria discutir sexo, política e religião?", Quora. Disponível em: <https://www.quora.com/Why-is-it-con-sidered-rude-to-discuss-sex-politics-and- religion?share=1>. Acesso em: 25 abr. 2022.

5. Kelly Heyboer, "Condoleezza Rice Pulls Out of Giving Rutgers Commencement Speech", NJ.com, 3 maio 2014. Disponível em: <http://www.nj.com/education/2014/05/condoleez-za_rice_pulls_out_of_ givingrutgers_commencement_speech.html>. Acesso em: 25 abr. 2022.

6. Alexandra Sifferlin, "IMF Chief Withdraws as Commencement Speaker", Time.com, 12 maio 2014. Disponível em: <http://time.com/96501/imf- chief-withdraws-as-smith-college-commencement-speaker/>. Acesso em: 25 abr. 2022.

7. Comentários sobre a Casa Branca feitos pela Primeira-Dama no Discurso de Paraninfa no Oberlin College, 2015. Disponível em: <https://obamawhitehouse.archives.gov/the-press-office/2015/05/25/remarks-first-lady-oberlin-college-commencement-address>. Acesso em: 25 abr. 2022.

8. Beinart, "A Violent Attack on Free Speech at Middlebury", *Atlantic*, 6 mar. 2017. Disponível em: <https:// www.theatlantic.com/politics/archive/2017/03/middlebury-free-speech-violence/518667/>. Acesso em: 25 abr. 2022.

9. "You're Invited to DOSOMETHING.ORG's 2016 Annual Meeting", www.dosomething.org. Disponível em: <https://dsannualmeeting2016.splashthat.com>. Acesso em: 25 abr. 2022.

10. Thomas Morton, "Takanakuy", *Vice*, 12 mar. 2012. Disponível em: <https://www.vice.com/sv/article/avnexa/takanakuy-part-1>. Acesso em: 25 abr. 2022.

11. Ben C. Solomon, "Musangwe Fight Club: A Vicious Venda Tradition", *The New York Times*, 26 fev. 2016. Disponível em: <https://www.nytimes.com/2016/02/27/sports/musangwe-fight-club-a-vicious-venda- tradition.html>. Acesso em: 25 abr. 2022.

8. ACEITE QUE O FIM É INEVITÁVEL [pp. 203-30]

1. O psicólogo comportamental Daniel Kahneman escreve e comenta muito o que chama de nosso "eu recordativo" e nosso "eu experiencial" e o que os distingue. Em seu TED Talk de 2010,

fala da diferença entre dois pacientes que passam por um tratamento de colonoscopia e conta que o paciente cujo tratamento foi mais demorado (e que, portanto, vivenciou um período maior de dor) relata uma experiência melhor do que a do outro paciente (com tratamento mais curto), porque seu fim foi melhor. "O que define as histórias são as mudanças, os momentos importantes e os finais. Os finais são muito, muito relevantes", declara ele. Disponível em: <https://www.ted.com/talks/ daniel_kahneman_the_riddle_of_experience_vs_memory?language=de#t-383109>. Acesso em: 25 abr. 2022. Ver também sua pesquisa original no seguinte artigo: Daniel Kahneman, Barbara L. Fredrickson, Charles A. Schreiber e Donald A. Redelmeier, "When More Pain Is Preferred to Less: Adding a Better End", *Psychological Science* 4, nº 6 (nov. 1993), pp. 401-5.

2. "New Funeralwise.com Survey Shows Contrasting Funeral Choices", Funeralwise, 8 dez. 2010. Disponível em: <https://www.funeralwise.com/about/press-releases/funeral-choices-survey/>. Acesso em: 25 abr. 2022.

3. Courtney Rubin, "Queen Elizabeth's Party Planner Is Proud to Wear $35 Shoes", *The New York Times*, 23 abr. 2016. Disponível em: <https://www.nytimes.com/2016/04/24/style/queen-party-planner-lady-elizabeth-anson.html>. Acesso em: 25 abr. 2022.

4. Assim como diversos programas, o Seeds of Peace evoluiu com o tempo, passando a incluir também adolescentes dos Estados Unidos e do Reino Unido. Também tem um programa no verão de duas semanas e meia só para adolescentes dos Estados Unidos, bem como para educadores de comunidades de campistas, para engajá-los em diálogos adultos. Para mais informações, consulte o site. Disponível em: <https://www.seedsofpeace.org>. Acesso em: 25 abr. 2022.

Índice remissivo

#Agrapalooza, 135

A sangue frio (Capote), 85
A. T. Kearney, consultoria empresarial, 125
aberturas, 92, 146-62, 165, 210, 228; condução pelos limiares rumo a, 139-46, 228; criação de vínculos em, 153-61; patrocinadores em, 149-50, 204; preparação para, 133-9, 183; problemas a se evitar em, 147-8, 150, 203, 223; reverenciar e surpreender em, 150-3
Abousteit, Nora, 47, 88-92, 96, 99, 117, 157
Abousteit, Osman, 47
Abramović, Marina, 141-2
Abu Dhabi (Emirados Árabes Unidos), 165-9, 175
Abyssinian Baptist Church (Harlem), 117
África do Sul, 146, 169, 194
afro-americanos, 114
"Against Chill" (Massey), 72
agradecimentos *ver* logística
Agrawal, Radha, 224-5
Ahmadinejad, Mahmoud, 64
Alamo Drafthouse, 79-80, 82, 85
Alcatel, 61-3
Alemanha, 47, 88, 90, 108, 111, 178
Anderson, Chris, 87-8

Anderson, James, 188
Anson, Elizabeth, 212
Apple, 116
Apture, 116
"Aqui Estou", dias de, 117-21, 136
árabes, 12
Argentina, 104
arte performática, 13, 141
Arthur, Rei, 54
artista está presente, A (Abramović), 141
asiáticos, 114
Aspen (Colorado), 134-5
assembleias, 9, 189
Atlantic, The, 116
Austin (Texas), 79
Austin, N. D., 201
autenticidade, 50, 64, 89, 162-86, 229; aberturas que promovam, 155-6, 183-4; abordagens elaboradas para incentivar, 169-75; cálculo de risco e, 185-6; na contação de histórias, 175-9, 184-5; discursos expressando, 169-75; preparação para, 131, 163-8; quociente de estranheza para desencadear, 179-80; em reuniões de família, 181-3
autoridade, 73-99; abdicar de, 43, 73-4, 97-9; compromisso com, 74-7; não generosa, 92-9

autoridade generosa, 77-92, 119-21; compromisso com, 90-1; equiparação pela, 82-6, 89; processo de conexão em, 86-90; proteção dos convidados com, 78-82, 88-9; regras para, 91-2

autoridades governamentais, 12, 70, 129, 138

Babson College, 136
Ban Ki-moon, 64
Banaras Hindu University, 182
Banco Mundial, 168
Bangcoc, 122
Baquet, Dean, 23-5
Barrett, Daniel, 160
Barrett, Felix, 128-9, 145
Battle of the Bands, 214
BBC, 62, 180
Bedolla, Toma, 170
Bélgica, 55
Benedetto, Ida, 201
Benedict College, 83
Berman, Amanda, 18-20
Biddle, Eve, 137
Birmânia, 64
Black and White Ball (Nova York), 85-6
Blair, Tony, 64
boas-vindas, 15, 48, 89, 94, 117, 145, 151, 203, 212; ausência de, 73-4, 92; em encerramentos, 207, 210, 217; em jantares, 97, 132, 143, 166, 183; objetivo e, 171
Bobs, 48-50
Bonnaroo, festival de música, 56
Bono, 64
Boston, 113; elite de, 105
Boulder (Colorado), 101
Brasil, 49
Brooklyn (Nova York), 17, 71, 138, 157
Brooklyn Heights Montessori School, 160
Brooklyn, cervejaria, 144
Bucareste, 108
budismo, 11, 207
burocracias ver logística
Bush, George W., 189
Butts III, Calvin O., 117

Calabrese, Alex, 18-9
Caminho de Santiago (França e Espanha), 59
Campbell, Robert Chodo, 208-9
Capote, Truman, 85-6
"cardápio de conversas" (Zeldin), 180
Carolina do Norte, 103; Universidade da, em Charlotte, 129
Carolina do Sul, 169, 215
Carroll, Lewis, 141
Carter, Jimmy, 64
Casa Branca: Escritório de Inovação Social e Participação Cívica, 138; Gabinete de Atos Oficiais, 94
Casa dos Gênios, 101, 107, 170-2
casamentos, 9, 21-2, 87, 122, 126, 143, 207, 212-3, 223; número de convidados em, 55; objetivo de, 29-30; regras para, 90-1, 102
Catholic Youth Ministry Hub, 100
Ce Soir Noir, 113
Cecchini, Dario, 151-2, 157, 211
Central Park (Nova York), 118
cerimonialistas, 10, 13, 68, 201
Change Agents Now (CAN), 173-5, 181
Charleston (Carolina do Sul), 215
chás de bebê, 21-2, 30
Château des Mesnuls, 61-3
Chatham House, Regra da, 166
Chesterfield, conde de, 105
China, 90
Churchill, Winston, 57
Cingapura, 108, 111, 113, 213
Círculo de Amigas, 220-2
Cirque du Soleil, 131
Citigroup, 60
Clinton, Bill, 215
Clinton, Hillary, 64, 215
Clooney, George, 64
Clube da luta (filme), 194
CNN, 81
Cohen, Leonard, 168
Colômbia, 228
Colorado, 101

condução, 139-46, 210-1, 229; limiar psicológico de, 144-5; oportunidades desperdiçadas de, 145-6; por corredores e portas, 140-3

conexão, 17, 31, 37-8, 40, 44, 48; aberturas incentivando, 147, 154-60; autenticidade em, 164, 170, 172, 174-6, 185; autoridade e, 86-91; em encerramentos, 209, 214-6, 227, 229; fracassada, 10-1, 16, 94, 96, 98-100; inclusão *versus* exclusão e, 48, 52, 56, 58, 65; por meio de controvérsia, 187, 193, 198; preparação para, 133, 136-7; em universos alternativos temporários, 108-15, 124-5

conferências, 9-10, 13, 23, 55, 123, 170, 183; abertura de, 148, 158-9; contrato social de, 134-5; jantares de Quinze Brindes em paralelo a, 183-4; mesas de debates em, 189; objetivos de, 27-9; Opportunity Collaboration, 83-5; preparação para, 87-8, 138-9, 162-8; regras para, 77, 91-2, 101; sessões de encerramento de, 203-5, 210, 214, 220

conflito, 55, 79, 105, 177, 213, 216-7; aversão a, 71; diálogos coletivos para resolver, 129-30; por causa de contratos sociais, 134; racial, 52-3; *ver também* controvérsia

Conselho de Agenda Global sobre Novos Modelos de Liderança, 164-8

construção de comunidade, 12, 137, 143, 200, 217, 222

contrato social, 123, 133-6

controvérsia: benefícios *versus* riscos de, 201-2; estruturas para gerar, 193-5; fuga de, 188-90, 193; objetivo e, 46, 190-3; regras básicas para, 195-200; *ver também* conflito

convites, 10, 37-8, 41, 83, 94, 104, 134, 205, 215; aberturas e, 142-3, 145; autenticidade e, 158-9, 164, 170, 183-4; considerações sobre locais em, 56-69; para criar conexões, 86-8; equiparação e, 83-6; a eventos baseados em regras, 101-2, 109-13, 118-20, 180; inclusivos *versus* exclusivos, 42-56; a palestrantes em universidades, controvérsias sobre, 189; papel no preparo, 131, 133, 135-9

Cooke, Ed, 67

Copa do Mundo, 56

corporificação, 57-60, 63, 67, 149, 194

Cotilhões, Liga Nacional de, 102-4, 105-7

CraftJam, 88

criação de vínculos *ver* conexão

criatividade, 13, 98, 101, 111, 122, 130, 158, 161

cristãos, 12, 105; evangélicos, 11

Crosby, Stills, Nash & Young, 167

Cunningham, Amy, 227-9

Dakota do Sul, 11

Davies, Deborah, 85

Davos (Suíça), 163

Daybreaker, 224-5

Dean, Will, 154

debate de ideias, 33, 40, 67, 130, 134, 136

Departamento de Inovação Social e Participação Cívica, 93

Detroit, 138, 222

Diálogo Permanente, 11, 52, 54

diálogos, 10-1, 94, 129; raciais, 52-3

diálogos coletivos, 9, 11, 46

dias de "Aqui Estou", 117-21, 136

Dinamarca, 169

Dîner en Blanc, 108-15

diplomacia, 52, 83, 129-31

diretores executivos, 28, 43, 54, 80, 84, 116, 166

discordância *ver* controvérsia

diversidade, 50-4, 106, 113, 215

Dolnick, Sam, 24

DoSomething.org, 194

Dunbar, Robin, 55

Dunne, Griffin, 155

Duplass, Jay, 155

Düsseldorf, 111

Egito, 88, 90, 216

Elizabeth II, rainha da Inglaterra, 212

Ellison, Koshin Paley, 208-10

Emirados Árabes Unidos (EAU), 163, 164

encerramentos, 104, 147, 171-2, 184, 203-30; criando vínculos durante, 214-6; de rituais,

22, 156; dinâmica de, 220-2; fase de reingresso dos, 216-20; importância de, 205-7; logística como problema em, 204-5, 222-5; método da última chamada, 210-2; objetivo relembrado em, 36, 226-8; preparação para, 207-10, 213; regras para, 112, 115, 186, 195; timing de, 212-3

encontros ritualizados, 20-7, 29, 46, 118, 135, 194-5, 229; aberturas de, 142, 153-6; *ver também* funerais; casamentos

"Enter Sandman" (Metallica), 217

equipamento de audiovisual, 10

Escócia, 38

especificidade, 28-30, 33, 40, 135, 156

espiritualidade, 10, 11, 110, 207

Estados Unidos, 82, 86, 103, 129, 132-3; filantropia nos, 204; funerais nos, 208

Estocolmo, 104

estranhos, 31, 73, 76, 83, 165, 196, 225; acolhida de, 132, 143, 151; autenticidade com, 172, 177, 179-80; regras em interações com, 101, 111-2, 114, 120, 124, 170, 201

etiqueta, 10, 102, 104-8; regras *versus*, 110-3, 115-6

Etiquette (Post), 188

evangélicos, 11

Evite, 100

exclusão, 43-53, 80, 102, 106, 138; bondade da, 43-6; diversidade ativada por, 50-3

exército americano, 67

Facebook, 112, 116, 120

facilitadores, 11, 54-5, 56, 127, 146; locais benéficos para, 59, 63; métodos dos, 48, 165, 185-6, 204; regras para, 124, 198

facilitadores de "práxis", 124

Fermor, Patrick Leigh, 63

festas, 10, 67-9, 71, 85-6, 89, 90, 143-4, 167-8, 185; encerramentos em, 205-7, 211-2, 229; feriados, 102, 131-2, 215; logística *versus* experiência dos convidados como foco das, 127-9; *ver também* festas de aniversário; festas com pista de dança; jantares

festas com pista de dança, 69, 104, 118, 131, 138, 212, 224

festas de aniversário, 9, 12-3, 17, 20-1, 27, 222; locais para, 67, 142; regras para, 101, 180

festas de despedida de solteiro, 128-9, 145

festas de Natal, 102, 131-2

festival de Golden Retrievers, 38

Filadélfia, 145

"For a New Beginning" (O'Donohue), 227

Fórum Econômico Mundial, 163-8

Four Seasons, 151

França, 42, 59, 61-3, 108, 111, 180

Frick, Patrick, 56

Fundo Monetário Internacional, 189

funerais, 9, 13, 16, 135, 147-8, 208, 227-9

Gaddafi, Muammar, 64

Garden City (Kansas), 85

Gastonia (Carolina do Norte), 103

gays *ver* pessoas LGBT

Gelles, Alison, 215

George Washington University School of Business, 227

George, Bill, 174

Gergen, David, 80-1

Giessen (Alemanha), 47

Glassdoor, 188

Golden Gate National Parks Conservancy, 67

Goldman, Jesse, 223

Google, 116, 120

Graham, Katharine, 85

Grand Paradise, The (Third Rail Projects), 140

Grécia, 63; antiga, 104

Green, Duncan, 10

Green, George Dawes, 175-6

Greenberger, Rachel, 136

Guardian, The, 10

Guggenheim, Museu, 142

Haiti, 110

Hamburgo (Alemanha), 107

"Happy Hour", 137

Harris, Shane, 114

Harris, Tristan, 116
Heiferman, Scott, 28
Heifetz, Ronald, 73-4, 77
Hill, Thomas Edie, 188
Hilton Head, ilha (Carolina do Sul), 215
hinduísmo, 11, 22, 30
Hjelm, Christina, 156
Holanda, 42, 51
Hollywood Hills, 59
Hollywood Reporter, The, 155
Holtrop, Bernardus, 185
honestidade *ver* autenticidade
How to Plan a Great Event in 60 Days (Isip), 127
How We Gather (Thurston e ter Kuile), 10
Huffington, Arianna, 143

I Love Dick (série de televisão), 155
identidade, 22, 28, 107, 180, 196, 219; coletiva, 23, 40, 204, 218; transformadora, 22, 221
Igreja Católica, 190
Illinois, 83
Impact Hub Los Angeles, 81
inclusão, 53, 80, 120, 122, 172; excessiva, 43-4, 52
Índia, 11-2, 22, 181-3, 216
Inglaterra, 188
Initiative for Track II Dialogues, 129
Instagram, 121
Instituto de Música de Cleveland, 51
internet, 100
Iowa, 11, 104
Irã, 64
Ishihara, Kumi, 110-3, 114-5
Isip, Rashelle, 127
Islã, 12, 129
Israel, 216, 220
Istambul, 28
Itália, 151
Ixtapa (Mexico), 84

Jaipur, maarâni de, 85
Jamaica, 226-7

jantar de Ação de Graças dos amigos, 193
jantar Jeffersoniano, 101, 107
jantares, 9, 21, 54, 63, 92, 109, 126, 158; brindes em, 166-8; contratos sociais para, 134; etiqueta em, 82-3, 105, 107; *flash mob* (*ver também* Dîner en Blanc), 108-15; locais para, 63, 69-70; objetivo de, 36-7; últimas chamadas em, 210-1
jantares de Dia de Ação de Graças, 33, 105
Japão: cerimônias do chá no, 13, 29, 143; Dîner en Blanc no, 110-5
Jefferson, Thomas, 82
Jesus, 54
jogo do Lobisomem, 71
Johns Hopkins, hospital da Universidade, 157
Jones, John, 51
Jordânia, 216
judaísmo, 12, 29, 229
judeus, 53, 105, 120
Judson Manor, 51-2

Kalamata (Grécia), 63
Kansas, 85
Kindle, 138-9
Kingston, 108
Kyoto (Japão), 29

Laboratórios de Visualização, 137, 160, 228-9
Lader, Philip e Linda, 215
Lagarde, Christine, 189
Landecker, Amy, 155-6
Laprise, Michel, 131-2
Las Vegas, 122
latinos, 114
Latitude Society, 124
Laudicina, Paul, 124-5
Lazarus, Lisa, 173-5
League, Tim, 80
Leberecht, Tim, 164, 166, 177
Lei dos Dois Pés, 124
Levit, Igor, 141-2
Levy, Clifford, 26
Lewin, Leslie, 217

LGBT, pessoas, 28, 46, 53, 92, 114, 196
Líbano, guerra civil no, 129
Líbia, 64
liderança, 24-5, 43, 73-4, 164, 174
Liderança Adaptativa, 73-4
Lim, Leng, 186
limiar psicológico, 144-5
limiares, 139, 143-4
limites de processamento cognitivo, 147
Lincolnton (Carolina do Norte), 103
LinkedIn, 224
livros de exercícios digitais, 132-3, 197
locais, 25, 29, 56-69, 109, 141, 144, 147, 189; área de, 67-8; corporificação em, 57-60; densidade em, 68-9; deslocamento em, 63-5; mudança de ambientes em, 67; perímetro de, 65-6; Princípio do Château, 60-3; *ver também nomes de lugares específicos*
logística, 10, 21, 56, 76, 127-8; em aberturas e encerramentos, 147-50, 203-4, 222-5
Londres, 28, 111, 128, 180
Los Angeles, 59, 66, 81
Lucas, George, 149
Lucent, 61-3
Luís XIII, rei da França, 61
luta de gaiola anual pelo Bem Social, 194
Lyall, Sarah, 139
Lysette, Trace, 155

Mac, Billy, 68-9
Macbeth (Shakespeare), 128
maçons, 188-9
Macy's, loja de departamentos, 224
Maine, 216
Marcha de Um Milhão de Homens, 56
Marx, Groucho, 152
Massachusetts, 136
Massachusetts Institute of Technology (MIT) Media Lab, 77-8
Massey, Alana, 72
Massey, Kyle, 24
Meca, 56
Medici, Daisy, 78

Meeteor, aplicativo, 32
Meetup, 28
Melville, Herman, 151
Merkel, Angela, 64
Merry, Anthony, 83
Mesa Comunitária, 137
mesas de debates, 81, 86, 189, 215
Metallica, 217
México, 84
Microsoft, 149
Middle East Institute, 129
Middlebury College, 189
Ministério da Fazenda, EUA, 93
Minneapolis, 204
"Mix de Artistas", 137
Moby-Dick (Melville), 151
modéstia, 36-7, 62
Monterey (Califórnia), 77
Moth, The, 175-6
muçulmanos, 12, 143
Mugabe, Robert, 64
multitarefas, 36
Murray, Charles, 189
Museu da cidade de Nova York, 118
Museu de Arte Moderna de Nova York (MoMA), 58-9, 141
Muyanga, Neo, 146-7, 206

Nações Unidas, 64
Ndevana, Tshilidzi, 194
Negroponte, Nicholas, 77-8
networking, 16-7, 123, 134, 164, 170, 172
New Age, 11
New Jersey, 61-2, 153
New Orleans, 101, 113, 224
New York Times, The, 20, 23-7, 62-3, 85, 128, 139, 194, 212
New Yorker, The, 64
Night Heron, 201
Nova York, cidade de, 12, 64, 72, 85, 88, 105, 128, 137, 140, 178, 224, 227-8; dias de "Estou Aqui" na, 117-21, 136; Dîner en Blanc na, 110, 113; encontros da Casa dos Gênios na,

170-3; eventos arriscados na, 201; jantares dos Quinze Brindes na, 179; museus na, 58-9, 118, 142; teatro imersivo na, 128, 140, 144; Zen Center for Contemplative Care em, 208; *ver também* Brooklyn

O'Donohue, John, 227
Obama, Barack, 44, 64, 83, 93-4
Obama, Michelle, 189
objetivo, 11, 27-41, 70, 97, 100, 163-4, 188; em aberturas, 148, 160; autoridade generosa *versus* não generosa na realização de, 73-4, 77, 80, 84, 94, 96; compromisso com, 15, 27-30; controvérsia e, 46, 190-5; diferença entre categoria e, 16-8; elaboração de, 31-5; em encerramentos, 216-7, 226-8, 230; inclusões e exclusões determinados por, 42-56; locais adequados para, 56-69; não conseguir alcançar, 84, 94; preparação para, 133, 135, 137; problemas devido à falta de, 36-9; regras que respaldem, 107, 124-5, 171, 181; tomada de decisões e, 39, 41, 84, 100, 126
oficinas, 17, 59, 124, 136, 204
Ohio, 51
Olimpíadas, 56
"On Children" (Sweet Honey in the Rock), 167
Onion, The, 59
Ono, Yoko, 64
Open Space Technology, 124
Opportunity Collaboration, conferência, 83, 85
Organização dos Jovens Presidentes, 54
organizações não governamentais (ONGs), 12, 226
Ortmann, David M., 178
Otisfield (Maine), 216
Owen, Harrison, 123-4

Palácio Real (Paris), 109
Palestina, 216
Panzano (Itália), 151
Paquistão, 216
Paris, 108-9
Park Avenue Armory (Nova York), 141

Parque de Bagatelle (Paris), 108-9
partida *ver* encerramentos
Partido Democrata, 145
Parvin, Daniel, 52
Pasquier, François, 108
passagens, 140-5, 156
Perel, Esther, 159
Pergam, Andrew, 158-9
Personal Democracy Forum, 149
Peru, 194
Pignatelli, Luciana, 85
Pinterest, 20
Platon, 64-5
Plaza, Hotel (Nova York), 85
polêmica *ver* controvérsia
Polinésia Francesa, 108
Ponte das Artes (Paris), 109
Porto Príncipe, 110
Post, Emily, 188-9
PowerPoint, 10
Praça Tahrir, 56, 64
preparação, 126-39, 145, 154, 198, 213; contrato social em, 133-6; ao dar nome ao evento, 136-8; para manter o interesse, 138-9; métodos de, 87, 89, 129, 131-3, 162-8; regra dos 90%, 129-31
Presidio (San Francisco), 67-8
Princípio do Château, 60-3
Princípio do Pessach, 29, 113, 135
"problema do Dia de Ação de Graças", 193
processo de inauguração *ver* aberturas
processo de reingresso por meio de Jogo das Cores, 217, 219
profissionais de solução de conflitos, 10-1, 217
Província de Chumbivilcas (Peru), 194
psicologia junguiana, 179
Punchdrunk, companhia teatral, 128
Pussy Riot, 64
Putin, Vladimir, 64

quacres, 13
Quênia, 157

questões raciais, 11, 50, 52-3, 215
Quigali, 108
Quinze Brindes, formato, 169-71, 176-7, 179-81, 183-4, 186, 198
Quora, 188

Rasiej, Andrew, 149
Reagan, Ronald, 103
realidade *ver* autenticidade
recepção *ver* boas-vindas
Red Hook, Centro de Justiça Comunitária de, 17-20, 27, 30
rede social, 194
Regent's Park (Londres), 180
regra da cantoria, 166, 181, 186
regra dos 90%, 129-31
regras, 19, 47, 93, 101-25, 166, 170-1, 189; autoridade generosa e, 74-5, 77-8, 80-2, 85, 89; para controvérsias, 191, 194-5, 198-9; convites incluindo, 101-2, 108-13, 118-20, 180; para encerramentos, 216, 230; etiqueta *versus*, 105-8, 115, 122-4; para exclusões, 43, 46; para locais, 65, 68; preparação para, 129-31; em reuniões de família, 181-3; para o uso de tecnologias viciantes, 115-6
Reino Unido, 181, 195
Renaissance Weekends, 215-6
republicanos, 53
retiros, 37, 122, 220
reuniões, 9, 49, 59-60, 71, 179, 203, 220; de conselho, 9, 12, 17, 125; de família, 9, 179, 203, 220
Réveillon, 215, 228
Rhythm 0 (Abramović), 141
Rice, Condoleezza, 189
Rikyū, Sen no, 29
ritual da Caixa, 155-6
Rocky (filme), 191-2
Royal Institute of International Affairs, 166
Roychowdhury, Sugata, 152
rsvp, 102
Rússia, 64

Salão dos Influencers, 101
San Francisco, 67, 124
Sanders, Bernie, comício "Future to Believe In", 145-6
Saturday Night Live (série de televisão), 150
Sawyer, Dave, 205
Schacht, Henry, 62
Schumer, Amy, 78
"Se essas fossem minhas últimas palavras" (sessão de encerramento), 216-7
Seeds of Peace, 216-20
Seinfeld (série de televisão), 27
Seinfeld, Jerry, 57
Sextantworks, 201
Sexual Outsiders: Understanding BDSM Sexualities and Communities (Ortmann), 178
Shakespeare, William, 128
SheKnows.com, 100
shivá, 12
Sindicato de Diretores dos Estados Unidos, 150
Sleep No More (Barrett), 128
Slim, Randa, 129-31
Smith College, 189
Smith, Michael J., 206
Snapchat, 120
Snowden, Edward, 64
Soloway, Jill, 155-6, 160
South by Southwest Conference, 91
Spark Camp, 55, 158-9
Stanhope, John, 105
Star Wars: O despertar da força (filme), 137
Star Wars (filme), 149-50
State of Enterprise Work, pesquisa, 10
State of Friendship in America 2013: A Crisis in Confidence, pesquisa, 10
Stewart, Elizabeth, 81
Stewart, Katie, 157
Stewart, Mamie Kanfer, 32
Stewart, Martha, 127, 136
Suprema Corte, 54
Suu Kyi, Aung San, 64
Sweet Honey in the Rock, 167

tabus, 194, 196-7, 199, 202
Tailândia, 122-4
tamanho de encontros, 49, 53-6, 69, 86-7, 90, 96, 109, 212, 215; *ver também* formato de Quinze Brindes
Tâmeis, tribo, 105
taoístas, 121
"Teach Your Children" (Crosby, Stills, Nash & Young), 167
teatro imersivo, 128, 139-40
TED, conferências, 77, 87-8, 214
ter Kuile, Casper, 10
términos *ver* encerramentos
Then She Fell (Third Rail Projects), 140-1
Third Rail Projects, 140-1
Thomas Jefferson Encyclopedia, 83
Thurston, Angie, 10
Thurston, Baratunde, 121-2, 144, 156-7, 214
Time, 64
Time Out, 113
Timothy Convention, 201-2
Toledo (Ohio), 28
tomada de decisões, 15, 17, 29-30, 33, 54, 61, 78; coletivas, 192, 197; em encerramentos, 212-3; empecilhos a, 76, 116, 125; histórias sobre, 174, 176; objetivo e, 39, 41, 54, 84, 100, 126
Tóquio, 110, 113-5
Tough Mudder, 153-4
Transparent (série de televisão), 155
tribos, 32, 56, 105, 110; familiares, 30, 44; fusão, 153, 216; regras para encontros de, 109-10, 120; *ver também* conexão
Trocadero (Paris), 109
True North (George), 174
Trump, Donald, 64, 176
Tsao, Tai, 32
Tshifudi (África do Sul), 194
Tweedmouth, Lorde, 39

Universidade de Oxford, 180
Universidade de Princeton, 228

Universidade Harvard: Business School, 174; Kennedy School, 73, 173-4
Universidade Rutgers, 189
universos alternativos temporários, 100-25, 194, 206, 216, 220-2; exemplos de, 108-10, 117-25, 140-1; regras para, 101-8, 110-6

Vancouver, 88, 113
Varelas, Chris, 60-2
Venda, tribo, 194
Vermont, 145
"vida como semente, A", noite de encerramento, 219-20
Virgínia, 11, 102; Universidade da, 11, 52, 206
Volta à Baía, 45-6, 50
vulnerabilidade, 163-4, 168, 172-4, 176-7, 179, 185, 216

Waldorf Astoria, hotel, 201
Wall Street Journal, 62
Walt Disney, 137
Warncke, Stefanie Zoe, 178-9
Washington Post, The, 85
Washington, DC, 70, 83, 113-4, 129, 153
Wassaic Project, 137
Waterloo (Iowa), 104
WhatsApp, 207
Wilkins, Topher, 84
Williams, Tim, 170
Winters, Ann Colvin, 103
Wisdump, 100
Woon, Wendy, 58-9, 63, 64
Wurman, Richard Saul, 77-8

YouTube, 191

Zeldin, Theodore, 180
Zen Center for Contemplative Care, 208-10
zen-budismo, 207
Zimbábue, 11-2, 64
Zimmerman, Eric, 66
Zulu, tribo, 154

ESTA OBRA FOI COMPOSTA PELA ABREU'S SYSTEM EM INES LIGHT
E IMPRESSA EM OFSETE PELA LIS GRÁFICA SOBRE PAPEL PÓLEN SOFT
DA SUZANO S.A. PARA A EDITORA SCHWARCZ EM AGOSTO DE 2022

A marca FSC® é a garantia de que a madeira utilizada na fabricação do papel deste livro provém de florestas que foram gerenciadas de maneira ambientalmente correta, socialmente justa e economicamente viável, além de outras fontes de origem controlada.